(RE)CONSTRUÇÃO DA JURISDIÇÃO SOCIAL
COMPETÊNCIA PREVIDENCIÁRIA E TRABALHISTA EM CORTE ÚNICA

LAMARTINO FRANÇA DE OLIVEIRA

Juiz Titular da Vara do Trabalho de Nova Mutum — MT. Mestre em Direito do Trabalho pela PUC-MG. Professor de Direito do Trabalho e Previdenciário do Curso de Especialização da Esmatra — Escola Superior da Magistratura do Trabalho — TRT da 23ª Região.

(RE)CONSTRUÇÃO DA JURISDIÇÃO SOCIAL

COMPETÊNCIA PREVIDENCIÁRIA E TRABALHISTA EM CORTE ÚNICA

EDITORA LTDA.

© Todos os direitos reservados

Rua Jaguaribe, 571
CEP 01224-001
São Paulo, SP — Brasil
Fone (11) 2167-1101
www.ltr.com.br

Produção Gráfica e Editoração Eletrônica: GRAPHIEN DIAGRAMAÇÃO E ARTE
Projeto de Capa: GRAPHIEN DIAGRAMAÇÃO E ARTE
Impressão: COMETA GRÁFICA E EDITORA

LTr 5097.4
Novembro, 2014

Dados Internacionais de Catalogação na Publicação (CIP)
(Câmara Brasileira do Livro, SP, Brasil)

Oliveira, Lamartino França de

(Re)construção da jurisdição social : competência previdenciária e trabalhista em corte única / Lamartino França de Oliveira. — São Paulo : LTr, 2014.

Bibliografia.
ISBN 978-85-361-3140-5

1. Direito do trabalho 2. Direito previdenciário 3. Jurisdição 4. Justiça social I. Título.

14-10524   CDU-347.98

Índice para catálogo sistemático:

1. Jurisdição social : Direito   347.98

*À amada Simone,
com carinho.*

AGRADECIMENTOS

A todos que, de alguma forma, contribuíram para a realização desta proposição acadêmica, expresso a minha gratidão, especialmente:

A Deus, pela vida abundante;

Ao amigo, Prof. Vitor Salino, pelo aprendizado diário e orientação segura, que, mesmo sendo realizada virtualmente, atingiu o seu desiderato;

Ao Prof. Márcio Túlio Viana que, sem saber, me conduziu às Minas Gerais para aprender a apreender com humildade;

Ao Presidente do TRT da 23ª Região, Tarcísio Régis Valente, pela minha liberação para esta capacitação e incondicional apoio;

Aos amigos Leda Lima e Matheus Brandão pelo excelente trabalho realizado durante minha ausência das Varas do Trabalho de Pontes e Lacerda, Mirassol D'Oeste e Nova Mutum-MT;

Ao casal de amigos, Cléber Lúcio e Wânia, por disponibilizar a vasta biblioteca pessoal, e por nos ciceronear no aprazível Mercado Central de Belo Horizonte;

Aos colegas e amigos mineiros, Aline, Ana Sylvia, Antônio, Cybele, Cléber Lúcio e Wânia, Cristina, Diana, Eduardo, Fabiana, Fernanda, Giselle e Homero, Janaína, Nélia, Míriam, Raquel Betty e Tadashi, pela fraterna e hospitaleira acolhida.

SUMÁRIO

PREFÁCIO — *Tarcísio Régis Valente*		17
1.	INTRODUÇÃO	19
2.	OS DIREITOS FUNDAMENTAIS	23
2.1.	Apontamentos iniciais sobre os direitos fundamentais	23
2.2.	A imanência subjetiva entre a vida, a saúde e o trabalho	24
2.2.1.	Os direitos humanos e sociais fundamentais	25
2.2.2.	A afirmação dos direitos humanos e sociais na Constituição de 1988	28
2.2.3.	O trabalho humano como núcleo dos direitos sociais	30
2.3.	Da concepção à pensão: o aspecto metafísico do trabalho como difusor de direitos	33
2.4.	A dignidade da pessoa humana do trabalhador e o direito fundamental à justa sobrevivência na inatividade	36
2.5.	A Jurisdição como fator de afirmação dos direitos sociais decorrentes do trabalho	39
3.	A EVOLUÇÃO HISTÓRICA DA JURISDIÇÃO LABORAL NO BRASIL	45
3.1.	A solução dos conflitos do trabalho no império	45
3.2.	A solvência dos conflitos laborais na Velha República	50
3.3.	Justiça do Trabalho: nascimento e afirmação (1930-1946)	59
3.3.1.	As Comissões Mistas de Conciliação — CMCs	59
3.3.2.	As Juntas de Conciliação e Julgamento — JCJs	63

	3.3.3. A instituição da Justiça do Trabalho na Constituição de 1934	66
	3.3.4. A Justiça do Trabalho na Constituição de 1937	68
	3.3.4.1. A natureza jurídica da Justiça do Trabalho	70
	3.3.5. A estruturação da Justiça do Trabalho	74
	3.3.6. O Conselho Nacional do Trabalho e a competência para as lides previdenciárias — Jurisdição Social	77
	3.3.7. A Consolidação das Leis do Trabalho e a manutenção da competência previdenciária na Justiça do Trabalho	82
	3.3.8. Da exclusão da competência previdenciária da Justiça do Trabalho — fim da Jurisdição Social	85
3.4.	A integração formal da Justiça do Trabalho ao Poder Judiciário...	87
3.5.	A Justiça do Trabalho na Constituição de 1967	89
3.6.	Da tentativa de extinção da Justiça do Trabalho no final do século XX	91
3.7.	O "renascimento" da Justiça do Trabalho com a Emenda Constitucional 45/2004	94
4.	A COMPETÊNCIA ADMINISTRATIVA E JURISDICIONAL PREVIDENCIÁRIA	97
4.1.	Noções de jurisdição e competência	97
	4.1.1. Perfil da competência previdenciária	98
	4.1.2. A reaproximação da competência trabalhista e previdenciária	100
4.2.	Breve histórico da competência administrativa previdenciária	103
4.3.	Justiça Federal: Criação. Extinção. Recriação. Competência	105
	4.3.1. A competência da Justiça Federal para as causas previdenciárias	107
	4.3.1.1. As ações ordinárias nas Varas Previdenciárias	108
	4.3.1.2. A competência dos Juizados Especiais Federais Cíveis	109
	4.3.1.3. Os Juizados Especiais Federais Previdenciários .	111
4.4.	A competência previdenciária delegada à Justiça Estadual	112
4.5.	A competência residual da Justiça Comum Estadual para acidentes do trabalho	114
4.6.	A competência previdenciária da Justiça do Trabalho	116
	4.6.1. A Justiça do Trabalho e a execução das contribuições previdenciárias	119
	4.6.2. Dos benefícios previdenciários do RGPS analisados pela Justiça do Trabalho	121
	4.6.3. Os benefícios previdenciários do Regime de Previdência Complementar	122

4.7.	A jurisprudência do STJ e da TNU em relação aos benefícios previdenciários	124
4.8.	As súmulas do TST, STJ e TNU sobre previdência	125
4.9.	Breve cotejo entre os números da jurisprudência e súmulas do TST, STJ e TNU	126

5. COMPETÊNCIA DA JURISDIÇÃO SOCIAL NO DIREITO COMPARADO.... 131

    5.1. Modelos de Jurisdição Social........ 132

        5.1.1. A Jurisdição Social como ramo especial da Justiça Comum........ 132

        5.1.2. A Jurisdição Social como segmento administrativo........ 133

        5.1.3. A Jurisdição Social como Justiça Especializada........ 134

    5.2. A Justiça do Trabalho e a Jurisdição Social........ 136

        5.2.1. A estrutura da Jurisdição Social em alguns países........ 137

            5.2.1.1. Bélgica........ 137

            5.2.1.2. Colômbia........ 139

            5.2.1.3. Costa Rica........ 141

            5.2.1.4. Eslovênia........ 144

            5.2.1.5. Espanha........ 145

            5.2.1.6. Guatemala........ 148

            5.2.1.7. Israel........ 149

            5.2.1.8. Venezuela........ 151

6. POR UMA JURISDIÇÃO SOCIAL NO BRASIL. ORGANICIDADE UNITÁRIA COM INCLUSÃO SOCIAL........ 153

    6.1. Fatores e vítimas da atual distribuição da jurisdição previdenciária 153

        6.1.1. A ilógica distribuição da competência jurisdicional previdenciária........ 154

    6.2 A competência trabalhista e previdenciária em Corte única — Jurisdição Social........ 158

        6.2.1. Dos fatores jurídico-processuais que propiciam a unificação de competências em favor da Jurisdição Social em Corte única........ 158

            6.2.1.1. O Processo Judicial Eletrônico — PJe........ 158

            6.2.1.2. A adoção do procedimento *per formulas* para as lides previdenciárias........ 160

            6.2.1.3. A capilaridade da atual Justiça do Trabalho. Estatística de 2011........ 163

            6.2.1.4. A Jurisdição Social e os princípios da unidade de convicção e segurança jurídica........ 164

            6.2.1.5. A economia dos atos processuais........ 167

            6.2.1.6. Da falta de organicidade unitária para a formação de jurisprudência nacional uniforme........ 168

6.2.2. Dos fatores sociojurídico-econômicos que favorecem a implantação da Jurisdição Social 171
    6.2.2.1. Dos fatores sociojurídico-econômicos favoráveis à União 171
        6.2.2.1.1. Aumento da arrecadação tributária por intermédio da execução das contribuições previdenciárias sobre o vínculo de emprego reconhecido e sobre os riscos ambientais do trabalho. Inclusão previdenciária 171
        6.2.2.1.2. Aumento da arrecadação pelo ajuizamento de ações regressivas acidentárias na Jurisdição Social 173
        6.2.2.1.3. Aumento da arrecadação em virtude do cumprimento espontâneo das obrigações tributárias 174
        6.2.2.1.4. Da redução do custeio dos encargos da prestação jurisdicional 176
    6.2.2.2. Dos fatores sociojurídicos favoráveis ao trabalhador-segurado 177
        6.2.2.2.1. Pelo fim da peregrinação jurisdicional. Acesso à justiça ou exclusão social? 177
        6.2.2.2.2. A jurisdição trabalhista e previdenciária em Corte única como fator de inclusão social 179
    6.2.2.3. Dos fatores socioeconômicos favoráveis ao empregador 183
        6.2.2.3.1. Da possibilidade de livrar-se da concorrência desleal — *dumping* social 183
        6.2.2.3.2. Redução dos custos do processo pela unificação de competências 185

7. DA PROPOSIÇÃO DE (RE)CRIAÇÃO DA JURISDIÇÃO SOCIAL NO BRASIL 187
   7.1. Da ausência de produção acadêmica e doutrinária 187
   7.2. Projetos de lei e propostas de emenda à Constituição em trâmite no Congresso Nacional 188
      7.2.1. Projeto de Lei n. 308/2012 e a competência da Justiça do Trabalho para julgar as ações regressivas 188
      7.2.2. Projeto de Lei n. 3.451/2008 e a vinculação do INSS às decisões da Justiça do Trabalho 189
      7.2.3. PEC 327/2009 e a competência penal da Justiça do Trabalho 190

	7.2.4. As PECs 66/2011, 278/2008 e 49/2012 e a unificação de competências das causas acidentárias	192
	7.2.5. O anteprojeto de PEC da ANPPREV	194
7.3.	Dados estatísticos comparativos entre a Justiça Federal e a do Trabalho	194
	7.3.1. As estruturas das Justiças do Trabalho e Federal	195
	7.3.2. Dados financeiros das Justiças Federal e do Trabalho	197
	7.3.3. Dos recursos humanos	198
	7.3.4. Da litigiosidade total	200
	7.3.5. Da taxa de congestionamento total	202
	7.3.5.1. Da taxa de congestionamento individualizada por fase	203
	7.3.6. Da análise dos dados estatísticos	205
7.4.	Das alterações na Constituição Federal para a (re)criação da Jurisdição Social	207
7.5.	Algumas medidas práticas iniciais para a estruturação da Jurisdição Social	208
	7.5.1. O PJe e a desterritorialização	208
	7.5.2. Da incorporação dos JEFS na Jurisdição Social	209
	7.5.3. Da Jurisdição Social Itinerante	210
8.	CONCLUSÃO	211
REFERÊNCIAS		215

As pessoas não podem evitar a tentativa de antever o futuro mediante alguma forma de leitura do passado. Elas precisam fazer isso. Os processos comuns da vida humana consciente, para não falar das políticas públicas, assim o exigem. E é claro que as pessoas o fazem com base na suposição justificada de que, em geral, o futuro está sistematicamente vinculado ao passado, que, por sua vez, não é uma concatenação arbitrária de circunstâncias e eventos. As estruturas das sociedades humanas, seus processos e mecanismos de reprodução, mudança e transformação, estão voltadas a restringir o número de coisas passíveis de acontecer, determinar algumas das coisas que acontecerão e possibilitar a indicação de probabilidades maiores ou menores para grande parte das restantes. (HOBSBAWM, 2005).

PREFÁCIO

Honrou-me, o colega e magistrado Lamartino França de Oliveira, com o convite para prefaciar esta obra que se mostra inédita no meio acadêmico e doutrinário, dotada de um alcance e profundidade em um tema da maior relevância para a concretização dos direitos e garantias fundamentais consagrados na Constituição Cidadã, decorrentes do trabalho humano.

O tema sugerido da "(Re)Construção da Jurisdição Social: competência previdenciária e trabalhista em Corte única" já prenuncia a magnitude da obra pelo alcance de propósitos que se ocupa de unificar os instrumentos processuais e competências judiciárias de forma racional a fim de tornar mais inclusiva a jurisdição que trata dos desdobramentos do trabalho humano, em sua dimensão transcendental, como núcleo irradiador e convergente dos direitos e garantias sociais, alçados ao patamar constitucional e que revelam o Direito do Trabalho e o Direito Previdenciário.

A ineficiência do órgão gestor da previdência social obriga os segurados e os trabalhadores em geral a se socorrerem do aparato judicial disforme e irracional que trata de matérias conexas e interdependentes em três diferentes ramos do judiciário nacional — Justiça Federal, Justiça dos Estados e Justiça do Trabalho — gerando desperdícios orçamentários governamentais, onerosidade excessiva aos jurisdicionados (trabalhadores e empregadores), insegurança jurídica, decisões contraditórias e o inevitável desprestígio do Poder Judiciário.

A solução proposta de unificação da jurisdição por um único ramo do Poder Judiciário a tratar-se dos desdobramentos fáticos de uma única ação, o trabalho humano, vem alicerçada em minucioso estudo histórico e atual da nossa organização judiciária hábil a dar efetividade ao princípio do acesso à justiça de forma inclusiva. A evolução do direito social a ser aplicado, o trabalhista e o previdenciário, inclusive no âmbito da Constituição de 88, justifica, dentro do contexto em que está estruturado o Poder Judiciário da União, a criativa proposição do Autor de re-construção da jurisdição social em Corte única.

O Autor, a partir de um estudo sistemático, aponta a vocação histórica da Justiça do Trabalho, desde a atuação do Conselho Nacional do Trabalho, quando detinha também competência na seara previdenciária, como o seguimento do judiciário nacional apto, inclusive na forma de sua organização atual, para dar efetividade e eficiência a uma jurisdição de inclusão social, dotando de organicidade o julgamento de temas que exige a mesma unidade de convicção.

Estou seguro de que o colega e Juiz do Trabalho Lamartino França de Oliveira, além de um grande jurista, autor de diversos livros e professor vocacionado, com este livro terá mais este dom, que é despertar a todos com esse convite à reflexão sobre importante tema — e, quem sabe, à efetiva implementação de uma legislação que possa re-construir a jurisdição social — dotando de lógica a distribuição da competência concernente ao Direito do Trabalho e ao Direito Previdenciário, dada a unidade de convicção, de forma a concretizar a supremacia dos direitos sociais fundamentais decorrentes do trabalho humano.

Tarcísio Régis Valente
Desembargador do Trabalho e Diretor da Escola Judicial do TRT da 23ª Região

1 INTRODUÇÃO

Não obstante se constatar que, materialmente, a dignidade e a condição humana do trabalhador ativo e inativo se encontram constitucionalmente preservadas, nota-se que o arcabouço processual utilizado para garantir estes direitos fundamentais ainda não conseguiu captar a dimensão humana como centro e referência axiológica do sistema positivo pátrio.

O presente trabalho visa contribuir de forma propositiva para a efetivação e afirmação dos direitos sociais decorrentes do trabalho. O aprimoramento da prestação jurisdicional se afigura como capaz de facilitar o acesso à justiça e de promover a afirmação e efetividade dos direitos sociais derivados do trabalho, notadamente nos pontos convergentes e sucessórios entre o Direito do Trabalho e o previdenciário.

Atualmente se um trabalhador inativo necessitar de prestação jurisdicional para ver assegurado um direito social fundamental decorrente do trabalho poderá ter que peregrinar por três esferas distintas do Poder Judiciário. Acredita-se que a partir da Constituição de 1988 não há mais motivos que justifiquem, juridicamente, a prestação jurisdicional dos direitos sociais decorrentes do trabalho em Cortes distintas. Desta crença decorre a proposição de (re)construção da Jurisdição Social com competência unificada para dirimir as questões previdenciárias e trabalhistas.

Semanticamente, neste texto, a locução *Jurisdição Social* é designativa dos órgãos que detêm a competência para processar e julgar o contencioso previdenciário e laboral, uma vez que estes ramos jurídicos possuem uma fonte material comum: o direito social.

Ainda esta dissertação irá se pautar na análise de preceitos legais, dados estatísticos e jurisprudenciais. O intuito é o de subsidiar futuro aprimoramento da legislação constitucional no que tange à prestação jurisdicional dos direitos sociais.

Em virtude da abordagem interdisciplinar adotada, optou-se por segmentar o texto em seis capítulos (2º ao 7º). Também justifica-se a sua extensão ao fato de inexistir, ao que se conhece, trabalho similar com igual amplitude na doutrina nacional, resultando disto o emprego de maiores pesquisas e argumentos para melhor sedimentar a proposição que se apresenta.

Assim, principia-se no segundo capítulo desta dissertação a fundamentação de seu objeto. Nele serão enfocados, sinteticamente, alguns dos direitos fundamentais insertos na Constituição Federal. Desta Lei Maior, que ocupa o ápice da pirâmide normativa, serão extraídos os elementos jurídicos fundantes que privilegiam o ser humano e sua condição social, base da jurisdição que se intenta ver (re)construída.

Pretendeu-se demonstrar com isso que o direito fundamental à vida é indissociável de alguns direitos sociais, como o direito à saúde e ao trabalho. Desta análise, se observa que vida, saúde e trabalho formam imanente tríade que estruturam a razão de ser do homem na qualidade de pessoa física e ser social. Não é possível trabalhar sem ter saúde plena; não é possível ter saúde sem vida; não é possível ter vida sem o alimento, que é fruto do trabalho. A Jurisdição Social proposta será inclusiva ao conseguir tutelar a única propriedade do homem-que-vive-do-trabalho, sua capacidade laborativa.

No terceiro capítulo se fará um resgate histórico da Justiça do Trabalho no Brasil. Serão descritos e examinados os órgãos, modelos e métodos de solução dos conflitos laborais desde o império até os dias atuais.

Esse resgate é imprescindível para o escopo deste trabalho. Na medida em que se propõe a (re)construção jurídica de um paradigma histórico, consistente no modelo de Corte que detinha a competência para processar e julgar as lides trabalhistas e previdenciárias, necessário foi o estudo pormenorizado do antigo padrão desta Jurisdição Social, nos moldes da competência antes exercida pelo Conselho Nacional do Trabalho (CNT) e, posteriormente, pelo Tribunal Superior do Trabalho (TST), no período entre janeiro de 1928 e janeiro de 1946, para, doravante, no que for pertinente, segui-lo.

Explica ser este capítulo o mais longo deste trabalho o fato de que nele se observará o nascimento do Direito Previdenciário no Brasil; a atribuição da competência ao CNT para o julgamento das controvérsias previdenciárias e trabalhistas; a manutenção desta competência mesmo com a criação da Justiça do Trabalho e a edição da Consolidação das Leis do Trabalho (CLT); e a cisão desta competência, em janeiro de 1946, fato que culminou no fim deste modelo de

Jurisdição Social. Ainda o integra uma farta jurisprudência da época, na qual se visualiza o exercício material desta competência.

O capítulo quarto é dedicado à análise da competência administrativa e jurisdicional previdenciária. Do exame do perfil desta competência será possível perceber o que afastou o Direito do Trabalho do Direito Previdenciário, e, contrariamente, o que contribui para que ambos voltem a se reaproximar. Também se perceberá que não há lógica na distribuição da competência previdenciária entre diversos e distintos órgãos do judiciário.

Em seguida, serão analisadas as jurisprudências e súmulas do Superior Tribunal de Justiça (STJ), TST e Turma Nacional de Uniformização (TNU). Observar-se-á que o TST é o que mais possui julgados e verbetes tratando, ainda que de forma indireta, dos benefícios e custeio da previdência. Este fato se mostra relevante na proporção em que a Justiça do Trabalho não detém a competência para julgar causas que envolvam a concessão dos benefícios do seguro social. Todavia, por deter, até fevereiro de 2013, a competência para julgar as causas referentes à previdência complementar, e, mormente, por enfrentar em seus julgados controvérsias atinentes à sucessão entre o Direito do Trabalho e o Previdenciário, nas causas em que se discute a incapacidade ou não para o trabalho, acaba por julgar mais demandas previdenciárias do que os tribunais originalmente competentes.

No quinto capítulo será apresentada a estruturação dos diversos modelos de jurisdição trabalhista e previdenciária existentes no direito comparado, com enfoque especial à competência da Jurisdição Social de alguns países da Europa, Oriente Médio e da América Latina.

Nele se demonstrará que a Jurisdição Social proposta para a realidade brasileira não é novidade em outros países. Pelo contrário, mundialmente, pouco a pouco, mais países ampliam a competência da justiça laboral para abarcar questões do seguro social.

No capítulo sexto, serão demonstrados os problemas gerados pela ilógica distribuição da competência jurisdicional previdenciária. Verificar-se-á que da forma em que ela está (des)organizada, provoca prejuízos socioeconômicos e jurídicos a todos os integrantes da relação jurídica material e processual previdenciária.

Após, apresenta-se uma plêiade de elementos jurídico-processuais, bem assim sociojurídicos e econômicos que, somados, justificam a proposição de unificação das citadas competências.

Em seguida, a abordagem objetiva demonstrar alguns dos benefícios que os integrantes da relação jurídica previdenciária, União, segurados e tomadores de serviços, tendem a obter com a unificação da competência trabalhista e previdenciária em Corte única.

Por fim, no sétimo capítulo, serão apresentados os projetos de lei e as emendas constitucionais que estão em trâmite no Congresso Nacional, que tratam de aspectos processuais comuns atinentes às questões previdenciárias e trabalhistas.

Ainda serão destacados e comparados alguns dados estatísticos, processuais, financeiros e de recursos humanos, da Justiça do Trabalho e da Justiça Federal, para se evidenciar que a Justiça do Trabalho, pela sua capilaridade, função social e a estrutura, é a que melhor alberga a unificação proposta. Também será sugerida nova redação para os arts. 109 e 114 da Constituição Federal, bem como medidas práticas iniciais para que seja possível a (re)construção da Jurisdição Social, com a implantação da Justiça Social do Trabalho no Brasil.

2
OS DIREITOS FUNDAMENTAIS

Direitos fundamentais são direitos inerentes ao ser humano. No Brasil, a Constituição cidadã de 1988 (BRASIL, 1988) não apenas os reconheceu, positivando-o, mas também os elevou à condição de princípio fundante da República, art. 1º, inciso III, ao dignificar a condição da pessoa humana.

Comprova o valor atribuído pela Constituição Federal de 1988 à condição humana o fato de, pela primeira vez na história das constituições brasileiras, tratar dos direitos e garantias fundamentais individuais e sociais antes mesmo de dedicar qualquer linha à estruturação do Estado brasileiro. (BRASIL, 1988)

Por tal razão, neste trabalho, optou-se por trilhar idêntico caminho do constituinte originário de 1988. Antes de percorrer os trilhos dos processos e procedimentos que nos conduzirão à afirmativa proposta neste, preferiu-se extrair da Lei Maior, que ocupa o ápice da pirâmide normativa nacional, os elementos jurídicos que privilegiam o ser humano e sua condição social, haja vista que a Jurisdição Social que se pretende afirmar é, ante todas, a mais humanista.

2.1. APONTAMENTOS INICIAIS SOBRE OS DIREITOS FUNDAMENTAIS

Neste capítulo serão abordados aspectos dos direitos fundamentais do homem na condição de indivíduo e ser social. Pretende-se demonstrar que o direito fundamental à vida é indissociável de alguns direitos sociais, como o direito à saúde e ao trabalho. Para tanto, parte-se do pressuposto de que a condição humana norteou a tessitura do texto da Constituição Federal de 1988 (BRASIL, 1988), na medida em que essa se converteu no garante normativo e princípio lógico maior dos direitos humanos e sociais no Brasil. Em seguida, reconhece-se o direito do trabalho como o núcleo convergente e irradiante dos demais direitos sociais, visto que propaga e difunde direitos para além da relação de emprego. Ainda, a despeito de que, materialmente, a dignidade e a condição humana do trabalhador ativo e inativo se encontram preservadas, nota-se que o arcabouço processual utilizado para tutelar estes direitos fundamentais não conseguiu captar a dimensão humana como centro e referência axiológica do arcabouço normativo processual. Daí porque se propõe a ampliação da competência da justiça trabalhista em molde semelhante à sua atuação originária.

2.2. A IMANÊNCIA SUBJETIVA ENTRE A VIDA, A SAÚDE E O TRABALHO

Ao longo da história da humanidade pode-se verificar que o trabalho constituiu elemento ordenador essencial da evolução das sociedades, uma vez que fator indispensável à condição de toda vida humana em sociedade e da pessoa enquanto tal.

Para Dominique Meda (1995), o trabalho se converteu na principal fonte de ingresso da pessoa trabalhadora. Destarte, toda a legislação que reconhece o direito à vida assegura, na mesma medida, o livre exercício do trabalho e, por conseguinte, o direito de acesso aos meios de subsistência.

A multidimensão do trabalho impacta diretamente a vida do ser humano que o desenvolve, tanto no aspecto físico como no plano metafísico. Naquele, o corpo, que é o continente e representação individual de cada vida, materializa o trabalho. Neste, a vida, conteúdo da representação corporal de cada ser, autorrealiza-se ao mesmo tempo em que se socializa por intermédio dele.

Com efeito, a vida do ser humano que trabalha não pode ser vista apenas pelo enfoque objetivo, haja vista que o trabalhador não é apenas uma máquina composta de músculos e nervos ou um amontoado de células. De igual modo, em seu aspecto subjetivo, a vida do trabalhador não se limita à sua inteligência, sentimentos, aptidões e aspirações (OLIVEIRA, 2010, p. 64). O somatório destes enfoques qualitativos intrínsecos do ser humano, aliado à higidez do ambiente laboral, é que propicia a dignificação da vida do trabalhador.

Pode-se afirmar então que vida e trabalho são faces de uma mesma moeda. Para que esta tenha valor, necessário se faz que ela não apresente danos, isto é, que goze de saúde.

Segundo Vicente de Paula Maciel Júnior (2001), a saúde não tem seus contornos limitados à ausência de doenças, mas seu conceito vai importar na diretiva de que ela é também a ausência dos elementos físicos e mentais que a afetam e estão a ele vinculados. Infere-se, portanto, que o conceito de saúde não está atrelado ao de doença, mas ao de bem-viver, à qualidade de vida.

Sebastião Geraldo de Oliveira (2010) também perfilha igual entendimento ao reconhecer a evolução do pensamento com a saúde do trabalhador. Afirma ele que essa preocupação se iniciou com normas que visaram à segurança do trabalhador, passando pela medicina laboral e pela busca da cura para as doenças ocupacionais. Em seguida, ampliou-se o leque para abordar a higiene industrial que priorizou prevenir doenças e garantir saúde ocupacional. Mais tarde, o foco se deteve na saúde do trabalhador, visto esta sob o aspecto do bem-estar físico, mental e social. Atualmente, busca-se a integração do trabalhador com o homem, o ser humano dignificado e satisfeito com a atividade, que tem vida para além dos portões das fábricas, "que pretende, enfim, qualidade de vida em sentido amplo". (OLIVEIRA, 2010, p. 63).

Outra não é a contemporânea diretriz da Organização Internacional do Trabalho (OIT). Em 28 de abril de 2009, para comemorar o dia mundial da segurança e saúde no trabalho, ela lançou uma cartilha com o título: Saúde e vida no trabalho: um direito humano fundamental. Para a OIT:

> O DIREITO À VIDA, O DIREITO A UMA VIDA SEGURA E SAUDÁVEL. A vida é preciosa. Uma boa qualidade de vida não tem preço.
> Esta boa qualidade de vida não se resume à mera ausência de morte. Só se pode conseguir com uma boa saúde física e mental e pelo bem-estar social.
> A maioria das pessoas passa a maior parte da sua preciosa vida ativa no trabalho. Por isso, é extremamente importante trabalhar num ambiente seguro e saudável [...] Neste sentido, quando se trata da saúde dos trabalhadores, o trabalho pode ser uma experiência positiva ou muito negativa. Quanto trabalhamos, tornamo-nos financeiramente independentes: podemos satisfazer as nossas necessidades básicas e também saciar os nossos desejos. Por sua vez, todo este processo de concessões mútuas afeta as nossas aspirações sociais e tem repercussões na nossa saúde física e psicológica — no nosso bem-estar. Assim, o local de trabalho, que nos mantém afastados da nossa casa durante a maior parte do dia, deveria respeitar o nosso bem-estar. O fato de sermos produtivos e estarmos ativos durante décadas deveria permitir-nos preservar a nossa saúde muito depois de termos atingido a idade da reforma [...] Temos o direito de viver. Mais importante ainda, temos o direito de viver bem, de viver dignamente, tanto em casa como fora dela. (ORGANIZAÇÃO INTERNACIONAL DO TRABALHO, 2009, p. 4-5).

Nesse andar, vida com qualidade, saúde e trabalho formam a imanente tríade que estruturam a razão de ser do homem na qualidade de pessoa física e ser social. Não é possível ser sem ter. Não é possível trabalhar sem ter saúde plena; não é possível ter saúde sem vida; não é possível ter vida sem o alimento, que é fruto do trabalho.

Ao Estado, de igual maneira que assegura o direito de propriedade, cabe tutelar a existência da única propriedade do trabalhador, seu corpo-vida. Essa proteção do corpo como elemento frágil se insere na visão de proteção do corpo como meio de reprodução da vida. Vida que se sustenta e se mantém com saúde e trabalho.

2.2.1. Os direitos humanos e sociais fundamentais

As locuções direitos humanos e direitos fundamentais ora são utilizadas como expressões equivalentes, ora não. Paulo Bonavides (1998) afirma que quem diz direitos humanos, diz direitos fundamentais, e quem diz estes, diz aqueles, sendo aceitável a utilização das duas expressões indistintamente, como sinônimas.

José Afonso da Silva também observa sinonímia nas expressões, acrescentando outros termos que aduzem igual semântica:

> Direitos naturais, direitos humanos, direitos do homem, direitos individuais, direitos públicos subjetivos, direitos fundamentais, liberdades fundamentais, liberdades públicas são todas expressões utilizadas para uma mesma categoria jurídica. (SILVA, 1994, p. 157)

Entretanto, há como divisar, para fins didáticos, uma distinção entre direitos humanos e direitos fundamentais. Os direitos humanos são os direitos naturais, inatos ao homem. Os direitos fundamentais são direitos naturais que a ordem jurídica de dada comunidade reconheceu como válidos e vigentes. Esta é a lição de Willis Santiago Guerra Filho:

> De um ponto de vista histórico, ou seja, na dimensão empírica, os direitos fundamentais são originalmente direitos humanos. Contudo, estabelecendo um corte epistemológico, para estudar sincronicamente os direitos fundamentais, devemos distingui-los enquanto manifestações positivas do direito, com aptidão para produção de efeitos no plano jurídico, dos chamados direitos humanos, enquanto pautas ético-políticas, situadas em uma dimensão suprapositiva, deonticamente diversa daquele em que se situam as normas jurídicas — especialmente aquelas de direito interno. (GUERRA FILHO, 1997, p. 12)

Por este mesmo ângulo de abordagem, pode-se entender que a locução direitos fundamentais se aplica para aqueles direitos do ser humano reconhecidos e positivados na esfera do direito constitucional de dado Estado.

De outra parte, a expressão direitos humanos guarda relação com os documentos de direito internacional, por se referir a posições institucionais que reconhecem o ser humano como tal, independentemente de sua vinculação com determinada ordem constitucional, revelando um inequívoco caráter supranacional (SARLET, 2006).

Neste texto, adota-se a expressão direitos humanos fundamentais por seu caráter distintivo, o qual faz realçar a individualidade da pessoa humana, sem olvidar sua qualidade substancial simplesmente pelo fato de existir, aliás, fato sobre o qual se alicerçam os fundamentos de toda a positivação constitucional hodierna.

A doutrina considera esses direitos humanos fundamentais como de primeira geração (BOBBIO, 1992), dimensão (BONAVIDES, 2008) ou família (ROMITA, 2007). Fruto do Estado Liberal de Direito, tiveram por função valorizar o homem como indivíduo singular livre e independente da figura estatal (DELGADO, 2006), reconhecendo-lhe, formalmente, direitos civis e políticos que obstaculizavam o atuar estatal. Entre os direitos civis assegurados incluem os necessários ao exercício das liberdades individuais (liberdade da pessoa), liberdade de expressão, pensamento e fé. Ainda o direito de possuir propriedade e estabelecer contratos válidos e de ser julgado por justiça imparcial. Já os direitos políticos incluem o direito de participar no exercício do poder político.

Nessa esteira, afirma-se que os direitos de primeira dimensão atuam na seara individual como normas de autoproteção, negando ao Estado o direito de intervir nas relações entre particulares.

Os direitos humanos fundamentais, em sua feição social (direitos sociais), foram reconhecidos a partir do final do século XIX. Em parte, decorreram do sentimento coletivo de que, não obstante garantida formalmente a liberdade e a igualdade, esta, materialmente, era inatingível para a maioria da população que não conseguia satisfazer as primárias necessidades básicas. Era necessário garantir o direito a que todos tivessem acesso às condições mínimas de sobrevivência civilizada. Nesse diapasão, pode-se assegurar que os direitos sociais não visam ao lucro, apenas à isonomia material entre os iguais individualmente considerados.

A solidariedade entre indivíduos em igual situação de desamparo foi a fonte material para reconhecer os direitos sociais como humanos. Solidariedade aqui se prende à ideia da responsabilidade de todos pelas carências e necessidades de qualquer indivíduo ou grupo social. Em nome desta, era necessária a intervenção estatal para que, por intermédio da execução de políticas públicas, fosse garantido amparo e proteção social aos mais fracos e mais pobres; ou seja, àqueles que não possuem recursos próprios para viver dignamente (COMPARATO, 2001). Emerge, assim, a heteroproteção legal.

Paulo Bonavides explica ainda que os direitos sociais "nasceram abraçados ao princípio da igualdade, do qual não se podem separar, pois fazê-lo equivaleria a desmembrá-los da razão de ser que os ampara e estimula". (BONAVIDES, 2008, p. 564)

Desse modo, diferentemente dos direitos humanos individuais fundamentais, que exigiam um atuar negativo do Estado (não agir estatal), a ponto de este não interferir nas relações e liberdades privadas dos indivíduos, os direitos sociais afloraram com um potencial principiológico afirmativo, impondo diretrizes, deveres e tarefas a serem realizadas pelo Estado. O intuito era possibilitar aos seres humanos, de forma materialmente igualitária, melhor qualidade de vida e um nível razoável de dignidade. (MARMELSTEIN, 2008)

Realçando o aspecto positivo dos direitos sociais fundamentais, pode se argumentar, como o fez Ingo Wolfgang Sarlet (2006), que a nota distintiva destes direitos é a de não mais evitar a intervenção do Estado na esfera da liberdade individual, mas, sim, de propiciar o direito a participar de uma cota do bem-estar social e usufruir de liberdade por intermédio do Estado.

Pode-se afirmar então que tanto os direitos humanos quanto os sociais fundamentais são fruto de longa batalha pelo reconhecimento do indivíduo perante o Estado. Após a conquista dos direitos humanos (individuais) perante o Estado, a sociedade evoluiu fazendo surgir direitos sociais, os quais passaram a ser prestados por meio do Estado.

Assim, pode-se concluir que os direitos reconhecidos como do homem em sua singularidade, sejam eles de primeira ou de segunda dimensão, têm uma titularidade inequívoca: o indivíduo.

2.2.2. A afirmação dos direitos humanos e sociais na Constituição de 1988

A Constituição Brasileira de 1988 constitui o marco jurídico da transição democrática e da institucionalização dos direitos humanos e sociais no país. Rompeu ela com os 21 anos do constitucionalismo autoritário e ditatorial anteriormente implantado no país. Resgatou o estado de direito, a democracia e o valor humano (PIOVESAN, 2010).

O texto constitucional de 1988 foi edificado nos ideais e princípios informadores contidos na Declaração Universal dos Direitos Humanos de 1948. Nesta, ficou ínsito que os direitos humanos deveriam ser protegidos pelo estado de direito, a fim de evitar que o desrespeito e o desprezo pela condição humana conduzissem à barbárie semelhante à vivida nas duas maiores guerras da primeira metade do século XX.

A afirmação de que os Estados deveriam rever suas posições políticas e jurídicas sobre a condição humana se fez consignada no preâmbulo da Declaração Universal dos Direitos Humanos. Nela, as nações subscritoras de tão importante documento reafirmaram sua fé nos direitos humanos fundamentais, na dignidade, no valor da pessoa humana e na igualdade de direitos entre homens e mulheres.

A visão de Flávia Piovesan, não é diferente. Ensina ela que "a Declaração consolida a afirmação de uma ética universal, ao consagrar um consenso sobre valores de cunho universal a serem seguidos pelos Estados" (PIOVESAN, 1996, p. 155-156).

A ideia de se proteger, em âmbito universal, a dignidade humana tem por escopo a tutela não apenas do ser individualmente considerado, mas, sobretudo, visa garantir o futuro da vida em sociedade, salvaguardando a humanidade das investidas e riscos que possam surgir contra ela (LEDUR, 1998).

A sociedade brasileira de 1988, a despeito de não ter vivenciado, em proporções semelhantes, os infortúnios produzidos pelas guerras mundiais, queria um país democrático, que respeitasse as liberdades públicas e a condição humana. Queria sair de uma fase autoritária em que o direito era um instrumento a serviço da ditadura política. Estabelece-se, então, com a Carta de 1988, novo pacto social.

A Constituição passa a ser o pacto que justifica e impõe limites à ordem consolidada, revelando-se verdadeira metáfora da democracia substancial, dado que se sustenta sob a doutrina dos direitos humanos, cuja violação implica ruptura, legitimando o exercício de um direito de resistência nela consagrado (SEVERO, 2008).

Dessa forma, iluminada pela nova diretriz humanista vinda da seara internacional, introduz a Constituição de 1988 um avanço extraordinário na consolidação dos direitos e garantias fundamentais. Em razão disto, afirma Flávia Piovesan, tornou-se ela "o documento mais avançado, abrangente e pormenorizado sobre a matéria, na história constitucional do país". (PIOVESAN, 1996, p. 26)

Ao se fazer uma emulação comparativa da Constituição de 1988 com as Leis Fundamentais que a precederam, nota-se, de plano, que a atual Carta se inicia com capítulos dedicados aos direitos e garantias fundamentais individuais, coletivas e sociais, para, somente então, tratar do Estado e de sua constituição e estruturação.

Releva ressaltar que as constituições que precederam a de 1988 tratavam os direitos sociais de forma pulverizada, a rigor, no capítulo dedicado à ordem econômica. A de 1988 foi a primeira das constituições brasileiras a inserir os direitos sociais entre os direitos fundamentais, ao unir e estabelecer, no art. 6º, que a educação, a saúde, a alimentação, o trabalho, a moradia, o lazer, a segurança, a previdência social, a proteção à maternidade e à infância, e a assistência aos desamparados são direitos sociais.

Revelou-se clara a intenção do legislador constituinte de tratar, como direitos fundamentais, tanto os direitos e deveres individuais e coletivos insculpidos no art. 5º, bem como os direitos sociais previstos do art. 6º ao 11º, haja vista que os agrupou no título II da Constituição (BRASIL, 1988), que é nomeado como direitos e garantias fundamentais.

Sobreleva-se, ainda, o fato de que os direitos e garantias individuais, pela primeira vez na história constitucional do país, foram alçados à categoria de direitos imutáveis, na medida em que passaram a compor o núcleo material intangível gizado no art. 60, § 4º, as consideradas cláusulas pétreas.

A doutrina de Paulo Bonavides estende a intangibilidade normativa prevista nas cláusulas pétreas aos direitos sociais ao ensinar que, "os direitos sociais não são apenas justiciáveis, mas são providos, no ordenamento constitucional da garantia da suprema rigidez do § 4º do art. 60". (BONAVIDES, 2008, p. 565)

Sobre as cláusulas pétreas, Flávia Piovesan, posiciona-se nesta mesma linha de pensamento, assim ponderando:

> Considerando a universalidade e a indivisibilidade dos direitos humanos, a cláusula de proibição do retrocesso social, o valor da dignidade humana e demais princípios fundamentais da Carta de 1988, conclui-se que essa cláusula (pétrea) alcança os direitos sociais [...] São, portanto, direitos intangíveis, direitos irredutíveis, de forma que tanto a lei ordinária, como a emenda à constituição que afetarem, abolirem ou suprimirem os direitos sociais, padecerão do vício de inconstitucionalidade. (PIOVESAN, 2010, p. 28-29)

Por outro lado, os direitos sociais se convolaram não apenas em direitos fundamentais intangíveis. Eles tornaram possível e realizável a obtenção da igualdade material dos direitos individuais. Neste diapasão, Perez Luño leciona:

> atendendo à fundamentação destes direitos (sociais) se estima que mais que uma categoria de direitos fundamentais constituem um meio positivo para dar um conteúdo real e uma possibilidade de exercício eficaz a todos os direitos e liberdades. (LUÑO, 1995, p. 217, tradução nossa)[1]

Em resumo, afirma-se que a Carta de 1988, em sua essência, fez opção pelo homem. O ser humano individual, e este em suas relações com seus pares. O homem visto e tido como o verdadeiro titular e destinatário de todas as manifestações de poder. Tudo fica centrado no homem, nele principia e a ele se dirige. Para protegê-lo juridicamente do poder constituinte derivado ou do legislador ordinário, foram criadas barreiras jurídicas intransponíveis. Ao assim estabelecer, a Lei Maior dignificou o ser humano e valorou, sobremaneira, os direitos sociais, mormente o do trabalho.

2.2.3. O trabalho humano como núcleo dos direitos sociais

O trabalho humano é um valor aceito pelas sociedades contemporâneas e encarta em si uma dupla função: primeiro, é uma das formas de revelar e de atingir o ideal da dignidade humana, promovendo a inserção social; segundo, é elemento econômico indispensável, direta ou indiretamente, para que haja crescimento. Somente a evolução cultural e científica da humanidade permitiu ao cidadão moderno ter essas percepções, isto é, demandou um complexo processo histórico a fim de que o trabalho fosse admitido e aceito como direito social e fator de progresso da humanidade (BOCORNY, 2003).

A importância do trabalho como valor social e econômico foi reconhecida pela Constituição de 1988. A ele foram expressamente dedicados quatro artigos do texto constitucional. No art. 1º, os valores sociais do trabalho e da livre iniciativa foram alçados, ao lado da dignidade da pessoa humana, à condição de princípio fundamental da República e do Estado Democrático de Direito. O art. 6º o afirmou como direito social. Ao cuidar da ordem econômica, estabeleceu que esta se funda na valorização do trabalho humano, cujo escopo é o de assegurar a todos uma vida digna, art. 170. Já a ordem social brasileira, tem como base o primado do trabalho, art. 193. (BRASIL, 1988).

A despeito de o ordenamento constitucional não ter atribuído uma definição ao termo trabalho, podem-se divisar, da interpretação dos citados dispositivos, duas dimensões normativas, tal como fizeram Wilson Steinmetz e Leila Beatriz Schuch:

---

(1) De ahí que atendiendo a la fundamentación de estos derechos se estime que más que una categoría especial de derechos fundamentales constituyen un medio positivo para dar un contenido real y una posibilidad de ejercicio eficaz a todos los derechos y libertades.

A Constituição brasileira atribuiu ao trabalho uma dupla dimensão normativa: uma objetiva, dirigida ao Estado; e outra subjetiva, com face de direito fundamental, que assegura ao indivíduo sua titularidade [...] No tocante à dimensão objetiva [...] o trabalho humano deve ser promovido e protegido (pelo Estado) por meio de suas instituições, já que, por esse dispositivo, do trabalho advêm valores sociais desejáveis, tais como a autonomia da pessoa, liberdade de escolhas, o bem-estar, a riqueza, a integração e coesão social [...] quanto à dimensão subjetiva, destaca-se o seu estabelecimento como um direito social. Aqui, entende-se que se deve garantir ao cidadão, como titular desse direito que tem reflexos em toda a sociedade, o livre exercício do trabalho e trabalho em condições dignas. (STEINMETZ; SCHUCH, 2006, p. 191-192).

Ingo Volfgang Sarlet também reconheceu a importância da constitucionalização do direito do trabalho e de seus valores sociais intangíveis ao citar:

> A relevância da constitucionalização dos direitos dos trabalhadores e a sua inserção no título dos direitos fundamentais apresenta uma dimensão material e uma dimensão formal, pois traduz a importância do trabalho para uma existência digna e assegura um conjunto de direitos e garantias específicos, voltados à tutela e promoção da pessoa nas relações trabalhistas, a vinculação dos poderes constituídos, em especial do legislador, que não está autorizado a suprimir tais direitos do texto constitucional. (SARLET, 2008, p. 5)

A Constituição Federal (CF) de 1988 foi a única, dentre todas as constituições brasileiras já existentes, a consolidar o trabalho como direito social fundamental. Ao lado do trabalho, no art. 6º, reconheceu o Texto Magno atual outros direitos sociais, como a educação, a saúde, a alimentação, a moradia, o lazer, a segurança, a previdência social, a proteção à maternidade e à infância, e a assistência aos desamparados. (BRASIL, 1988)

Por seu vínculo imanente com a vida, pode-se considerar que o direito do trabalho é o berço irradiante e convergente dos demais direitos sociais enumerados no art. 6º. Quem assim assevera é o próprio texto constitucional, art. 7º, inc. IV, ao garantir ao trabalhador-que-vive-do-trabalho o acesso a um salário que atenda a suas necessidades vitais básicas e às de sua família como moradia, alimentação, educação, saúde, lazer, vestuário, higiene, transporte e previdência social. (BRASIL, 1988)

Além dessa garantia, em uma perfunctória análise da CLT e de algumas leis esparsas, verifica-se que estas contêm dispositivos legais que unem umbilicalmente o direito do trabalho a outros direitos sociais. Por exemplo: o direito do trabalho assegura o direito à educação do trabalhador com as regras do menor aprendiz(arts. 424/433) e da suspensão do contrato de trabalho para qualificação profissional (art. 476-A), bem como de seus filhos mediante o salário-educação[2] e o salário-família[3]. Quanto à saúde e à segurança, não apenas a CLT trata exaustivamente destes temas em relação ao trabalhador, com as normas de medicina e segurança do trabalho, a partir do art. 154. Igualmente, o Ministério do Trabalho, em âmbito nacional com as normas regulamentadoras, e a Organização Internacional do Trabalho (OIT), na seara internacional com as convenções e recomendações, cuidam minudentemente do assunto. A proteção à maternidade com a garantia do emprego por até 14 meses, a licença gestante de 120 dias, o salário-maternidade, a licença-paternidade, o direito a intervalos para amamentação do próprio infante até o sexto mês, a proibição de exames pré-admissionais que versem sobre esterilidade ou gravidez, a previsão de creche, entre outros, centralizam o direito do trabalho como fonte e foco dos direitos sociais.

Consentânea com a afirmativa de que o direito do trabalho ocupa posição nobre em relação aos demais direitos sociais está José Afonso da Silva:

> O núcleo central dos direitos sociais é constituído pelo direito do trabalho (conjunto de direitos dos trabalhadores) [...] Em torno dele gravitam outros direitos sociais, como o direito à saúde, o direito à previdência social, assistência social, à educação, ao meio ambiente sadio. (SILVA, 1994, p. 466)

Essa primazia do trabalho em relação aos demais direitos sociais se deve ao fato de que a origem dos direitos sociais se confunde com a própria história do Direito do Trabalho.

Sendo assim, não por outro motivo Mario de La Cueva nos enseja este magistério:

> O Direito do Trabalho nasce quando os homens se dão conta do abismo entre a realidade social e a sua regulação jurídica. O direito do trabalho nasce quando os homens percebem que uma coisa é o princípio da livre determinação das ações, e outra questão distinta é a sua efetividade social, ou ainda, de um lado o problema é puramente psicológico da livre determinação das condutas, e do outro o problema é o de impor a vontade indi-

---

(2) O salário-educação é uma contribuição social destinada ao financiamento de programas, projetos e ações voltados para o financiamento da educação básica pública. É calculado com base na alíquota de 2,5% sobre o valor total das remunerações pagas ou creditadas pelas empresas, a qualquer título, aos segurados empregados. O valor arrecadado a título de salário-educação é integralmente redistribuído entre os Estados e seus municípios, de forma proporcional ao número de alunos matriculados na educação básica das respectivas redes de ensino apurado no censo escolar do exercício anterior ao da distribuição dos recursos. Art. 212, § 5º, da Constituição Federal, regulamentada pelas Leis ns. 9.424/96 (BRASIL, 1996), 9.766/98 (BRASIL, 1998) e 11.457/2007 (BRASIL, 2007a).

(3) Benefício previdenciário pago aos trabalhadores de baixa renda que possuem filhos menores de 14 anos ou inválidos. Para ter direito, deve o trabalhador interessado apresentar atestado de frequência escolar do filho maior de sete anos, duas vezes por ano, em maio e novembro. Art. 7º da Constituição Federal, regulamentada pela Lei n. 8.213/91 (BRASIL, 1991b) e Decreto n. 3.048/99. (BRASIL, 1999).

vidual nas reclamações sociais; o regime do contrato de trabalho permitia impor apenas a vontade do patrão, mas não do trabalhador. (CUEVA, 1960, p. 256-257, tradução nossa)[4]

Foi essa visão retratada por De La Cueva, de distanciamento entre a realidade social e a irrealidade formal do direito, que fez surgir o Direito do Trabalho e, com ele, a exigência da intervenção estatal. Desta intervenção, emanaram, paulatinamente, os demais direitos sociais, ou os direitos de segunda dimensão. Estes passaram a exigir do Estado um atuar prestacional positivo. Desse modo, nas relações entre desiguais, cabe ao ente estatal posicionar-se em favor dos mais necessitados de proteção, defendendo, com estes, o interesse superior da ordem pública cristalizada nos direitos fundamentais, do qual o Direito do Trabalho, pela história, é sua quintessência.

2.3. DA CONCEPÇÃO À PENSÃO: O ASPECTO METAFÍSICO DO TRABALHO COMO DIFUSOR DE DIREITOS

Objetiva este tópico fazer um resgate axiológico do trabalho em sua concepção de direito social. O intuito é demonstrar que, não obstante o notável avanço do direito material que rege as relações sociais, as regras processuais, notadamente as do processo do trabalho, carecem de atualização, haja vista que não se adequaram integralmente à visão antropocêntrica do direito pátrio, a partir da Constituição de 1988.

Relembre-se que, em um primeiro momento, o direito em geral compreende o homem como um ser que se relaciona com a sociedade de forma individualizada, sem relação de pertencimento a um grupo. Por este prisma, o direito percebe o ser humano como um indivíduo abstrato e normatiza suas relações com base nessa percepção (direitos fundamentais de primeira dimensão), desconsiderando as características intrínsecas à personalidade do ser humano na qualidade de partícipe de determinado grupo social.

Foram as coletivas reivindicações dos trabalhadores no curso da história e a crise econômica de 1929 que contribuíram para o abalo da estrutura normativo-jurídica então existente. Os trabalhadores unidos, ao exigirem melhores condições de vida, trabalho e remuneração, enviavam um recado ao legislador e ao Estado de que o direito não poderia enxergar o homem apenas no seu aspecto abstrato de relações formais. A abstração jurídica do conceito de pessoa acabava por reduzir o trabalho à condição de coisa. O trabalho humano não poderia ser tratado ou

---

(4) El derecho del trabajo nace cuando los hombres se dan cuenta del abismo que media entre la realidad social y sua regulacion jurídica, o bien. El derecho del trabajo nace cuando perciben los hombres que uno es el principio de la libre determinación de las acciones y otra cuestión distinta su efectividad social, o todavia, uno es el problema puramente psicológico de la livre determinación de las conductas y outro el problema de poder imponer la voluntad individual en las reclamaciones sociales; el régimen del contrato permitia imponer la voluntad del patrono, pero no la del trabajador.

confundido como se mercadoria fosse. Era necessário deitar os olhos sobre a existência material humana, garantindo-lhe os meios mínimos necessários para a sobrevivência.

Pode-se sustentar que, na seara laboral, as condições de trabalho e a mudança do foco legislativo que deixou de mirar a pessoa do trabalhador como ente abstrato se iniciaram com a criação da OIT.

Fruto de fatores socioeconômicos múltiplos, a OIT foi criada pela Liga das Nações, em 1919, no Tratado de Versalhes. Objetivando a paz social, suas convenções servem de base para que os diversos países adotem condições humanas de trabalho semelhantes, sempre na tentativa de dignificar o ser humano-trabalhador.

A crise econômica da década de 20 do século pretérito também em muito contribuiu para uma mudança de rumo na economia mundial. Visando resolver os efeitos negativos da crise que assolava o país desde 1929, os Estados Unidos, baseados na doutrina idealizada por John Maynard Keynes, instituíram o *New Deal*, programa que buscou promover a recuperação econômica do país por intermédio da intervenção do Estado na economia. Investiu-se maciçamente em infraestrutura, geração de trabalho e renda. Fomentou-se com isso a geração de empregos, além de instituir ajuda econômica e proteção social em favor dos desempregados e idosos.

Na Inglaterra, com semelhante abordagem, foi instituído o Plano Beveridge, o qual objetivou sistematizar o seguro social de forma a garantir proteção ao indivíduo de certas contingências sociais negativas do "berço ao túmulo". O diferencial deste modelo, em relação ao Keinesiano, foi a instituição de um sistema universalizante de proteção social a todos os ingleses, independentemente da condição socioeconômica.

Insuflado pelos ventos sociais que sopravam à época de sua confecção, o teor da Declaração Universal dos Direitos do Homem da Organização das Nações Unidas (ONU), de 1948, seguiu idêntico desiderato, ao reconhecer a pessoa humana como núcleo central de toda positivação jurídica. Prova disso é que no art. 25 fez constar:

> todo homem tem direito a um padrão de vida capaz de assegurar a si e a sua família saúde e bem-estar social, inclusive alimentação, vestuário, habitação, cuidados médicos e os serviços sociais indispensáveis, o direito à segurança no caso de desemprego, doença, invalidez, viuvez, velhice ou outros casos de perda dos meios de subsistência em circunstâncias fora de seu controle. (DECLARAÇÃO UNIVERSAL DOS DIREITOS HUMANOS, 2000).

Consolidava-se, assim, o embrião da segunda dimensão dos direitos fundamentais: os direitos sociais.

No Brasil, nas décadas de 30 e 40 do século passado, o direito do trabalho foi concebido e planificado com base nas experiências de outros países. Saiu-se praticamente de um sistema escravagista de produção para um sistema jurídico social de direito. Assim, no país, o Direito do Trabalho já nasceu social, e com efeitos irradiantes. Não é por outro motivo que o conjunto das normas que regulavam tal ramo jurídico neste momento histórico era denominado de legislação social.

Para Cesarino Júnior, o Direito do Trabalho era o próprio direito social. O que fez com que este autor denominasse o direito do trabalho como direito social foi o fato de ele incluir, no conceito de Direito do Trabalho, a previdência e a assistência social. Com isso, ele já identificava o aspecto difusor do Direito do Trabalho para além da relação de emprego, o que já se fazia notar na própria conceituação de direito social formulada por ele:

> Direito social é a ciência dos princípios e leis geralmente imperativas, cujo objetivo imediato é, tendo em vista o bem comum, auxiliar as pessoas físicas, dependentes do produto de seu trabalho para a subsistência própria e de suas famílias, a satisfazerem convenientemente as suas necessidades vitais e a ter acesso à propriedade privada. (CESARINO JÚNIOR, 1980, p. 48-49)

Assim o trabalho era direito social porque se tratava de um sistema jurídico de proteção aos economicamente fracos. Por este motivo, trabalhador, para o mencionado autor, é todo indivíduo que necessita de seu trabalho para poder viver e fazer viver sua família. No termo viver, devem-se subentender todos os aspectos de uma existência humana normal, isto é, alimentação, vestuário, habitação, transporte, higiene, educação, recreação e previdência medianamente satisfatórias, não só para o indivíduo, como para toda a sua família (CESARINO JÚNIOR, 1980, p. 47).

Por esta ótica concreta, o trabalho, como direito social, agasalha um sentido de vitalidade. O trabalho, ao constituir o único meio de subsistência da numerosa classe social que dele vive, enfeixa ímpar transcendência social e econômica. Destarte, a essência do direito do trabalho consiste em sua maior proximidade à vida. Esse elo entre trabalho/vida e vida/trabalho não se circunscrevendo à vida do trabalhador. Ele a supera para alcançar outras vidas, potenciais ou finitas.

Em rigor, o fator consequente do trabalho é projetar direitos e deveres na esfera individual de cada contratante. É o que se espera ordinariamente de uma relação jurídica obrigacional. Entretanto, na visão holística do trabalho como sinônimo de direito social não se visualizam apenas as obrigações consequentes derivadas do contrato de trabalho. É possível divisar um plexo de direitos para além da relação material de trabalho. Este aspecto metafísico do trabalho propaga efeitos jurídicos para a vida de terceiras pessoas vinculadas e dependentes economicamente do trabalhador.

Nesse aspecto, o trabalho difunde direitos para uma vida em potencial quando ele protege o nascituro. Desde a concepção da vida, o direito do trabalho já transpõe seus efeitos para abraçar e proteger este ente humano em formação.

Por este ângulo de visada, merece ser atualizada a frase que diz que a proteção social se estende "do berço ao túmulo", cuja autoria se atribui ao Lorde Beveridge, visto que hoje a proteção social irradia efeitos da concepção à pensão.

Portanto, a Constituição Federal, ao garantir o emprego à empregada gestante desde a concepção, no art. 10, II, "b", dos atos das disposições transitórias, elegeu essa potencial vida do ser em formação, externa à relação contratual de trabalho, como elemento objetivo de garantia provisória no emprego da trabalhadora gestante. Logo, a concepção atua como fator antecedente a impedir possível volição de rescisão contratual que possa ter o tomador dos serviços da gestante. De igual maneira, preserva a saúde da mulher-trabalhadora, na medida em que "acomoda a relação jurídica preexistente ao processo biológico para que fiquem salvaguardados os direitos da trabalhadora" e do próprio nascituro. (OLEA; PLAZA, 2002, p. 284, tradução nossa)[5]

De outra banda, o direito do trabalho continua a difundir seus efeitos mesmo após a morte do trabalhador. Este aspecto metafísico transcendente do direito social do trabalho garante à futura geração de quem trabalhou a possibilidade de sobrevivência até que consiga prover a própria subsistência.

Desse modo, melhor contextualizando a frase do Lorde Beveridge, pode-se afirmar que, pelos aspectos antecedentes e transcendentes do direito social do trabalho, ele projeta direitos da concepção à pensão.

2.4. A DIGNIDADE DA PESSOA HUMANA DO TRABALHADOR E O DIREITO FUNDAMENTAL À JUSTA SOBREVIVÊNCIA NA INATIVIDADE

Para garantir a sua existência ao longo da história, o ser humano teve que modificar ou atuar sobre a natureza para extrair desta o alimento e o sustento necessário para si e para seus semelhantes. A essa eterna luta diária do homem para que sua vida prevaleça, denomina-se trabalho.

O trabalho é, portanto, uma atividade racional do homem, com o qual ele adapta os objetos da natureza, de modo a satisfazer suas necessidades. Ao trabalhar, o homem despende energia física, nervosa e mental, e cria os produtos necessários para sobreviver (SHAVTCHENKO, 1987).

Como em toda a batalha, o ambiente de trabalho expõe o trabalhador a riscos, tanto aqueles mais visíveis, que afetam a integridade física (agentes periculosos), quanto aqueles mais insidiosos, que atuam em longo prazo, minando, paulatinamente, sua saúde (agentes insalubres). Os primeiros provocam os acidentes do trabalho, ao passo que estes últimos acarretam as doenças profissionais ou do trabalho (OLIVEIRA, 2010). Diante deste quadro, necessário se fez valorizar o trabalho justamente porque dele dependia seu sujeito ativo, o trabalhador.

A valorização do trabalho humano veio com o direito do trabalho. Neste sentido, leciona Luiz Philippe Vieira de Melo Filho:

> O Direito do Trabalho eleva o homem a um patamar mínimo da existência humana, fato que contraria os princípios individualistas que nortearam

---
(5) [...] acomoda la relación jurídica preexistente al proceso biológico para que queden salvaguardados los interesses de la trabajadora [...].

todo o direito até então construído. A propriedade que se fez vértice do direito foi mitigada com a valorização do trabalho humano, produto da era industrial e objeto de proteção do ordenamento especial, que o afasta da condição de mercadoria ou coisa e resgata a dignidade humana [...] São direitos fundamentais indivisíveis. Não há cidadania com fome, sem teto e sem trabalho. O trabalho confere dignidade ao homem. (MELO FILHO, 2010, p. 11)

A partir deste raciocínio, cujas sementes doutrinárias foram lançadas há pouco mais de um século, tem-se que, com a atribuição de valor ao trabalho, se resgata a dignidade inata ser humano. Desse modo, com mais vigor, a partir do final da segunda guerra mundial, a dignidade da pessoa humana passa a ser vista como o principal fundamento axiológico dos diplomas legislativos supervenientes, principalmente a partir de reconhecimento como tal pela Declaração Universal dos Direitos do Homem.

Mas o que é dignidade humana? Ingo Wolfgang Sarlet assim a define:

> A qualidade intrínseca e distintiva de cada ser humano que o faz merecedor do mesmo respeito e consideração por parte do Estado e da comunidade, implicando, neste sentido, um complexo de direitos e deveres fundamentais que assegurem a pessoa tanto contra todo e qualquer ato de cunho degradante e desumano, como venha a lhe garantir as condições existenciais mínimas para uma vida saudável, além de propiciar e promover sua participação ativa e co-responsável nos destinos da própria existência e da vida em comunhão com os demais seres humanos. (SARLET, 2001, p. 60)

A axiologia da dignidade da pessoa humana como fundamento legislativo irradiante foi adotada pela Constituição Federal de 1988. Neste sentido, pontua Flávia Piovesan, que o valor da dignidade humana "impõe-se como núcleo básico e informador de todo o ordenamento jurídico, como critério e parâmetro de valoração a orientar a interpretação do sistema constitucional". (PIOVESAN, 2010, p. 26).

Conforme se verificou acima, a consciência da importância do trabalho humano para a sociedade contribuiu para que fosse possível efetuar o resgate da valoração da condição do ser humano e de sua dignidade. Não obstante essa afirmação, não se pode pensar que uma pessoa inativa esteja privada de igual consideração.

Por inativo, neste texto, deve-se considerar a pessoa que involuntariamente esteja privada de sua capacidade laborativa, seja temporária, seja de forma definitiva. Essa privação, decorrente diretamente ou não do trabalho, pode ser agravada em caso de inércia ou ineficiência do aparato estatal de proteção a quem cabe prover materialmente o inativo. Afinal, trata-se de tutelar um direito humano social fundamental, insculpido no art. 6º, quer se trate de prestação previdenciária, quer se trate de assistência social. Conforme foi supradito por Sarlet (2001), cabe ao Estado e à própria sociedade assegurar à pessoa humana, ativa ou inativa, as condições existenciais mínimas para a própria sobrevivência e manutenção da dignidade.

Ressalte-se que o benefício previdenciário ou assistencial não deve ser visto como um prêmio, uma vantagem ou mesmo uma benesse ao indivíduo, como o próprio nome parece simbolizar. Não há demérito algum em estar em gozo formal de proteção social quando se faz jus a ele. Mas também não há glória nisto, senão em seu significado alimentar (SAVARIS, 2011).

Hodiernamente, exige-se cada vez mais um olhar atento do legislador e do intérprete da norma para os novos infortúnios decorrentes do trabalho que privam o trabalhador de sua capacidade laborativa. A velocidade das transformações tecnológicas, a introdução de novos modelos de gestão empresarial e as mudanças da estrutura produtiva trouxeram, também, novas formas de agressão e dano à saúde dos trabalhadores. A força de trabalho exigida do operário está se deslocando rapidamente dos braços para o cérebro, especialmente com o ritmo da informatização. Essa alteração está implicando a diminuição efetiva da fadiga física, porém desencadeando um aumento acentuado de doenças psíquicas, cujo diagnóstico é mais complexo e multidisciplinar. Além do que, na maioria das vezes, a recuperação é muito mais lenta, implicando em maior período de inatividade do trabalhador (OLIVEIRA, 2010). Sentimentos como raiva, medo, tristeza, preocupações e frustrações no ambiente laboral também adoecem as pessoas, limitam sua criatividade, reduzem a produtividade e o prazer de trabalhar (BOM SUCESSO, 1997).

Márcio Túlio Viana também reconhece que o atual modelo de produção é excludente da força de trabalho na medida em que produz inatividade forçada, não pela falta de capacidade laborativa, mas por diversos fatores como a idade, a aparência, conforme se observa de sua lição:

> Tal como os seus produtos, a empresa quer um empregado sempre novo, ainda quando, por exceção, continua fisicamente o mesmo. Esse empregado deve ser móvel, fluido, o que também significa precário e efêmero. O que importa não é tanto o que ele é ou como ele está, mas o seu momento seguinte. Ele é menos um ser do que um dever ser [...] Não é à toa que o trabalhador envelhescente costuma ser preterido mesmo que se declare dinâmico e disposto a se reciclar, bastam as rugas para desmenti-lo — ainda mais num tempo em que a aparência costuma vencer a essência. (VIANA, 2010, p. 484)

Diante deste quadro, acredita-se que dignidade do trabalhador inativo é igualmente um bem jurídico a ser defendido e preservado. Por enquanto, o nosso ordenamento constitucional e as leis ordinárias em matéria de direito do trabalho e previdência social preservam e tutelam a dimensão humana do trabalhador ativo e inativo. Isso independentemente do subjacente debate ideológico, cujos dogmas do liberalismo econômico nunca deixaram de influenciar (ARAÚJO, 2008).

A despeito da constatação de que, materialmente, a dignidade e a condição humana do trabalhador ativo e inativo se encontram preservadas, nota-se que o arcabouço processual utilizado para tutelar estes direitos fundamentais não conseguiu captar a dimensão humana como centro e referência axiológica que informam o direito, mormente após a Constituição de 1988.

Ora, a norma material apenas se completa eficazmente quando o regramento instrumental é adequado para tutelar a pretensão resistida. A dignidade de um trabalhador exige maior prontidão do Estado quando a adversidade ou a velhice o impedir de continuar trabalhando. Neste caso, por deter o monopólio da Jurisdição, o Estado deve prestar um serviço eficiente, célere e efetivo a fim de garantir ao inativo os recursos vitais minimamente indispensáveis para a subsistência própria e de seus dependentes.

Em nosso ver, a prestação da tutela jurisdicional, quando o trabalhador apresenta alguma adversidade que o impeça de trabalhar, deixa a desejar. Da forma em que está estruturada a competência jurisdicional para conhecer e processar os casos de violação dos direitos sociais decorrentes do trabalho, nega-se valor à dignidade humana do inativo, pois, no momento do infortúnio, as normas processuais em vigor exigem autêntica peregrinação por diversos foros distintos a fim de fazer cumprir os direitos sociais fundamentais que a Constituição reuniu de forma tuitiva no art. 6º, conforme se verá ao longo deste texto.

2.5. A JURISDIÇÃO COMO FATOR DE AFIRMAÇÃO DOS DIREITOS SOCIAIS DECORRENTES DO TRABALHO

O ordenamento jurídico de qualquer país apenas poderá ser considerado efetivo quando as leis em vigor forem espontaneamente respeitadas e cumpridas pelos destinatários, por encontrar correspondência na realidade social; ou quando as medidas que substituem a atuação espontânea forem eficazes no desiderato de fazer cumprir coercitivamente a vontade da norma. A tarefa principal do ordenamento jurídico é estabelecer uma tutela de direitos eficaz, no sentido não de apenas assegurá-los, mas, também, garantir sua satisfação (BEDAQUE, 2001).

Durante a relação material laboral, pode-se afirmar que os direitos trabalhistas enfeixam um baixo índice de cumprimento espontâneo. O baixo custo econômico do processo, para grande parcela de empregadores, compensa o risco que se corre ao descumprir os comandos normativos laborais durante a relação de emprego. Diante deste quadro, a única via que resta ao empregado para a defesa e afirmação de seus direitos inadimplidos é a judicial, após o fim do contrato de trabalho.

Na seara do direito previdenciário, entendido este como um dos direitos sociais decorrentes do trabalho, o descaso da autarquia previdenciária para com o segurado avilta a dignidade humana de quem contribuiu para o sistema e que, na maioria das vezes, para usufruir de benefício vital para si e sua família, se vê obrigado a recorrer à via judicial para ter reconhecido possível direito. Neste sentido, afirma José Antônio Savaris:

> [...] o excesso de demandas previdenciárias decorre da péssima qualidade dos serviços prestados pelo INSS ao potencial beneficiário da previdência social [...] a imagem de longas filas, de leitos improvisados nas calçadas

e de portas lacradas por frequentes estados de greve não largam nosso espírito. E diga-se, se as longas filas são substituídas por indefinida espera nos serviços de agendamento, nem por isso o serviço ganha em qualidade. [...] Isso não é nada comparado ao generalizado descaso do órgão gestor da Previdência Social com os direitos do indivíduo. [...] Isso faz com que a situação do segurado em face da previdência social se transforme precocemente em um litígio previdenciário. (SAVARIS, 2011, p. 126)

Nos exemplos citados, o processo judicial se afigura como o único recurso para a consecução substantiva dos direitos sociais, a esperança que resta ao segurado-trabalhador-desempregado de ver seus direitos respeitados. Para a afirmação destes direitos sociais decorrentes do trabalho, torna-se imprescindível a construção de um processo eficiente, sob pena de o próprio ordenamento material ficar esvaziado e perder sua razão de ser. O processo, a essa luz, reveste-se como a principal das garantias fundamentais do indivíduo e um dos corolários do Estado Democrático de Direito. A jurisdição exercida mediante o processo se revela, então, o garante maior dos direitos fundamentais, na medida em que o afirma e assegura sua realização em caso de violação.

De fato, garantir o acesso à justiça, mormente para a defesa dos direitos fundamentais calcados na dignidade da pessoa humana e nos direitos sociais, constitui uma das matrizes fundantes do Estado Democrático de Direito. Não por outra razão já afirmaram Capelletti e Garth:

> O direito ao acesso efetivo tem sido progressivamente reconhecido como sendo de importância capital entre os novos direitos individuais e sociais, uma vez que a titularidade de direitos é destituída de sentido, na ausência de mecanismos para a sua reivindicação. O acesso à Justiça pode, portanto, ser encarado como o requisito fundamental — o mais básico dos direitos humanos — de um sistema jurídico moderno e igualitário que pretenda garantir e não apenas proclamar os direitos de todos. (CAPELLETTI; GARTH, 1998, p. 12)

Ora, da mesma forma que o cidadão pretende que o Estado construa escolas e hospitais, fornecendo educação e saúde de forma ampla a todos, deseja também que ele conceda justiça, de forma plena e efetiva. O poder de dispor da ação situa o cidadão em uma posição de prestígio em relação ao Estado, que passa a ter o dever de prestar justiça efetiva mediante a entrega da tutela jurisdicional (CORREIA, 2002, p. 65).

Não obstante se reconheça a importância da jurisdição como instrumento de consecução dos direitos fundamentais individuais e sociais, acredita-se que sua atuação pode ser otimizada, para melhor distribuir justiça.

A afirmação plena dos direitos sociais decorrentes do trabalho por intermédio da Jurisdição pode ocorrer, ainda, de duas formas distintas. A primeira delas está amplamente difundida na doutrina nacional, inclusive conta com arcabouço jurídico louvável⁽⁶⁾. Trata-se da coletivização do processo. A segunda, que ainda carece de sedimentação doutrinária, cuida da visão holística do processo assentada na coletivização material da lide. Naquele, há uma pluralidade subjacente de sujeitos processuais, definidos ou não; neste, há uma fusão manifesta de fatos jurídicos com contornos definidos por autônomos direitos em uma lide.

Por certa ótica, poder-se-ia pensar que nada há de novo. Entretanto, ao se ampliar a lente da exegese, notar-se-á que, na realidade, está se buscando materializar a idealização feita por Mauro Capelletti e Bryant Garth na obra Acesso à Justiça. Estes, ao pesquisarem os novos direitos e o problema do acesso à justiça, identificaram três possíveis soluções, as quais denominaram de "ondas renovatórias do processo". As três ondas podem ser assim sintetizadas: a primeira enfatiza a necessidade de garantir assistência jurídica aos pobres; a segunda versa sobre a coletivização dos processos diante dos direitos difusos, coletivos e individuais homogêneos; a terceira compreende uma série de medidas, desde a reestruturação do próprio Poder Judiciário, passando pela simplificação e otimização do processo e dos procedimentos.

No que tange à afirmação dos direitos sociais trabalhistas pela via da tutela metaindividual, segunda onda renovatória, esta deriva do fato de que o modelo processual trabalhista tradicional se mostra incapaz de evitar o reiterado e deliberado descumprimento, pelos empregadores, das normas autônomas e heterônomas do direito do trabalho. O mesmo se diga em relação à concessão administrativa de benefícios previdenciários.

Com efeito, hoje é vantajoso para um grande número de empregadores, do ponto de vista econômico, descumprir as normas trabalhistas. Disseminou-se, ao longo do tempo em nosso país, a cultura de que o inadimplemento do crédito trabalhista compensa. Na esfera pública, cultua-se, ainda, o paradigma ilógico do Estado-mau-pagador em juízo. Prefere-se o precatório e a negação a um direito fundamental a cumprir com a norma de direito material de forma espontânea.

Como solução para esse problema, na órbita trabalhista, propõe José Roberto Freire Pimenta:

> a utilização paralela, se possível, predominante da via metaindividual para combater esta verdadeira cultura do inadimplemento das obrigações trabalhistas é, além de racional e conveniente, uma inafastável exigência constitucional [...] Se o devedor de uma obrigação é "induzido" ao seu cumprimento espontâneo pela simples possibilidade de ser a tanto condenado no provimento judicial definitivo [...] é evidente que a instituição de mecanismos tão poderosos e eficazes como os da tutela metaindividual na esfera

---

(6) Neste sentido, afirma José Carlos Barbosa Moreira: O Brasil pode orgulhar-se de ter uma das mais completas e avançadas legislações em matéria de proteção de interesses supraindividuais, de modo que, se ainda é insatisfatória a tutela de tais interesses, certamente não é a carência de meios processuais que responde por isso. (MOREIRA, 2002, p. 345)

trabalhista, além de contribuir para restaurar a força da ameaça da tutela definitiva futura, terá por si mesma um efeito preventivo e pedagógico ainda maior, contribuindo para um incremento no número de situações em que as normas substanciais trabalhistas serão naturalmente cumpridas por seus destinatários. (PIMENTA, 2009, p. 39-43)

Entretanto, a despeito da extraordinária função que as ações metaindividuais exercem para que o acesso à justiça seja eficaz, elas, por si só, não constituem a panaceia que poderá resolver o problema da falta de efetividade do processo trabalhista. Em tal sentido, adverte Elton Venturi:

> As ações coletivas não representam, por certo, uma espécie de tábua de salvação do sistema jurisdicional brasileiro, nem a via de solução para toda a sorte de conflitos sociais — ilusão esta, na qual se tem recaído por vezes, gerando exageros fartamente explorados pelos que desejam restringi-las ou amesquinhá-las. (VENTURI, 2007, p. 23)

Há que se ter claro que a tutela metaindividual alcança e resolve parte do problema de acesso à justiça. Não tudo. Nem todos. O que sobreleva destacar de positivo é que quanto maior for a efetividade da tutela jurisdicional coletiva prestada, proporcionalmente menor será a atuação da jurisdição em futuro prazo, uma vez que as tutelas metaindividuais difundem a necessidade de se dar maior cumprimento voluntário ao direito material do trabalho. Nessa linha, pontua José Roberto Freire Pimenta que, "quanto mais os destinatários das normas jurídicas souberem que só lhes resta cumprir a lei [...], menos será necessário o acionamento da máquina jurisdicional e maiores eficácia e efetividade terão as normas jurídicas materiais" (PIMENTA, 2003, p. 342). No mesmo sentido, Mauricio Godinho Delgado acentua que "as ações coletivas possuem caráter viabilizador da maior efetividade do Direito do Trabalho no país". (DELGADO, 2009, p. 8)

Por outra senda, utilizando-se de parte dos argumentos da terceira onda de Capelletti e Garth, o aprimoramento da prestação jurisdicional se afigura como capaz de facilitar o acesso à justiça e de promover a afirmação dos direitos sociais derivados do trabalho, notadamente nos pontos convergentes entre o direito do trabalho e o previdenciário.

Já se afirmou neste texto que o trabalho é fator difusor de outros direitos sociais, destacadamente o direito previdenciário. O sistema previdenciário nacional é obrigatório, tripartite e contributivo, sendo os rendimentos da prestação de serviços, a rigor, o fato gerador da contribuição que garante a existência e continuidade desta proteção social.

Os direitos materiais sociais relativos à saúde, previdência e assistência social não são mais os mesmos das décadas de 70/80 do século passado. A partir da Constituição de 1988, este plexo de direitos foi concentrado no que se conceituou de seguridade social. Assim, a seguridade social passou a ser o gênero destas três áreas de proteção, merecendo tratamento em capítulo próprio na Lei fundamental, arts. 194 a 204.

Diferentemente do que vigorou nas décadas de 70/80 da centúria anterior, em que havia o Sistema Nacional de Previdência e Assistência Social (SINPAS), que, por intermédio de seis órgãos, cuidava da assistência médica — Instituto Nacional Assistência Médica Previdência Social (INAMPS); distribuição de medicamentos — Central de Medicamentos (CEME); administração previdenciária — Instituto de Administração Financeira da Previdência e Assistência Social (IAPAS); benefícios previdenciários — Instituto Nacional de Previdência Social (INPS); assistência social — Legião Brasileira de Assistência (LBA); assistência ao menor — Fundação Nacional do Bem-Estar do Menor (FUNABEM); e processamento de dados — Empresa de Tecnologia e Informações da Previdência Social (DATAPREV). A partir da Constituição de 1988, para cumprir o princípio da gestão democrática e descentralizada da administração da seguridade social, art. 194, VII, não mais se comunicam as prestações de serviços estatais na área da previdência, saúde ou assistência social nos moldes do SINPAS. Cada uma destas passou a ter gestão autônoma, com ministério e recursos próprios, bem como conta com gestão participativa e democrática da sociedade por intermédio de colegiados.

Nesta linha descentralizadora, a moldura constitucional atual atrelou, de forma pioneira, conforme previsto no art. 167, XI, os recursos das contribuições sociais dos trabalhadores e empregadores, dispostas no art. 195, I, "a", e, II, ao pagamento de benefícios do regime geral de previdência social. Dessa forma, vedou-se que os recursos vertidos pelos trabalhadores e tomadores de serviços durante a relação contratual fossem utilizados por áreas distintas da seguridade social, tais como prestações da assistência social e do Sistema Único de Saúde (SUS).

A partir do texto constitucional e das Leis ns. 8.212 (BRASIL, 1991a) e 8.213 (1991b), pode-se perceber que houve considerável avanço no trato do direito material da previdência social. Não se concebe mais o pagamento de benefício a quem não contribuiu para o sistema. De igual maneira, é inconstitucional utilizar-se dos recursos contributivos oriundos do trabalho para financiar a assistência social, a saúde, medicamentos ou outras esferas da proteção social devida pelo Estado.

Justamente neste ponto, merece atualização a norma processual que cuida deste novo direito previdenciário. Na medida em que houve a vinculação da receita previdenciária decorrente do trabalho à despesa do trabalhador incapacitado para o trabalho e seus dependentes, e, também a partir do momento em que a Justiça do Trabalho passou a executar as receitas previdenciárias decorrentes das sentenças proferidas e acordos realizados, necessário se tornou a adequação plena da norma processual trabalhista ao novo direito previdenciário. A finalidade é que a Jurisdição trabalhista passe a ser socializante, abarcando não apenas as relações trabalhistas e de custeio do sistema previdenciário, como também a competência para a concessão/revisão de benefícios.

Portanto, com esteio na onda renovatória da terceira proposta de Capelletti e Garth (1988), o novel procedimento trabalhista e previdenciário que se apregoa como Jurisdição Social deve reconhecer a competência desta para conhecer das causas trabalhistas, bem como do custeio e benefícios previdenciários, desde que arrimadas em uma relação de trabalho.

Com este pequeno passo, a atual jurisdição trabalhista alcançará um viés social semelhante ao de outros países, como Espanha, Colômbia, Israel, Eslovênia.

De igual maneira, tal como se espera da tutela metaindividual, para que sejam efetivamente garantidos e afirmados na seara material o direito do trabalho e o previdenciário, mister haja uma tutela conjunta, em um só processo, envolvendo essa pluralidade de matérias distintas, relação de trabalho, previdência e tributária, para que, em médio prazo, possa se tornar antieconômico o descumprimento rotineiro, massificado e reiterado destas normas materiais.

Não apenas os trabalhadores ganharão com essa nova competência, ao não mais necessitarem de peregrinar por diversos foros para verem afirmados seus direitos fundamentais sociais decorrentes do trabalho. Os empregadores que cumprem a norma legal também serão beneficiados, dado que diminuirá ou deixará de existir a concorrência desleal daqueles que conseguem forjar menor preço de seus produtos e serviços a custo da sonegação dos direitos sociais decorrentes do trabalho.

De igual forma, o Estado tende a se beneficiar com essa simples alteração procedimental. Exemplificando: por um lado, aumentará o cumprimento da norma material do custeio previdenciário, na medida em que será antieconômico sonegar a relação trabalhista e os efeitos tributários desta. Por outro, experimentará a redução do custo do processo, com menos perícia e atos processuais, e poderá, nos próprios autos de dada ação trabalhista acidentária, ajuizada pela vítima em face do empregador, postular o ressarcimento dos benefícios indevidamente pagos pela União, em caso de dolo ou culpa do empregador.

Destarte, acredita-se que, com a simples ampliação da competência da Justiça do Trabalho para abarcar a das lides atinentes às prestações previdenciárias, resultará em benefícios para todos os que custeiam o sistema da previdência, e contribuirá, sobremaneira, para afirmar ainda mais o direito material social previdenciário, uma vez que este sempre será oriundo de uma relação de trabalho.

Em conclusão, reafirma-se que malgrado a constatação de que, materialmente, a dignidade e a condição humana do trabalhador ativo e inativo se encontram preservadas, nota-se que o arcabouço processual utilizado para tutelar estes direitos fundamentais ainda não conseguiu captar a dimensão humana como centro e referência axiológica do sistema positivo pátrio. A nosso ver, a adequação da competência da Justiça do Trabalho para que esta também processe e julgue os direitos sociais oriundos da relação de trabalho muito contribuiria para a afirmação dos direitos fundamentais sociais insertos no art. 7º da Constituição de 1988. (BRASIL, 1988).

A EVOLUÇÃO HISTÓRICA DA JURISDIÇÃO LABORAL NO BRASIL

3.1. A SOLUÇÃO DOS CONFLITOS DO TRABALHO NO IMPÉRIO

O Brasil de 1824, ano em que foi outorgada a primeira constituição no país, era escravocrata e rural. (BRASIL, 1824) A Constituição do Império brasileiro, como era esperável ante o quadro sociolaboral da época, não tratou da solução dos conflitos oriundos das relações de trabalho. O objetivo da Lei Maior era constituir juridicamente o país, o qual estava no incipiente trânsito legal de colônia para a concretização e reconhecimento de sua independência de Portugal. Neste sentido, pode-se afiançar que a única Constituição imperial foi:

> [...] um grande estatuto político, uma lei fundamental que logrou absorver e superar as tensões entre o absolutismo e o liberalismo, marcantes no seu nascimento, para se constituir, afinal, no texto fundador da nacionalidade e no ponto de partida para nossa maioridade constitucional. (MENDES; COELHO; BRANCO, 2009, p. 185)

A Constituição imperial materializou pela primeira vez no país, formalmente, a tripartição dos poderes. Deste modo, de acordo com seus arts. 10 e 12, os juízes e tribunais foram reconhecidos como representantes de um dos poderes políticos delegados pela soberania nacional. Os juízes eram perpétuos, mas amovíveis[7] quando e como a lei determinasse, conforme art. 153 da Lei Maior de 1824.

---

(7) "A Constituição instituirá a independência do poder judicial, mas os juízes estavam sujeitos a remoções ou suspensões por ação dos outros poderes". (FERREIRA, 1937, p. 50)

No que tange ao Poder Judicial instituído pela Carta de 1824, Lenine Nequete (2000) identifica dois exemplos de modernidade para a época. Para este, avançou em seu tempo a Constituição ao atribuir às partes a possibilidade de optar pelo juízo arbitral, de livre e mútua escolha, a fim de compor os litígios cíveis, art. 160. Ainda, exigiu a Lei Maior, no art. 161, como pressuposto processual, a prévia tentativa de conciliação antes de se iniciar qualquer processo judicial. Para incentivar e fomentar a instituição deste pressuposto, foi criada a função de Juiz de Paz, art. 162, cujas atribuições seriam designadas em lei superveniente.

Três anos depois de ser outorgada a Constituição de 1824, foi editada, em 15 de outubro de 1827[8], a lei que criou o cargo de juiz de paz, integrando-o ao incipiente Poder Judicial. O juiz de paz era membro da Justiça Comum. Detinha ampla competência jurisdicional cível, administrativa, criminal e eleitoral. O acesso ao cargo e à suplência se dava por meio de provimento eletivo, de acordo com as regras para eleição e mandato dos vereadores das freguesias[9] ou capelas filiais curadas (RODICZ, 2003).

Segundo Vieira Ferreira, "o juiz de paz imperial eleito era obrigado a servir, sem outra escusa a não ser grave moléstia ou trabalho cujo exercício fosse impossível de acúmulo". (FERREIRA, 1937, p. 26)

Com amparo na Constituição de 1824, a Lei de 15 de outubro de 1827 atribuiu aos juízes de paz a obrigatoriedade de promover a tentativa de conciliação das partes, como atividade preliminar de todas as ações cíveis em que fosse admissível a transação. Competia-lhes, ainda, o julgamento e a execução dos feitos que não excedessem a dezesseis mil réis, ouvindo as partes e à vista das provas, sendo tudo reduzido a termo.

Mais três anos se passaram até que fosse sancionada a Lei de 13 de setembro de 1830, que regulou os contratos escritos de prestação de serviços de brasileiros ou estrangeiros, dentro ou fora do império, e atribuiu ao juiz de paz a competência para julgar e solucionar os dissídios oriundos destes contratos. Pela importância histórica, transcrevem-se os artigos desta norma que trataram das atribuições do juiz de paz na resolução dos conflitos laborais:

> Arts. 2º § 3º Será compellido pelo Juiz de Paz, depois de ouvido verbalmente, à satisfação dos jornais, soldado ou preço e a todas as outras condições do contracto, sendo preso, se em dous dias depois da condemnação não fizer effectivamente o pagamento ou não prestar caução sufficiente [...]
>
> Art. 4º Fóra do caso do artigo precedente, o Juiz de Paz constrangerá ao prestador dos serviços a cumprir o seu dever, castigando-o correccionalmente com prisão, e depois de três correcções inefficazes, o condemnará a trabalhar em prisão até indemnizar a outra parte.

---

(8) As leis ainda não eram numeradas. Elas eram identificadas pela data da publicação e matéria tratada.

(9) No Império, os limites territoriais eram delimitados de acordo com a divisão eclesiástica. Freguesia era um pequeno distrito de uma paróquia, considerada, pois, a menor divisão administrativa. Capela curada era um título oficial dado pela Igreja Católica a uma vila com determinada importância econômica e populacional, que, com o tempo, poderia transformar-se em freguesia.

Art. 5º O prestador de serviços, que evadindo-se ao cumprimento do contracto, se ausentar do lugar, será a elle reconduzido preso por deprecada do Juiz de Paz, provando-se na presença deste o contracto, e a infracção.

Art. 6º As deprecadas do Juiz de Paz, tanto neste caso, como em qualquer outro, serão simples cartas, que contenham a rogativa, e os motivos da prisão, sem outra formalidade mais que a assinatura do Juiz de Paz, e de seu escrivão. (redação no original). (BRASIL, 1830)

Considerando que em cada freguesia ou capela curada deveria haver, pelo menos, um juiz de paz, pode-se afirmar que, no aspecto formal, foi durante o império que a capilaridade da jurisdição trabalhista foi a mais ampla até hoje existente. Essa afirmação resulta da lógica ilação de que a Justiça do Trabalho de 2013 não está presente de forma direta em todos os municípios brasileiros, ao passo que a norma legal de 1830 determinou a presença de um juiz de paz do império em cada distrito ou vila de uma paróquia. Portanto, na medida em que este detinha a competência para resolver os litígios decorrentes da relação de locação de trabalho entre homens livres, conclui-se que a presença da jurisdição laboral no império era, repisa-se, formalmente, maior do que a atual. Era jurisdição demais para demandas de menos.

Em 11 de outubro de 1837 foi publicada a Lei n. 108/37 (BRASIL, 1837), que cuidava dos contratos de locação de serviços dos colonos (trabalhadores estrangeiros). A referida norma, ao mesmo tempo em que especificou as diversas formas de contratação dos colonos, também, de forma pioneira, nos arts. 14 a 16, estabeleceu os procedimentos processuais específicos para este tipo de demanda. O juiz natural continuava sendo o juiz de paz, entretanto foi instituído novo pressuposto processual, ao lado da exigência da tentativa de conciliação, qual seja, a prova do contrato por escrito. Fixou ainda a norma o foro competente (foro do locatário), o rito processual sumário (breve audiência geral ou particular), a competência recursal (juiz de direito cível) e os recursos cabíveis (apelação e recurso de revista)[10], entre outros, conforme se extrai do texto da Lei:

Art. 14. O conhecimento de todas as acções derivadas de contractos de locação de serviços, celebrados na conformidade da presente Lei, será da privativa competencia dos Juizes de Paz do foro do locatario, que as decidirão summariamente em audiencia geral, ou particular para o caso, sem outra fórma regular de processo, que não seja a indispensavelmente necessaria para que as partes possão allegar, e provar em termo breve o seu direito; admittindo a decisão por arbitros na sua presença, quando alguma das partes a requerer, ou elles a julgarem necessaria por não serem liquidas as provas.

Art. 15. Das sentenças dos Juizes de Paz haverá unicamente recursos de appellação para o Juiz de Direito respectivo. Onde houver mais de hum Juiz de Direito, o recurso será para o da primeira Vara, e na falta deste para o da segunda, e successivamente para os que se seguirem.

O de revista só terá lugar naquelles casos, em que os réos forem condemnados a trabalhar nas obras publicas para indemnisação dos locatarios, ou a prisão com trabalho.

---

(10) "A função hermenêutica, tão essencial para a magistratura, a que se destina precipuamente o seu preparo técnico, era exercida com timidez, conservando-se o hábito de pedirem os juízes ao Governo a inteligência dos textos". (FERREIRA, 1937, p. 51)

Art. 16. Nenhuma acção derivada de locação de serviços será admittida em Juizo, se não fôr logo acompanhada do titulo do contracto. Se fôr de petição de soldadas, o locatario não será ouvido, sem que tenha depositado a quantia pedida, a qual todavia não será entregue ao locador, ainda mesmo que preste fiança, senão depois de sentença passada em julgado. (redação original). (BRASIL, 1837)

Em seguida, para regulamentar a execução da parte civil contida na Lei n. 261, de 3 de dezembro de 1841 (Código de Processo Criminal), foi publicado pelo Imperador o Decreto n. 143, de 15 de março de 1842, que, em seus arts. 1º e 4º, manteve as normativas anteriores, reforçando, apenas que competia ao Juiz de Paz conhecer privativamente de todas as ações derivadas de contrato de locação de serviços. Para tanto, deveria tentar conciliar as partes litigantes "por todos os meios pacíficos que estiverem ao seu alcance". Inovou o referido decreto ao estabelecer, especificamente, que o termo de acordo lavrado pelo Juiz de Paz teria "força de sentença", podendo ser executado de plano, nos moldes já previstos pelo art. 4º do Decreto Regulamentar de 20 de setembro de 1829. (BRASIL, 1842)

Em 1850, antes mesmo de existir no país qualquer codificação civil, editou-se a Lei n. 556, de 4.9.1850, que instituiu o Código Comercial. Este, nos arts. 226 a 246, trata, dentre outros, do contrato de empreitada e da locação de serviços com os comerciantes.

Diante da falta de uma norma processual específica para que se fizesse cumprir o estipulado no Código Comercial, foi editado o Decreto Regulamentar n. 737, de 25 de novembro de 1850 (BRASIL, 1850). Para alguns, este decreto foi o primeiro esboço de um futuro Código de Processo Civil, dado o trato minudente dispensado a vários aspectos procedimentais que deveriam nortear o processo.

Merecem destaques os arts. 236/244 do digitado Decreto. Nesses, é descrito como se processam as ações sob o rito sumário, notadamente as que envolvam a rescisão contratual de trabalhadores, bem assim a forma como se faz o pagamento de salários e comissões.

Interessante notar que muitas das disposições contidas neste Decreto foram, em certa medida, fontes de inspiração para a fase de conhecimento do processo do trabalho contida na CLT. Ao se comparar o disposto nos arts. 837/852 da CLT (BRASIL, 1943c) com o procedimento da ação sumária do Decreto n. 717/1950, pode-se notar que princípios como a informalidade dos atos processuais (defesa oral), a imediatidade (juiz e partes em trato direto), a concentração dos atos em audiência (audiência una), a economia dos atos processuais e o valor das custas limitado a 2% da quantia em execução estão presentes nos dois diplomas processuais. Merece transcrição o mais que sesquicentenário texto do referido Decreto:

Art. 236. São summarias no Juizo Commercial e processada conforme este titulo: § 1º As acções de pequeno valor ou não excedentes a 200$000; § 2º **As acções relativas ao ajuste e despedida dos individuo da tripolação, guardas-livros, feitores e caixeiros**; § 3º **As acções para pagamento de salarios, commissões**, alugueis, ou retribuições devidas aos depositarios, guardas-livros, feitores e caixeiros, trapicheiros e administradores de armazens de depositos [...]

Art. 237. As acções summarias serão iniciadas por uma petição, que deve conter além do nome do autor e réo: § 1º O contrato, transacção, ou **facto de que resulta o direito** do autor e obrigação do réo, conforme a legislação commercial; § 2º O pedido com todas as especificações e estimativa do valor, quando não fôr determinado; § 3º A indicação das provas em que se funda a demanda.

Art. 238. Na audiencia, para a qual fôr o réo citado, presente elle, ou apregoado e á sua revelia, o autor ou seu Advogado **lerá a petição inicial**, a fé da citação, e exhibindo o escripto do contrato nos casos em que o Codigo o exige, e os documentos que tiver, exporá de viva voz a sua intenção e depositará o rol de testemunhas.

Art. 239. Em seguida o réo ou seu Advogado fará a **defesa oral**, ou por escripto, **exhibindo os documentos que tiver e o rol de testemunhas.**

Art. 240. **Depois da defesa terá logar a inquirição das testemunhas, a qual si não fôr concluida na mesma audiencia, será continuada nas seguintes**, podendo o Juiz marcar audiencias extraordinarias para esse fim.

Art. 241. Findas as inquirições, arrazoando ou requerendo as partes o que lhes convier, ou verballmente ou por escripto, o Juiz fará reduzir a termo circumstanciadamente as allegações e requerimentos oraes, e depoimentos das testemunhas, e autoado esse termo com a petição inicial, documentos, conciliação e allegações escriptas, será concluso ao Juiz.

Art. 242. Conclusos os autos, o Juiz procederá ex officio ou a requerimento das partes, ás diligencias necessarias para julgar afinal, ou ao arbitramento nos casos em que o Codigo o de termina.

A sentença do Juiz será proferida na audiencia seguinte á conclusão do processo (art. 241), ou das diligencias que tiver decretado (art. 242). [...]

Art. 244. Si a sentença fôr de absolvição do pedido, e só houver condemnação de custas para executar, não será necessario extrahir sentença, mas passar-se-ha mandado de penhora para o pagamento dellas e dos **2 % de Chancellaria.** (redação no original, grifo do autor). (BRASIL, 1850)

Estas normas perduraram até a sanção do Decreto n. 2.827, de 15 de março de 1879, que cuidou da locação de serviços, parceria e empreitada referentes à atividade agrícola. Este Decreto atribuiu aos juízes de paz, art. 81, a competência para solução dos dissídios desta atividade, limitando a alçada destes para as causas cujo valor não fosse superior a cinquenta mil réis. Da sentença do juiz de paz, cabia apelação, com efeito devolutivo, para o Juiz de Direito (MALHADAS, 1997).

Vale destacar que ao mesmo magistrado[11] de paz, art. 82, foi atribuída a competência penal para solucionar a controvérsia considerada fato típico oriundo da relação de prestação de serviços. Observem-se estes artigos:

Art. 81. Todas as causas derivadas da locação de serviços comprehendida nesta Lei, incumbem aos Juizes de Paz da situação do predio rustico (art. 4º) com alçada ate 50$, e competencia, mediante appellação devolutiva para o Juiz de Direito, qualquer que seja a quantia.

---

(11) "O aviso ministerial de 7 de agosto de 1835 declarou que o art. 11, VII, do Ato adicional compreende na palavra *magistrados* os juízes municipais, de órfãos e de paz". (FERREIRA, 1937, p. 50)

> Art. 82. Quanto á materia penal, de que trata o cap. 6º, a competencia do Juiz de Paz é sempre com recurso suspensivo para o Juiz de Direito. (Redação original). (BRASIL, 1879)

Destarte, este incipiente arcabouço jurídico ajudou a construir o Estado de Direito brasileiro. Pelo que se verificou neste item, a despeito de ser o Brasil do império um país escravocrata e centrado economicamente na atividade primária, vários institutos jurídicos e princípios processuais, criados à época pela Constituição e pelas normas do império que trataram do processo laboral, foram encampados pelas legislações supervenientes, sendo, ainda, amplamente aplicados no processo do trabalho atual.

3.2. A SOLVÊNCIA DOS CONFLITOS LABORAIS NA VELHA REPÚBLICA

Proclamada a República, em 15.11.1889, continuou em vigor o Decreto n. 2.827/1879 até a publicação do Decreto n. 213, de 22 de fevereiro de 1890. Este novo diploma legal revogou expressamente o de n. 2.827/1879 e a Lei de 13 de setembro de 1830. Entre as justificativas para a revogação destas normas encontram-se os seguintes fundamentos:

> [...] A fim de attrahir para o territorio brazileiro uma corrente immigratoria espontanea, perenne e abundante, é necessario que ao lado das extraordinarias vantagens physicas do sólo e do clima, possa o paiz offerecer tambem ao estrangeiro as vantagens moraes que resultam de uma legislação bastante livre para garantir toda a expansão da actividade individual, condição indispensavel para o bem-estar da vida social;
> Que, para obter esse resultado torna-se preciso eliminar desde já do corpo da legislação patria todas as disposições e preceitos que possam contrariar os costumes, as tendencias e as aspirações do estrangeiro, produzindo por isso mesmo o descredito do paiz como ponto de destino para os immigrantes;
> Que é urgentemente necessario completar a obra da reforma da legislação para o estrangeiro [...] Que essa obra seria incompleta emquanto permanecessem na legislação nacional os vexatorios preceitos que regulam os contractos de locação de serviço agricola;
> Que [...] torna-se indispensavel que seja conferida á soberania dos poderes dos Estados a exclusiva competencia para regular as mutuas relações de direito nessa ordem de contractos. (texto original). (BRASIL, 1890a)

Com o fim da escravidão em 1888, era necessário atrair imigrantes estrangeiros para substituir a mão de obra escrava até então predominante no país. Conforme consta da exposição de motivos do Decreto 213/1890, afastou-se a República de legislar sobre o tema, deixando que cada Estado da Federação, de acordo com as idiossincrasias locais, legislasse sobre o direito material do trabalhador agrícola, a fim de possibilitar a atração de imigrantes e a expansão da atividade agrícola.

Assim, o fato novo trazido por esta primeira legislação republicana a tratar do tema foi o de atribuir, em seu art. 2º, competência para os Estados Federados regularem as mútuas relações de direito entre o locador e o locatário de serviços, excluindo-se desta competência apenas o município do Rio de Janeiro, por ser a capital federal (CASTRO FILHO, 1938).

Destarte, na esteira da descentralização promovida pelo Decreto n. 213/1890, imigrantes e contratantes ficaram livres para ajustar o contrato de prestação de serviços, ante a anomia estatal que se verificou nos anos seguintes.

Posteriormente a essa norma, foi proclamada a primeira Constituição Republicana, a de 1891 (BRASIL, 1891), a qual, naturalmente, diante da descentralização promovida pelo decreto citado, não tratou do assunto. Seu silêncio era justificável na medida em que, tal qual a Lei Maior anterior, queria o legislador edificar a organização nacional do novo modelo de Nação.

Somente em 1907, por intermédio do Decreto n. 1.637, de 5 de janeiro, foi que se tentou implantar no Brasil instituições específicas encarregadas de decidir conflitos trabalhistas. Esse dispositivo, ao mesmo tempo em que permitia a criação de sindicatos profissionais, estabeleceu no art. 8º a possibilidade de criar conselhos permanentes de conciliação e arbitragem entre patrões e operários destinados a dirimir as divergências entre o capital e o trabalho, *verbis*:

> Os syndicatos que se constituirem com o espirito de harmonia entre patrões e operarios, como sejam os ligados por conselhos permanentes de conciliação e arbitragem, destinados a dirimir as divergencias e contestações entre o capital e o trabalho, serão considerado como representantes legaes da classe integral dos homens do trabalho e, como taes, poderão ser consultados em todos os assumptos da profissão. (Redação original). (BRASIL, 1907)

Ao que se sabe, esses conselhos, da forma e precisão legal em que previstos, nem sequer foram criados, pela razão óbvia da impossibilidade de unir harmoniosamente grupos com interesses históricos tão opostos, como aqueles dos operários e patrões.

Waldemar Ferreira sustenta que ainda não era o momento de consonância entre essa disposição legislativa e a vida real. Não era do estilo de então resolver os litígios de forma autônoma. Em razão disso, afirma ele que "o texto legal ficou sendo letra morta, semente atirada em terra fértil, mas em tempo impróprio para a germinação". (FERREIRA, 1938, p. 32)

Concorda com essa assertiva Francisco de Andrade Souza Netto, ao pontificar: "ignoramos que, na conformidade dessa legislação, qualquer desses conselhos tenha sido constituído, e, efetivamente, funcionado". (SOUZA NETTO, 1938, p. 43-44)

Apesar do malogro deste ensaio legislativo de solucionar os conflitos entre o capital e o trabalho, pelo menos formalmente, na visão de Francisco de Andrade Souza Netto, "estava instituída a jurisdição do trabalho, em sua modalidade rudimentar, ou seja, da conciliação e arbitragem facultativas". (SOUZA NETTO, 1938, p. 43)

O ex-professor da Universidade de São Paulo (USP), João Carlos Casella, concorda com este pensar, ao entender que "estes conselhos foram o embrião do que veio a ser a Justiça do Trabalho". (CASELLA, 1988, p. 33)

Fracassada a tentativa de criação dos conselhos permanentes de conciliação e arbitragem, o Estado de São Paulo[12] foi o único da Federação que materializou a competência atribuída aos Estados pelo Decreto n. 213/1890. A Lei Estadual n. 1.299-A, de 27 de novembro de 1911, instituiu o Patronato Agrícola[13], subordinado à Secretaria de Agricultura, cuja regulamentação coube ao Decreto n. 2.215, de 15 de março de 1912.

O regulamento traçou normas para o processo judicial de cobrança dos salários dos trabalhadores agrícolas, com enfoque especial ao trabalhador imigrante, estabelecendo o rito sumário para as ações de cobranças de dívidas derivadas do contrato-tipo inserto nas cadernetas agrícolas[14], assim como para a solução judicial de quaisquer litígios decorrentes da Lei n. 1.299-A, qualquer que fosse o valor da causa. Confiava seu patrocínio, na capital, ao advogado-patrono, custeado pelo Estado, e, no interior do Estado, aos promotores de justiça em primeira instância e ao Procurador-Geral do Estado, perante o Tribunal de Justiça (CESARINO JÚNIOR, 1942).

Destarte, o Patronato Agrícola, em si, de acordo com a norma, era uma instituição de múltiplas atribuições, as principais das quais consistiam em intentar e acompanhar, por meio da assistência judiciária, os processos para a cobrança de salários, garantir o respeito aos contratos-tipo, verificar a exatidão das anotações das cadernetas, entre outras (MAURETTE, 1937).

A dificuldade de solução rápida das controvérsias entre fazendeiros e colonos fez com que o Presidente do Estado de São Paulo, Washington Luis, editasse, em 10 de outubro de 1922, a Lei n. 1.869, que instituiu a primeira justiça paritária no Brasil, os Tribunais Rurais (GOTTSCHALK, 1986).

A lei previu que em cada comarca do Estado de São Paulo deveria ser criado um Tribunal Rural, composto por um juiz de direito e dois membros designados, um pelo locador e outro pelo locatário dos serviços, sob a presidência e direção do juiz, competente para solução das controvérsias suscitadas nas interpretações e execução dos contratos agrícolas entre as partes litigantes.

O Decreto n. 3.548, de 12 de dezembro de 1922, que regulamentou a Lei n. 1.869/1922, criou um procedimento oral, célere e sumário para resolver os

---

(12) Como referência histórica, Júlio Assumpção Malhadas menciona que "o Estado de São Paulo, talvez como os demais, era governado por um Presidente do Estado e tinha um Congresso Estadual, composto por um Senado e uma Câmara de Deputados". (MALHADAS, 1997, p. 107)

(13) Cesarino Júnior preferiu denominar o patronato de Patrimônio Agrícola. (CESARINO JÚNIOR, 1942, p. 49)

(14) As cadernetas agrícolas (espécie de espelho do livro diário patronal em que eram anotados os créditos salariais dos trabalhadores) era um documento obrigatório de comprovação do crédito do trabalhador rural. Em todas era impresso um contrato-tipo da relação de trabalho agrícola, conforme exigia o art. 13 do Decreto Estadual Paulista n. 2.215/1912.

litígios do campo, cujo tribunal competente para apreciar a demanda seria o da localidade onde estivesse situada a propriedade agrícola. Ao ajuizar a ação, a parte autora deveria indicar um juiz que a acompanharia no dia da audiência una. Ao ser citada, a parte contrária deveria fazer idêntica indicação e, acolitada pelo juiz por ela escolhido, deveria comparecer na audiência designada. Na audiência, em caso de não conciliação, eram reduzidas a termo as alegações, provas e as decisões dos dois juízes. Se essas fossem concordantes, o juiz de direito apenas homologaria a decisão, caso contrário, se discordantes, decidiria ele no mesmo ato de forma fundamentada, iniciando-se, no mesmo juízo, a execução da sentença.

Destaca-se que não havia a obrigatoriedade de a parte comparecer pessoalmente à audiência, uma vez que poderia ser substituída por procurador. Entretanto, independentemente de citação, o juiz-membro escolhido deveria se fazer presente para acompanhar a parte ou o procurador na audiência. Caso uma das partes se recusasse a indicar um juiz-membro, o de direito designaria um dativo. Ainda sobre a audiência nos Tribunais Rurais, Waldemar Ferreira ensina:

> Depois de formado o Tribunal, nenhum de seus membros podia retirar-se antes de encerrados os trabalhos ou deixar de proferir decisão sobre questão sujeita a julgamento, sob pena de multa, imposta pelo juiz de direito e cobrada executivamente. (FERREIRA, 1938, p. 48)

Embora bem intencionada a tentativa do legislador paulista de resolver os litígios laborais dos colonos rurícolas, certo é que essa iniciativa morreu no nascedouro (CASTRO FILHO, 1938, p. 60).

Waldemar Ferreira destaca dois dos principais motivos que contribuíram para o insucesso dos Tribunais Rurais:

> Os operários que não trabalhavam no distrito da sede de comarca [...] (viram-se) obrigados a transportarem-se para esta, a fim de dirigirem-se ao juiz de direito. Se isso, de um lado, reverteu, para eles, numa garantia, por não ser aquele juiz político, como o de paz, de outro lhes trouxe maiores encargos e dificuldades nem sempre fáceis de remover. A de maior substância era, sem dúvida, a da própria constituição do Tribunal Rural. Na escolha do juiz, que deveriam indicar para formá-lo, não eram pequenos os tropeços. Haviam os operários de procurá-lo no círculo de seus amigos e entre os de sua classe. Poucos se disporiam a romper com a sua natural timidez, reflexo de sua condição social, para coparticipar de um tribunal em que teriam de ombrear com o juiz de direito e, em face dele, manifestar, de público, o seu juízo [...] Praticamente, o julgamento seria do juiz de direito: os dois juízes, indicados pelas partes, decidiriam sempre contraditoriamente, um num sentido e no oposto o outro. (FERREIRA, 1938, p. 51)

A experiência pioneira da justiça laboral paritária falhou justamente ao atribuir a cada uma das partes o dever de indicar um juiz. O encargo era pesado demais para o trabalhador. Se em 2013 ainda é possível visualizar ser difícil para um trabalhador conseguir convencer um colega de classe a se expor ao acompanhá-lo como testemunha em audiência, com mais razão em 1922. Ou seja, há noventa anos este ônus era muito mais problemático para o operário, pelos motivos sustentados no texto de época transcrito acima.

A essa mesma conclusão chegou Francisca Rita Alencar Albuquerque, que credita o insucesso dos Tribunais Rurais à tarefa nada simples delegada aos locatários de arregimentar um juiz classista para acompanhá-los em um processo judicial, e, também, o obstáculo que era a dificuldade de locomoção para a sede da comarca do trabalhador e juiz classista que ativavam distante desta. (ALBUQUERQUE, 1993, p. 84)

Apesar deste fracasso, não se nega a importância que os Tribunais Rurais do Estado de São Paulo tiveram para a Justiça do Trabalho. A estruturação deles serviu como fonte inspiradora para que o legislador futuro adotasse semelhante critério paritário ao instituir a Justiça do Trabalho no país.

No âmbito federal, no início da década de vinte da centúria anterior, ainda vigia a Constituição de 1891 e o Decreto n. 213/1890, o qual descentralizou a competência legislativa em relação ao trabalhador agrícola. Não havia interesse da Federação em regular a matéria laboral, mesmo de outras atividades distintas da agricultura. Por tal razão, não vingou a proposta do, à época, Presidente do Supremo Tribunal Federal, Ministro Viveiros de Castro, que, em 1920, propôs, para a atividade econômica fabril que começava a se expandir no país, a criação de juntas industriais de composição paritária entre patrões e trabalhadores. Na visão do ministro proponente as juntas industriais seriam:

> [...] compostas de igual número de representantes dos patrões e dos operários, sob a presidência de um delegado do Governo. Deve competir a estas juntas a organização dos regulamentos das fábricas, nos quais serão fixadas o salário mínimo familiar do operário, e a duração mensal normal do trabalho, e estabelecidas as condições para a admissão e despedida dos operários, assim como as penas disciplinares. (CASTRO, 1920, p. 163)

Outro fato marcante para a história da Justiça do Trabalho foi a criação do Conselho Nacional do Trabalho (CNT), em 1923.

Atendendo ao compromisso assumido no Tratado de Versalhes, o governo brasileiro criou o CNT pelo Decreto n. 16.027, de 30.4.1923, órgão vinculado ao Ministério da Agricultura Indústria e Comércio (o Ministério do Trabalho só viria a ser criado em 26.11.1930, pelo Decreto n. 19.433/30). De acordo com a norma que o instituiu, o CNT era órgão consultivo dos poderes públicos "em assuntos referentes à organização do trabalho e da previdência social" (art. 1º), devendo também ocupar-se dos "sistemas de conciliação e arbitragem" (art. 2º) (BRASIL, 1923), em meio a outras atribuições.

O CNT em sua composição original, nos termos do art. 3º, contava com 12 membros escolhidos pelo presidente da República, sendo 2 entre os operários, 2 entre os patrões, 2 entre altos funcionários do Ministério da Agricultura, Indústria e Comércio e 6 entre pessoas de reconhecido conhecimento das matérias de que tratava o art. 2º. Seu primeiro presidente foi o ministro do Supremo Tribunal Federal, Augusto Olympio Viveiros de Castro.

Foi graças à visão social do min. Viveiros de Castro que o CNT não se limitou a apenas se portar como órgão consultivo e fiscalizador do Governo. Eis o que noticia o historiador Samuel Fernando de Souza:

> Durante a segunda reunião do Conselho, em agosto de 1923, Augusto Viveiros de Castro, que havia sido empossado presidente do órgão, apontou a necessidade de o CNT expedir suas decisões com imparcialidade. Ao fazer esta consideração, o presidente indicava que a instituição tinha como função atuar em situações reais de litígios, emitindo decisões. Portanto, podemos concluir que havia casos a serem julgados por aquela instituição. (SOUZA, 2009, p. 229)

Assim, de plano, o CNT buscou alterar sua vocação inicial. Os problemas práticos e a grande demanda por soluções dos conflitos oriundos das relações no ambiente de trabalho passaram a exigir dele respostas imediatas e efetivas (SOUZA, 2009, p. 231).

Entretanto, o CNT não havia sido aparelhado para resolução dos conflitos coletivos ou individuais. Diante da falta de estrutura para o atendimento da demanda litigiosa, em 1924 o CNT decidiu cancelar o atendimento das reclamações: "o Conselho viu-se obrigado a não tomar conhecimento das mesmas, reconhecendo que a sua função definida em lei era a de um órgão consultivo". (BRASIL, 1924, p. 312)

Esse retrocesso do CNT sofreu novo revés a partir da Reforma da Constituição de 1891, ocorrida em 1926. Resolveu o legislador constituinte derivado concentrar no legislativo federal a edição de normas laborais. De fato, com a Emenda Constitucional de 3 de setembro de 1926 (BRASIL, 1926a), passou a ser atribuição do Congresso Nacional, conforme inciso 28 do art. 34, a competência para legislar sobre o direito material do trabalho.

Com base nessa nova competência, o Congresso Nacional resolveu estender o direito de férias dos trabalhadores do comércio (15 dias por ano) aos trabalhadores da indústria. Contrários a essa ampliação, os representantes da indústria recomendaram a seus filiados que não aplicassem a lei de férias até que conseguissem revogá-la.

O historiador João Tristan Vargas transcreve trecho de uma circular "muito confidencial" do Centro Industrial de Fiação e Tecelagem (CIFT), em que este aconselha aos associados o descumprimento da lei de férias, *verbis:*

> [...] Este Centro aconselha aos seus associados que continuem a não conceder férias, de forma alguma, aos seus operários, visto estarmos preparando um memorial em que será feito um completo estudo da lei de férias, sua impraticabilidade e o ônus que ela representa para a produção nacional. (VARGAS, 2004, p. 282)

O resultado lógico deste descumprimento voluntário da norma foi a procura, por parte dos trabalhadores e sindicatos, de solução para este problema. Assim, estes voltaram ao CNT para exigir o cumprimento da lei. Então, pode-se afirmar, à semelhança do que Samuel Fernando de Souza fez:

> A lei de férias reforçou o papel do CNT na intervenção do Estado no âmbito das relações de trabalho. A demanda pela aplicação da lei fortalecia o caráter de instância judicial e fiscalizadora do órgão. Claro que tal ampliação ocorrera de maneira limitada, dado que o CNT operava apenas na capital da República. Não é possível, com base nas fontes pesquisadas, avaliar a abrangência dos pedidos de aplicação da lei para além do Rio de Janeiro, mas não é exagero afirmar que, na segunda metade da década de 1920, o CNT intensificara suas atividades para acompanhar a crescente demanda pela aplicação da lei. (SOUZA, 2009, p. 233)

Essa pressão por uma atuação efetiva e executiva do CNT fez com que o Governo Federal editasse o Decreto n. 18.074, de janeiro de 1928, que reorganizou as atribuições do Conselho. Destarte, além de responder às consultas feitas pelo poder público, o CNT ficava formalmente encarregado de "fazer cumprir as disposições legais" (BRASIL, 1928) relacionadas com as Caixas de Aposentadorias e Pensões (CAPs), fiscalizar as empresas que operavam seguros contra acidentes de trabalho, fiscalizar a concessão de férias e impor multa aos infratores das leis.

Ressalte-se que a Lei Elói Chaves[15], Decreto n. 4.682/1923 (BRASIL, 1923), a qual havia criado a estabilidade decenal aos empregados ferroviários, foi alterada pelo Decreto n. 5.109, de 20 de dezembro de 1926, que, no art. 43, constituiu o CNT como órgão recursal para a apreciação das dispensas dos empregados estáveis:

> Art. 43. Depois de 10 annos de serviço effectivo o ferroviario, a que se refere a presente lei, só poderá ser demittido no caso de falta grave apurada em inquerito feito pela administração da respectiva estrada, sendo ouvido o accusado, com recurso para o Conselho Nacional do Trabalho, respeitados os direitos adquiridos. (redação original). (BRASIL, 1926b)

Nessa marcha, o vínculo entre a Lei Elói Chaves e o CNT garantiu uma atividade de avaliação e julgamento das dispensas que, em muito, se assemelham aos litígios da nascente Justiça do Trabalho da década seguinte. Até o final da década

---

(15) O Decreto n. 4.682/1923, denominada de Lei Elói Chaves, é considerado o marco legal inicial do sistema previdenciário no país. (BRASIL, 1923).

de 1920, as decisões do Conselho haviam firmado longa jurisprudência pautada em recursos contra as decisões das CAPs, por causa das dispensas feitas sem a observação da estabilidade decenal e, especialmente, contra o não cumprimento da lei de férias. (SOUZA, 2009, p. 236)

A importância que o CNT havia representado para o Governo Federal foi expressa pelo Presidente da República, Washington Luís, que reconheceu que o Conselho era uma "instituição tão útil aos trabalhadores nacionais, e suas famílias". Enfatizou, ainda, o aspecto judicial do CNT, visto que fez constar do relatório presidencial de 1929, enviado ao Congresso Nacional, que o Conselho julgara, em 1928, 2.031 processos. Destes, 105 estavam relacionados com as Caixas de Aposentadoria e Pensão e 1.926 com a aplicação da lei de férias. (BRASIL, 1929, p. 202-203)

Esse apanhado histórico patenteia que o CNT, que mais adiante se tornará o Tribunal Superior do Trabalho, passou a julgar as questões sociais decorrentes das leis esparsas, previdenciárias e trabalhistas, muito mais em razão dos conflitos sociais ocorridos entre o capital e o trabalho, que clamavam por uma solução célere e efetiva, do que por mero capricho do legislador de então. Verifica-se, então, que o embate entre empregadores e empregados foi a fonte material para que a atuação do CNT se ampliasse, deixando, ainda no final da década de 1920, de ser simples órgão consultivo para se converter, também, em órgão julgador e fiscalizador do cumprimento das normas trabalhistas e previdenciárias.

Não obstante esta incipiente forma de resolução dos conflitos individuais trabalhistas, certo é que, para os conflitos coletivos, nenhum instrumento judicial ou extrajudicial fora criado para resolver os impasses que começaram a avolumar-se.

Segundo Souza Netto: "Generalizou-se, entre nós, a convicção de que [...] os conflitos colletivos de trabalho eram resolvidos 'a pata de Cavallo'," realçando deste modo a afirmação corrente na década 20 do século anterior de que a "questão social era caso de polícia" (SOUZA NETTO, 1938, p. 37)[16].

Ainda, de acordo com o registro histórico de Souza Netto, durante os movimentos paredistas, os empregadores, ao considerarem impossível qualquer entendimento com os empregados, procuravam o auxílio da polícia, utilizando-se para tanto de políticos. Dessa forma, a autoridade policial, ao intervir, já o fazia constrangida a assumir atitude favorável ao empregador. "Era, então, que entrava em cena a 'pata de Cavallo.'" (SOUZA NETTO, 1938, p. 38-39)

A veracidade desses fatos consta da exposição de motivos que acompanhou o Decreto n. 22.132/32, que instituiu as comissões mistas de conciliação, isto retratando: "Contra a violência e a intransigência dos empregados, só restava o 'prestígio' dos piquetes de cavallaria, e, quando a resistência excedia certos limites, era necessário fazer uso de material bellico". (SOUZA NETTO, 1938, p. 39-40)

---

(16) No artigo Revolução de 1930 — Legislação do Trabalho, afirma Mozart Victor Russomano que a frase "Questão Social era questão de polícia" foi atribuída indevidamente ao presidente da República Washington. "A assertiva contundente transformou-se no labéu do Governo e marcou, como ferro em brasa, o espírito da opinião pública." (RUSSOMANO, 1988, p. 69)

Como testemunha ocular da história, e com a autoridade de quem foi funcionário de carreira do Ministério do Trabalho desde 1934, Evaristo de Moraes Filho abordou este assunto na entrevista concedida ao pesquisador da UFRJ, José Sérgio Leite Lopes:

> Dizia o Getúlio que no tempo do Washington Luís a questão social era uma questão de polícia [...] Porque antes de 30, quem fazia a conciliação trabalhista eram os delegados de polícia. Eu consultei no Centro Industrial, que fica ali no n. 15 da Avenida Calógeras, no terceiro andar, quando eu escrevi aquele livro chamado Idéias Sociais de Jorge Street, eu consultei lá as atas e o Centro se correspondia com o chefe de polícia. Ele se correspondia com o chefe de polícia, e a polícia tentava conciliar [...] os empregados e os empregadores. E quem era o quarto delegado auxiliar, que era o DOPS da época? Joaquim Pedro Salgado Filho. Era o Salgado Filho. E quem é que vai ser ministro do Trabalho depois do Collor, de 32 a 34? Salgado Filho vai ser o ministro do Trabalho. Ele vinha com aquela prática dele da Quarta Delegacia Auxiliar. Depois, outro que era também da polícia: Luís Augusto de Rego Monteiro. Corporativista, muito católico, tinha sido delegado de polícia. Foi para o Ministério do Trabalho. E vou te dar agora um nome curioso. O meu primeiro chefe chamava-se Francisco Eulálio do Nascimento Silva Filho [...] Tinha sido também delegado de polícia, e foi ser exatamente presidente de uma das comissões mistas de conciliação. (texto no original). (LOPES, 1992)

O próprio Getúlio Vargas reconheceu que o aparato policial era, até então, utilizado para resolver os conflitos entre patrões e empregados ao mencionar: "Era hábito, até em pouco, encarar-se tais litígios (trabalhistas) como casos de política resolvidos arbitrária e sumariamente pelas autoridades policiais". (VARGAS, 1933, p. 171)

O primeiro ministro do trabalho da era Vargas, Lindolfo Collor, ao escrever sobre a sua atuação no referido ministério, disse:

> O meu trabalho foi imperfeito, por certo. Mas ele teve, sem dúvida, o mérito de trazer a questão social das delegacias de polícia e do fundo das enxovias para o pleno ar das discussões, e de conceder-lhe a dignidade inerente a todos os assuntos que ocupam a atenção dos governos. (COLLOR, 1955, p. 32)

Diante destes fatos, pode-se afirmar que, antes de 1930, nosso legislador pouco fez em matéria de criar um aparato judicial ou extrajudicial para a solução dos conflitos laborais. Todavia, apreciando, em linhas gerais, o Brasil oligarca e de economia praticamente agrária da época, muito não era de esperar. "Mais houvesse feito, essas normas não teriam passado de coletânea legislativa", haja vista a falta de condições sociopolíticas para efetivá-las (SOUZA NETTO, 1938, p. 41).

3.3. JUSTIÇA DO TRABALHO: NASCIMENTO E AFIRMAÇÃO (1930-1946)

Conforme já se verificou ao longo desta exposição, no Brasil, desde o período imperial até o final do período considerado Velha República, poucas normas foram editadas para resolver os conflitos entre o capital e o trabalho.

Mozart Victor Russomano, ao adjetivar as leis desta época, considerou-as esparsas, tímidas, desalinhavadas, lacunosas e multifárias, o que, segundo ele, significava uma legislação inútil, que preferia fazer concessões ocasionais para assegurar a sobrevivência da ordem constitucional e aplacar as manifestações operárias a resolver a questão social. (RUSSOMANO, 1988, p. 71)

Sobre dois pontos cardeais da questão social trabalhista o legislador federal de então permanecera silente e estático: o sindicalismo e a solução jurisdicional dos conflitos do trabalho. Para este jurista laboral, o governo Vargas, que sucedeu o da Velha República, entrou para a história ao entregar para o Brasil, no terreno social, essas duas conquistas: a regulamentação dos sindicatos e a criação da Justiça do Trabalho. (RUSSOMANO, 1988, p. 71; 73)

Francisca Rita Alencar Albuquerque também reconhece que, com o novo governo, o Brasil guinou sua legislação rumo à melhoria das condições sociais ao afirmar:

> Depois da Revolução de 1930, sob o comando presidencial de Getúlio Vargas, o Brasil passou por alterações em seus Standards políticos e administrativos. Era o período da febre legiferante e do trabalhista paternalista, na esteira do qual a legislação lançou-se a rumos definitivos no Brasil. (ALBUQUERQUE, 1983, p. 85)

Dentre as alterações promovidas pelo novo governo, no âmbito administrativo, destaca-se a criação do Ministério do Trabalho, Indústria e Comércio, que se desvinculou do Ministério da Agricultura, do qual fazia parte. Organizou-se no âmbito ministerial o Departamento Nacional do Trabalho (DNT). Vinculou-se, em seguida, a este órgão, mediante o Decreto n. 20.886, de 30 de dezembro de 1931 (BRASIL, 1931), uma procuradoria, que passou a atuar junto ao CNT, com a competência para opinar em matéria consultiva e contenciosa.

Para tentar solucionar os conflitos trabalhistas, foram criados, na esfera administrativa, dois organismos distintos: As Comissões Mistas de Conciliação (CMCs) pelo Decreto n. 21.396, de 12 de maio de 1932 (BRASIL, 1932a), para pacificar os conflitos coletivos decorrentes do trabalho; e, para resolver os dissídios individuais entre trabalhadores e a classe patronal foram criadas as Juntas de Conciliação e Julgamento (JCJ), objeto do Decreto n. 22.132, de 25 de novembro de 1932. (BRASIL, 1932b)

3.3.1. As Comissões Mistas de Conciliação — CMCs

Conforme se verificou no item 2.2, em 1907, por intermédio do Decreto n. 1.637, de 5.1.1907 (BRASIL, 1907), permitiu-se a criação de sindicatos profissionais no país, bem como foi possibilitado a estes instituir conselhos permanentes de conciliação e arbitragem destinados a dirimir as divergências entre patrões e empregados. A história registra que nenhum conselho foi criado.

Cônscio do malogro desta tentativa de solucionar os conflitos laborais, o legislador de 1932, abandonando a orientação do texto de 1907, ao editar o Decreto n. 21.396 (BRASIL, 1932a), preferiu atribuir ao governo o papel de instituir organismos que cumprissem o escopo de solucionar os conflitos coletivos do trabalho.

Ao contrário do que se possa imaginar, as CMCs foram criadas para atuar por tempo determinado, com o fim de cumprir regra de transição, até que se conseguisse implantar a Justiça do Trabalho no país. Registra este fato a exposição de motivos do anteprojeto que se converteu no Decreto n. 21.396/32, assinado por Lindolfo Collor, ministro do Trabalho, e registrado por Souza Netto:

> Inspira-se o nosso projecto nas tradições liberaes do paiz e representa uma contribuição louvavel para a solução conciliatória dos conflictos do trabalho e para o seu julgamento arbitral, livremente acceito pelas partes.
> O julgamento obrigatório dos conflictos não entra nos ambitos do projecto, porque elle deverá, logicamente, ser attibuido aos juizados do trabalho, a serem creados opportunamente. Por emquanto, ficamos apenas na conciliação dos conflictos e na instituição legal dos arbitramentos. (Texto no original). (SOUZA NETTO, 1938, p. 49)

Coube, então, ao Ministério do Trabalho, Indústria e Comércio instituir, de acordo com o art. 1º do digitado decreto, as CMCs. Estas deveriam ser implantadas nos municípios ou localidades-sedes de sindicatos ou associações profissionais de empregadores ou empregados.

As comissões eram formadas por um presidente e por até seis vogais, com igual número de suplentes, representando, paritariamente, empregadores e empregados, todos com mandato de um ano (art. 2º), renovável por igual prazo (art. 5º).

Os trabalhos da comissão eram dirigidos por um presidente ou suplente, registrando que ambos eram nomeados, por tempo indeterminado, pelo ministro do Trabalho, Indústria e Comércio. Necessariamente, a escolha deveria recair entre pessoas alheias aos interesses econômicos e profissionais dos empregadores e empregados, de preferência membros da Ordem dos Advogados do Brasil, magistrados ou funcionários federais, estaduais ou municipais.

Segundo pontua Souza Netto, os representantes vogais das comissões eram escolhidos por sorteio público. Cada sindicato, da categoria econômica e profissional, apresentava um rol. As pessoas indicadas nesta lista deveriam ser brasileiros, maiores, civilmente capazes, alfabetizados, e profissionais há mais de dois anos. O rol podia ser organizado, contudo, pela autoridade competente, quando os interessados não o remetessem ao ministério se intimadas a tanto, desde que fosse escolhido um membro de cada categoria. O sorteio era público e realizado em dia, hora e lugar designados pelo Ministério do Trabalho. (SOUZA NETTO, 1938, p. 46)

Com a autoridade de quem fez parte da história das referidas comissões, Evaristo de Moraes Filho, na obra "Sem medo da utopia", narra que seu primeiro emprego foi o de Secretário das duas CMCs instaladas na capital da República, tendo trabalhado nestas, como funcionário do Ministério do Trabalho, de 1934 até 1941. Aduz que ele era o único que recebia pelos serviços prestados. Ademais, o presidente e os vogais nada recebiam por seus préstimos, porquanto considerados públicos. (MORAES FILHO apud MOREL; GOMES; PESSANHA, 2007, p. 70)

Os limites territoriais da competência das Comissões Mistas eram demarcados pela própria autoridade que as instituía, e deveria constar do ato de criação. Competia ainda à mesma autoridade resolver os conflitos de jurisdição ocorridos entre as comissões, quando chamadas para dirimir dissídios entre empregadores e empregados de uma ou mais empresas, com sede em municípios ou localidades diferentes.

Sobre o procedimento adotado nas referidas comissões, Evaristo de Moraes Filho menciona que elas tratavam de mediar os conflitos coletivos de trabalho quando ocorria greve. A convocação das comissões sucedia em decorrência do requerimento de qualquer das partes interessadas no dissídio, ou por iniciativa dos respectivos presidentes ou da maioria dos vogais. Havendo acordo, lavrava-se uma ata redigindo os termos deste. Caso inexitosa a tentativa de conciliação, propunha a comissão a adoção de um juízo arbitral. Não aceito este, como última hipótese, o caso era remetido ao ministro do Trabalho, o qual, a depender do motivo da recusa à conciliação, poderia nomear nova comissão para resolver o impasse, mediante laudo que deveria ser cumprido sem restrições pelas partes (arts. 14, §§ 1º e 15, § único). (MORAES FILHO apud MOREL; GOMES; PESSANHA, 2007, p. 70)

Interessante assinalar que as comissões mistas de conciliação não tinham competência normativa. A atuação destas, em sessão secreta (art. 12), limitava-se a tentar conciliar as partes quando do movimento paredista e a elaborar a convenção coletiva de trabalho resultante do conflito. Nesse sentido, acentua Evaristo de Moraes Filho em entrevista concedida a José Sérgio Leite Lopes:

> Desde a Revolução de 30, a greve, se não era proibida, tinha que ser, antes de declarada, antes de deflagrada, tinha que ser (sic) dado ciência aos empregadores, e tentar a conciliação da greve perante essas comissões mistas de conciliação. Você pega esse decreto 21.396 e lá instituía-se que se não tentasse a conciliação, a greve seria considerada ilegal. (LOPES, 1992)

Por esta senda, acredita-se não ter razão Magda Biavaschi, ao afirmar que as comissões mistas de conciliação foram o "embrião das atuais Seções de Dissídios Coletivos dos Tribunais do Trabalho (SDCs)". (BIAVASCHI, 2007, p. 189) Por não terem as ditas comissões competência semelhante à exercida pelos tribunais do trabalho, no que tange ao poder normativo destes, conclui-se, diferentemente, que elas não foram o berço do que se tornaram as seções de dissídios coletivos dos tribunais do trabalho. Por este ângulo, a figura normativa das comissões mistas mais se assemelha ao papel de mediador (mesa- redonda) que passou a ser cumprido pelo ministério do Trabalho e Emprego, conforme previsto no art. 616, § 1º, da CLT[17].

Nesta linha, Souza Netto (1938) vinca que o Decreto n. 21.396/32 adotou o sistema denominado de conciliação obrigatória e arbitragem facultativa. Assim, o que era obrigatório às partes em conflito era submeter à comissão a tentativa obrigatória de conciliação. Por outro lado, a arbitragem era facultativa, tal como ficou posteriormente consagrado no art. 114, § 1º, da Constituição Federal de 1988, antes da nova redação dada pela Emenda Constitucional n. 45/2004.

De fato, observando as sanções cominadas pelo Decreto n. 21.396/32, não resta dúvida quanto à obrigatoriedade dessa tentativa de conciliação imposta às partes.

Giza a norma em destaque que, se o empregador, em consequência de dissídio com empregados, suspender o trabalho sem haver antes tentado fazer na Comissão Mista de Conciliação um acordo com estes, ou que, sem motivo justificado, deixar de comparecer à reunião da Comissão. Ou, ainda, que, celebrado o acordo, se recusar a cumpri-lo integralmente, será passível de multa na importância variável de quinhentos contos de réis até dez mil contos de réis, além das compensações patrimoniais que forem devidas pelo não cumprimento do acordado (art. 16).

Da mesma forma, poderão ser sumariamente suspensos ou dispensados os empregados que abandonar o trabalho, praticar ato de indisciplina, ou que dificultar a solução do dissídio, sem nenhum entendimento prévio com os empregadores, por intermédio da Comissão de Conciliação. Igual pena sofrerão aqueles que se esquivarem à integral observância do acordo feito ou da decisão arbitral proferida. (art. 17)

Mesmo com a proibição das greves pela Constituição de 1937, as comissões mistas de conciliação continuaram seu trabalho, visto que os dissídios trabalhistas não deixaram de existir. (MOREL; GOMES; PESSANHA, 2007, p. 74)

Independentemente de as comissões terem competência restrita à tentativa de conciliação dos dissídios coletivos, mormente os originários de greve, em todo o Brasil, ainda assim, segundo Evaristo de Morais Filho, até 1941 foram instaladas trinta e oito comissões ao todo. (MORAES FILHO apud MOREL; GOMES; PESSANHA, 2007). Levando-se em consideração, de acordo com Arnaldo Süssekind, que no mesmo ano existiam apenas trinta e seis Juntas de Conciliação de Julgamento

---

(17) Art. 616 da CLT: "Os Sindicatos representativos de categorias econômicas ou profissionais e as emprêsas, inclusive as que não tenham representação sindical, quando provocados, não podem recusar-se à negociação coletiva. § 1º Verificando-se recusa à negociação coletiva, cabe aos Sindicatos ou emprêsas interessadas dar ciência do fato, conforme o caso, ao Departamento Nacional do Trabalho ou aos órgãos regionais do Ministério do Trabalho e Previdência Social, para convocação compulsória dos Sindicatos ou emprêsas recalcitrantes".

para dirimir os litígios trabalhistas individuais, verifica-se, nesta comparação, que não era inexpressiva a importância e atuação das CMCs. (SÜSSEKIND *apud* GOMES; PESSANHA; MOREL, 2007, p. 68)

Assim, parece não ter razão Waldemar Ferreira quando menciona que o governo, ao instituir as Comissões Mistas de Conciliação, "criou um órgão destinado a permanecer no acervo da sua elaboração legislativa, mais do que a prestar os serviços relevantíssimos que dele seria lícito esperar". (FERREIRA, 1938, p. 97)

Como previsto no anteprojeto que as dimensionaram, as comissões mistas de conciliação foram extintas com a criação da Justiça do Trabalho, fato que se deu em 1941.

3.3.2. As Juntas de Conciliação e Julgamento — JCJs

Para o governo provisório que se instalara no poder a partir de 1930, a questão social dos conflitos coletivos do trabalho estava resolvida com a criação das comissões mistas de conciliação. Restava criar mecanismos para promover a solução dos conflitos individuais trabalhistas. Nesse sentido, Getúlio Vargas, em mensagem presidencial, encaminhada ao Congresso Nacional em 1933, ressalta a importância da criação das Juntas de Conciliação e Julgamento:

> A instituição das comissões mistas de conciliação e arbitragem resolveu um dos pontos da questão pela criação de órgãos que solucionam os conflitos coletivos de trabalho. Perdurava, porém, o aspecto individual do problema, em face do qual o Brasil, não obstante ser signatário do Tratado de Versalhes e membro do "Bureau" Internacional do Trabalho, se conservava em manifesta inferioridade, ante a maioria das nações cultas. A legislação decretada, criando as Juntas de Conciliação e Julgamento para dos dissídios individuais, reparou a falha do modo completo e satisfatório. (VARGAS, 1933, p. 173)

Assim, para dirimir os litígios individuais, foram criadas Juntas de Conciliação e Julgamento (JCJs), através do Decreto n. 22.132, de 25 de novembro de 1932 (BRASIL, 1932b).

Ao Ministério do Trabalho, Indústria e Comércio incumbia a instalação das JCJs quando reivindicadas por qualquer sindicato interessado, podendo haver tantas quantas necessárias.

Cada junta era composta por três membros: um presidente, com suplente, os quais deveriam ser estranhos aos interesses profissionais e econômicos, de preferência advogados, magistrados ou funcionários, nomeados pelo Ministro do Trabalho; e dois vogais, com suplentes, representando os empregados e os empregadores, escolhidos pelo Diretor-Geral do Departamento Nacional do Trabalho, no Distrito Federal, e pelos Inspetores Regionais, nos Estados e Território do Acre.

Para a escolha dos vogais, anualmente, os sindicatos de ambas as classes enviavam a estas autoridades uma lista com vinte nomes de associados brasileiros, maiores, alfabetizados, de boa conduta, que estivessem efetivamente exercendo sua atividade profissional há mais de dois anos. De posse destas listas, o órgão competente do Ministério escolhia os vogais e suplentes, nomeando-os por portaria: os vogais eram sujeitos a renovação trimestral, a fim de que participasse das Juntas o maior número de sindicalizados (arts. 3º e 4º).

A competência das JCJs se restringia à matéria e à pessoa.

Ratione materiae, competia-lhe processar a maioria dos dissídios oriundos das relações individuais de trabalho. Refugia-lhe a competência para conhecer das lides relativas aos acidentes do trabalho, cuja competência jurisdicional pertencia à Justiça Comum, segundo o art. 22 do Decreto n. 3.724/1919 e art. 61 do Decreto n. 24.637, de 10 de julho de 1934. De igual maneira, cabia ao CNT conhecer das lides atinentes a férias, art. 17, § 2º, do Decreto 17.496, de 30 de outubro de 1926, dispensas de empregados estáveis (estabilidade decenal), art. 32 do Decreto n. 4.682/1923, além de outras questões decorrentes da previdência social (CESARINO JÚNIOR, 1942, p. 50).

Em razão da pessoa, a competência das juntas apenas albergava os sujeitos da relação de emprego. Exigia a norma legal que o empregado reclamante fosse sindicalizado. Não tinha ela competência para apreciar as demandas de trabalhadores não vinculados a um contrato de trabalho subordinado. Desse modo, o empregado não sindicalizado, o artífice ou o empreiteiro deveriam recorrer à Justiça Comum estadual para postular direitos inadimplidos.

A norma que criou as JCJs estabeleceu o procedimento processual a ser seguido. As reclamações dos litígios eram dirigidas pelos interessados ou por seus representantes legais, no Distrito Federal, aos procuradores do Departamento Nacional do Trabalho, e, nos Estados ou Território do Acre, às Inspetorias Regionais, aos delegados ou funcionários federais indicados pelo Ministro do Trabalho, Indústria e Comércio, por escrito ou verbalmente. Neste último caso reduzidas a termo, assinado pelo reclamante ou por alguém a seu rogo.

Recebida a reclamação, era pautada a audiência, à qual devia comparecer o reclamante. O reclamado era notificado, por carta registrada, para conhecer do objeto da reclamação, e para comparecer à audiência designada com as testemunhas e outras provas que tivesse.

Presentes as partes na audiência designada, deveria ser tentada, previamente, a conciliação. Inexitosa essa, em seguida era lida a reclamação e ouvido/recebida a defesa do reclamado, o qual poderia reconvir. Após, havendo necessidade, as perguntas eram feitas diretamente pelos membros da junta aos litigantes ou testemunhas e, finda a instrução, o presidente da junta propunha nova tentativa de conciliação. Não sendo aceita esta pelas partes, procedia-se ao julgamento, por maioria dos votantes. Admitia o Decreto n. 22.132/1932 que o julgamento fosse fundado em indícios e presunções e, na falta de lei expressa, nos usos e costumes locais. (BRASIL, 1932b)

Na própria audiência, a parte sucumbente no julgamento era intimada a cumprir o objeto da condenação no prazo máximo de cinco dias. Se o reclamado fosse revel, o prazo era elastecido para 10 dias, contados a partir da intimação do julgado.

No caso de conciliação, as condições do acordo eram reduzidas a termo, o qual era assinado pelos litigantes e pelos membros da junta, marcando prazo para seu cumprimento.

Merece registro que, até meados de 1937, era a Justiça Federal a competente para executar a certidão do título judicial lavrado pela JCJ. No Rio de Janeiro, capital da República, a execução era promovida pelos procuradores do Departamento Nacional do Trabalho. Nos Estados e no Território do Acre, pelo representante do Ministério Publico Federal.

Ocorre que o Decreto-lei n. 6 de 16 de novembro de 1937, extinguiu a Justiça Federal no país. Em razão disto, a competência para execução das decisões das juntas, inicialmente da Justiça Federal, foi alterada. Para tanto, foi editado o Decreto-lei n. 39, de 3 de dezembro de 1937, o qual definiu que os conflitos das relações empregado e empregador. Enquanto não regulada em lei a Justiça do Trabalho, seriam conhecidos e julgados pelas Comissões Mistas e pelas Juntas e o cumprimento das decisões seria do Juízo Cível da localidade- sede da comissão ou da junta, segundo o rito processual estabelecido para a execução de sentença, não sendo admitidas outras defesas a não ser as referentes a nulidades e prescrição de sentença. (BIAVASCHI, 2007, p. 190)

Waldemar Ferreira demonstrou seu inconformismo com o procedimento adotado pelo legislador ao assim se expressar:

> A execução das decisões da Justiça do Trabalho em outro juízo aberra de todos os princípios de organização judiciária, originando complicações processuais e delongas insuperáveis. Essas complicações e delongas produzem a descrença, fator psicológico relevante e que desprestigia qualquer instituição. (FERREIRA, 1938, p. 159)

Em tese, as decisões das JCJs eram irrecorríveis, haja vista que não havia previsão legal para nenhum recurso. Todavia, era cabível a discussão do conteúdo da sentença nos embargos à execução quando da execução judicial do título emitido pela JCJ na Justiça Comum. Ainda, provando uma das partes ter havido flagrante parcialidade dos julgadores ou violação de direito, a requerimento desta, a lei possibilitou ao ministro do Trabalho avocar qualquer processo, dentro de seis meses, contados da ciência do julgamento.

Sobre esse fato processual, pode-se enfatizar que a decisão da JCJ só se tornava definitiva depois de decorridos seis meses do conhecimento de sua prolação. Dentro desse semestre, sempre era possível ao interessado promover a revisão do julgado, quer sob o fundamento da parcialidade dos julgadores, quer sob o de violação de direito. (FERREIRA, 1938, p. 103)

Pelo efeito devolutivo inserto no poder avocatório, o ministro do Trabalho poderia alterar, a seu critério, as decisões proferidas pelas juntas, fato este que suprimia o caráter judicial dos julgados, razão do enquadramento das juntas como típicos órgãos administrativos. Por este motivo, Arnaldo Süssekind denominou as Comissões Mistas de Conciliação e as Juntas de Conciliação e Julgamento como Justiça administrativa do trabalho. (SÜSSEKIND, 1944, p. 15)

Por fim, pode-se afirmar que o modelo adotado pelo Decreto n. 21.232/1932 (BRASIL, 1932b) para a resolução dos conflitos individuais do trabalho, a rigor, foi o escolhido pelo legislador pátrio para edificar a Justiça do Trabalho no país, mormente até o advento da Emenda Constitucional n. 24/1999 (BRASIL, 1999a), que extinguiu a representação classista.

3.3.3. A instituição da Justiça do Trabalho na Constituição de 1934

A Constituição de 1934 criou formalmente uma justiça especial encarregada de dirimir os conflitos oriundos do trabalho. O art. 122 da Carta de 1934 foi assim redigido:

> Art. 122. Para dirimir questões entre empregadores e empregados, regidas pela legislação social, fica instituída a Justiça do Trabalho, à qual não se aplica o disposto no Capítulo IV do Título I.
>
> Parágrafo único. A constituição dos Tribunais do Trabalho e das Comissões de Conciliação obedecerá sempre ao princípio da eleição de membros, metade pelas associações representativas dos empregados, e metade pelas dos empregadores, sendo o presidente de livre nomeação do Governo, escolhido entre pessoas de experiência e notória capacidade moral e intelectual. (BRASIL, 1934a)

A necessidade de uma justiça voltada exclusivamente às causas emanadas das relações de trabalho estava cada vez mais presente. Por ocasião dos debates havidos na II Assembleia Constituinte Republicana, convocada para discutir e votar o anteprojeto da Carta Magna de 1934, a ideia do reconhecimento da Justiça do Trabalho já era pacífica.

Entretanto, houve intensa discussão na constituinte sobre sua inserção ou não como integrante do quadro do Poder Judiciário.

O autor da proposta de constitucionalização da Justiça do Trabalho, deputado Abelardo Marinho, defendeu a Justiça do Trabalho constitucional como integrante do Poder Judiciário, com os seguintes motivos, devidamente registrados por Waldemar Ferreira:

> A criação da Justiça do Trabalho [...] é uma necessidade que não pode deixar de ser atendida na hora presente pelos constituintes brasileiros.
> São tantas e tão variadas as feições, que podem assumir os conflitos entre as forças de produção; tamanhos podem ser os desentendimentos entre o capital e o trabalho, entre os que prestam e os que recebem serviço; tão

intensa é a sede de justiça experimentada, em muitos dos seus setores, pelas massas operárias das capitais e do interior do País, que tudo isso bem está a exigir uma organização **judiciária** permanente [...] (FERREIRA, 1938, p. 104, grifo nosso).

Não obstante a força dos argumentos e o empenho do autor, o projeto de inclusão da Justiça do Trabalho no capítulo do Poder Judiciário foi derrotado, prevalecendo a proposição apresentada pelo Deputado Levi Carneiro, Ei-la:

> Seria, mesmo, inconveniente sob certos aspectos, porque o que se diz é que a mentalidade judiciária é inadequada para a solução dessas questões (trabalhistas). É com outra mentalidade que tais questões têm de ser resolvidas. (FERREIRA, 1938, p. 109)

Ives Gandra Martins da Silva Filho menciona que o deputado Levi Carneiro considerava que os *juízes leigos*, despidos de senso jurídico e de formalismos, decidiriam mais prontamente as controvérsias laborais, argumento este que convenceu os demais integrantes da constituinte. (SILVA FILHO, 2002, p. 197)

Assim, quando da redação final do Texto Magno de 1934, foi inserida no art. 122 a frase "à qual não se aplica o disposto no Capítulo IV do Título I". (BRASIL, 1934a). Deste modo, afastou-se a Justiça do Trabalho do âmbito do Poder Judiciário, bem como dos direitos e garantias de seus membros.

Sobre a não inserção da Justiça Trabalhista nas disposições relativas ao Judiciário, Waldemar Ferreira justifica essa opção do legislador:

> Pretendeu-se como se infere, a Justiça do Trabalho, fora da órbita do poder judiciário. Reclamava-se mentalidade nova, para entendimento e aplicação do direito novo. Nada de judicialismos! Nada de formalismos! Nenhuma mística! Nenhum tropeço devido ao exagero do estilo forense! Nada disso! Juízes leigos, embora jejunos em ciência jurídica, recrutados nos sindicatos ou associações de classe, por via de eleição, dariam a segurança de mister. Conhecedores dos pormenores da sua vida profissional, estariam mais aptos para dirimir as questões entre empregados e empregadores regida pela legislação social. Desapegados de preconceitos, destituídos do chamado senso judiciário, mais prontamente decidiriam as controvérsias, em regra oriundas da interpretação ou da aplicação dos contratos de trabalho. Resolveriam, como técnicos, com mais sagacidade e com espírito de equidade, sob a vigilância permanente do representante do Poder Executivo, como presidente das comissões e tribunais paritários de conciliação e arbitragem ou de julgamento. São esses motivos por que a Justiça do Trabalho ficou à margem do Poder Judiciário, insubmisso à sua disciplina. Nem por isso, entretanto, independente das fórmulas processuais para o debate das controvérsias, a prolação das decisões e a execução dos julgados. (FERREIRA, 1938, p. 43)

Merece destaque o fato de que na Emenda n. 1.188, apresentada pelo deputado Abelardo Marinho, este pensara a Justiça do Trabalho integrante da estrutura do Poder Judiciário, tal como a estrutura adotada pelo legislador constituinte de 1946. Propusera ele, no art. 1º de seu projeto, a criação de um Tribunal Superior do Trabalho na capital da União, tribunais regionais por Estados ou grupo de Estados e, nos municípios, a primeira instância trabalhista. (SOUZA NETTO, 1938, p. 66)

Do texto do art. 122 da Constituição de 1934 constou um avanço, em nosso ver, não notado pela doutrina (BRASIL, 1934a). No *caput* do artigo, ao delimitar a competência da Justiça do trabalho, o legislador constituinte originário não exigiu que o litigante empregado fosse sindicalizado. Deste modo, o art. 1º do Decreto n. 21.232/32 (BRASIL, 1932b), que criou e regulamentou o procedimento das Juntas de Conciliação e Julgamento, e exigia ser o empregado-reclamante filiado ao sindicato, não foi recepcionado pela Constituição de 1934. Desse modo, qualquer trabalhador subordinado, filiado ou não ao sindicato profissional, poderia litigar na Justiça Constitucional do Trabalho.

Por outro lado, apesar de o art. 122 prever a criação de Tribunais do Trabalho, certo é que nenhum foi criado enquanto vigorou este diploma.

A explicação para este fato negativo foi a anomia do Congresso Nacional, o qual não conseguiu editar uma lei que regulamentasse o artigo constitucional que instituíra a Justiça do Trabalho.

O Governo chegou a enviar para a Câmara dos Deputados, em 1935, um anteprojeto de lei que propunha a organização da Justiça do Trabalho. Na Comissão de Constituição e Justiça, foi designado relator o jurista e professor da Universidade de São Paulo Waldemar Ferreira, que, através de um exaustivo parecer, atacou vários pontos do anteprojeto, no que foi rebatido por Oliveira Viana, jurista e assessor jurídico do Ministério do Trabalho. Diante do polêmico debate sobre o poder normativo da Justiça do Trabalho que se travou entre estes dois eminentes juristas, o anteprojeto ficou dois anos nessa comissão, e nela apenas foi aprovado em junho de 1937.

Após a votação e emissão do parecer favorável pela Comissão de Constituição e Justiça, o anteprojeto foi encaminhado à apreciação da Comissão de Legislação Social, em 8 de junho de 1937. Todavia, os acontecimentos políticos desencadeados à época, e que levaram à dissolução do Congresso Nacional, impediu a edição da norma que organizava a Justiça do Trabalho no país.

Por fim, não há como negar a fundamental importância que teve a Constituição de 1934 para a Justiça do Trabalho. A partir dela, todos os diplomas constitucionais que se seguiram não destoaram dessa diretriz de mantê-la em seu corpo, aperfeiçoando-a de acordo com os avanços sociais.

3.3.4. *A Justiça do Trabalho na Constituição de 1937*

No momento em que o anteprojeto de lei que organizava a Justiça do Trabalho estava tramitando na comissão de legislação social da Câmara dos Deputados,

Getúlio Vargas, às vésperas das eleições presidenciais, outorgou a Carta Política de 1937, instaurando no país o denominado Estado Novo.

No discurso-manifesto dirigido à nação, o presidente Vargas justificou o fechamento do Congresso e o novo tipo de Estado que estava impondo ao país mencionando a letargia do legislativo que não conseguia aprovar leis imprescindíveis ao país, dentre elas a que organizava a Justiça do Trabalho, *verbis*:

> Transformada a Assembleia Nacional Constituinte em Câmara de Deputados, para elaborar, nos precisos termos do dispositivo constitucional, as leis complementares constantes da mensagem do Chefe do Governo Provisório de 10 de abril de 1934, não se conseguira, até agora, que qualquer delas fosse ultimada, malgrado o funcionamento quase ininterrupto das respectivas sessões. Nas suas pastas e comissões se encontram, aguardando deliberação, numerosas iniciativas de inadiável necessidade nacional, como sejam: o Código do Ar, o Código das Águas, o Código de Minas, o Código Penal, o Código do Processo, **os projetos da Justiça do Trabalho**, da criação dos Institutos do Mate e do Trigo etc., etc. (texto no original). (VARGAS, 1937, p. 362, grifo nosso)

O advento do chamado *Estado Novo* trouxe como resultado a outorga de nova Constituição à nação brasileira, em 10 de novembro de 1937, reafirmando a Justiça do Trabalho no capítulo da ordem econômica, vinculada ao Poder Executivo por intermédio do Ministério do Trabalho, Indústria e Comércio, e fora do quadro orgânico do Poder Judiciário. Prescreveu-lhe a mesma competência que traçara a Carta de 1934. Remeteu à lei ordinária sua regulamentação. Silenciou sobre a composição paritária de seus órgãos e desautorizou que lhe aplicassem as normas relativas à competência, ao recrutamento e às prerrogativas da Justiça Comum, conforme disposto no art. 139:

> Para dirimir os conflitos oriundos das relações entre empregadores e empregados, reguladas na legislação social, é instituída a Justiça do Trabalho, que será regulada em lei e à qual não se aplicam as disposições desta Constituição relativas à competência, ao recrutamento e às prerrogativas da justiça comum. (BRASIL, 1937)

Tal como o texto de 1934, não inseriu a Justiça do Trabalho no art. 90 da Constituição que cuidava dos órgãos do Poder Judiciário. Todavia, só lhe subtraiu a aplicação das regras referente à "competência ao recrutamento e às prerrogativas da justiça comum" e, utilizando a expressão "justiça comum", quis a Carta de 1937, a nosso ver, opô-la à Justiça do Trabalho.

Este é o pensamento de Orlando Gomes. Para ele, a localização do artigo que trata da Justiça do Trabalho no capítulo da ordem econômica talvez tenha sido propositada, a fim de deixar bem patente que ela era de natureza especial, não se confundindo com a Justiça Comum. (GOMES, 1972, p. 171)

Com a redação atribuída ao art. 139 da Constituição de 1937 permaneceu acesa a polêmica nos tribunais e na doutrina sobre a natureza jurídica da Justiça do Trabalho. Teria ela natureza administrativa ou jurisdicional?

3.3.4.1 A natureza jurídica da Justiça do Trabalho

A questão em epígrafe gerou intensa polêmica doutrinária na vigência das Constituições de 1934 (BRASIL, 1934a) e 1937 (BRASIL, 1937). A rigor, atualmente, a discussão sobre a natureza jurídica da Justiça do Trabalho se reveste de interesse histórico e acadêmico. Assim, como no estudo que antecedeu a este trabalho se visualizou a possibilidade de novo olhar sobre a natureza jurídica da Justiça do Trabalho em seu nascedouro, optou-se por dedicar um tópico a este tema.

Por certo, a Constituição de 1934, ao criar e inserir a Justiça do Trabalho no capítulo da ordem econômica e social, fez aflorar uma dúvida sobre qual a sua natureza jurídica: administrativa ou jurisdicional? Ante a falta de doutrinadores juslaboristas à época, a dúvida reinou entre os constitucionalistas que se empenharam em comentar a novel norma.

Os defensores da tese de que a natureza jurídica era administrativa, baseavam seus fundamentos, seja dito, em pilares da nova justiça laboral incompatíveis com a estrutura do Poder Judiciário, a saber:

a) o instituto da avocatória,
b) a falta de competência executiva de suas decisões e
c) o teor do comando constitucional que a afastava do Poder Judiciário.

Sobre a avocatória, sustenta essa corrente que interessava ao Estado manter a justiça laboral jungida, em última instância, ao comando do Poder Executivo. Por este motivo, manteve o instituto da avocatória, previsto no Decreto n. 21.232/32 (BRASIL, 1932b).

A possibilidade de as decisões de conhecimento da Justiça do Trabalho serem revistas pela Justiça Comum, em sede de embargos à execução, fez com que reinasse o descrédito quanto à possível função jurisdicional da Justiça do Trabalho. Neste sentido, registrou o Ministro do Supremo Tribunal Federal, Orozimbo Nonato, no Recurso Extraordinário n. 10.659/1940, que os juízes togados resistiam em reconhecer a Justiça do Trabalho como integrante do Judiciário, "em face das inevitáveis imperfeições com que essa justiça especial se instaurou, daí resultando a amplitude com que a Justiça Comum, na execução mesma dos julgados trabalhistas, entrara em rever o próprio litígio". (BRASIL, 1940a)

Sobre as Constituições de 1934 e 1937 não terem incluído a Justiça do Trabalho como órgão do Poder Judiciário, Castro Filho expressa este entendimento:

> O estabelecimento da Justiça Trabalhista no Brasil, que se caracterizou no seu inicio por uma feição nitidamente administrativa, não perdeu este caracter e o seu perfilhamento legal, de acordo com a Constituição, há de ser administrativo e, somente, administrativo, a menos, que se queiram negar o espirito e a letra da nossa Lei-Maxima! [...] Negar não se póde, sem sofisma, que si a Justiça do Trabalho tivesse a função judiciária que se lhe

quer atribuir, deveria ela ter sido inserta nas enumerações dos arts. 63 e 90, respectivamente das Constituições de 34 e de 37. (redação original) (CASTRO FILHO, 1938, p. 89-90)

Parte da doutrina contemporânea entende que a Justiça do Trabalho de 1934 era administrativa. Francisco Antônio de Oliveira, com base na interpretação literal do art. 122 da Constituição de 1934, afirma que essa norma "deixara claro que a Justiça do Trabalho não fazia parte do Poder Judiciário". (OLIVEIRA, 2005, p. 80). No mesmo sentido, Sérgio Pinto Martins, ao se referir ao art. 122 da Carta de 1934, ressalta que não se aplicava aos juízes do trabalho as garantias pertinentes aos juízes do Poder Judiciário "pelo fato de que pertencia a Justiça do Trabalho ao Poder executivo". (MARTINS, 1999, p. 80)

Poucos, como Pontes de Miranda, defendiam que a Justiça do Trabalho era um poder jurisdicional a partir da Constituição de 1934. Segundo este doutrinador, "A função da Justiça do Trabalho, ainda quando conciliadora, não é administrativa; é jurisdição, pois que atua em casos de controvérsia, dirime questões, como diz o próprio art. 122". (MIRANDA, 1960, p. 422)

Com razão Wagner Giglio, quando apontou que após a outorga da Constituição de 1937 ainda muito se discutiu "sobre a natureza administrativa ou judiciária da Justiça do Trabalho, concluindo a maioria dos doutrinadores pela última das posições". (GIGLIO, 2002, p. 4)

Com efeito, doutrinadores como Arnaldo Süssekind, Waldemar Ferreira e Oliveira Viana e, também, os Ministros do Supremo Tribunal Federal, chegaram à conclusão de que, com a Constituição de 1937, a Justiça do Trabalho passou a ser uma Justiça Federal especial e autônoma em relação ao Poder Judiciário. Nesse sentido, transcreve Arnaldo Süssekind, trecho do acórdão do Supremo Tribunal Federal proferido no Recurso Extraordinário n. 6.310, publicado em 30.9.1943, vazado nos seguintes argumentos:

> A Justiça do Trabalho está definitivamente organizada; não cabe mais, em tese, de suas decisões quaisquer recursos para a Justiça Comum, nem ainda o recurso extraordinário, ao propósito do qual fala a Constituição nas justiças locais, com manifesta referência à Justiça Comum e não à Justiça do Trabalho, que é especial, que tem órgãos próprios, em cujo cimo não se encontra o Supremo Tribunal, senão o Conselho Nacional do Trabalho. Dá-se, porém, que essa Justiça especial, autônoma, que gravita fora da influência da Justiça comum, pode aplicar, também, preceito constitucional, ou deixar de aplicá-lo. Ora, quando suas decisões ferem preceito constitucional — e só então — é que caberá recurso extraordinário para o Supremo Tribunal. (SÜSSEKIND, 1943, p. 17)

Com efeito, a organização da Justiça do Trabalho ocorreu na vigência da Constituição de 1937 (BRASIL, 1937), por intermédio do Decreto-lei n. 1.237/39 (BRASIL, 1939a), regulamentado posteriormente pelo Decreto n. 6.596/1940

(BRASIL, 1940c). Dos três entraves citados que impediam que parte da doutrina a reconhecesse como ente jurisdicional, dois deixaram de existir a partir desta legislação. Passaram as Juntas de Conciliação e Julgamento a executar as próprias decisões (art. 35 do Decreto-lei n. 1.237/39), bem como não mais foi possível ao Ministro do Trabalho utilizar-se do instituto da avocatória nos processos originados em qualquer instância trabalhista, haja vista que não mais prevista a hipótese em nenhuma destas normas.

Oliveira Viana rebate, após a Constituição de 1937, o terceiro argumento da corrente que inadmitia a Justiça do Trabalho como órgão jurisdicional. Para este doutrinador:

> É certo que a Constituição de 1937, tal como houvera feito a de 34, recusou a inclusão dos tribunais na parte relativa à ordem econômica e social. Mas, não nos parece que, deste deslocamento da justiça do trabalho para o capítulo que regula a ordem econômica e social, se possa deduzir que a Constituição se haja recusado a reconhecer, nas suas funções dos tribunais do trabalho, funções análogas às dos tribunais ordinários. Uns e outros exercem, sem dúvida, as mesmas funções jurisdicionais. (VIANA, 1938, p. 275)

Dessa forma, a partir da Constituição de 1937, e, principalmente, depois da edição do Decreto-lei n. 1.237/39 (BRASIL, 1939a), formalmente, nenhum argumento mais subsistia que desconsiderasse a Justiça do Trabalho como jurisdição autônoma e especial.

Não obstante essa posição doutrinária majoritária, conseguida após a Constituição de 1937, acredita-se que a exegese feita por Cesarino Júnior, com suporte em parecer de Orozimbo Nonato[18], foi a que melhor interpretou a natureza jurídica da Justiça do Trabalho, ante o corpo normativo da época. Com suporte no Decreto-lei n. 1.237/39 ensina ele que:

> No art. 36, do referido decreto-lei n. 1.237, de 1939, se lê: "Os conflitos de jurisdição entre Juntas, Juízes e Tribunais do Trabalho e órgãos da justiça ordinária serão decididos pelo Supremo Tribunal Federal e não suspenderão o andamento dos feitos, salvo determinação deste Tribunal", o que mostra, pela oposição feita pela própria lei entre a Justiça do Trabalho e a "justiça ordinária", ser a primeira uma justiça especial. Além disto, o caráter judiciário embora especial, da Justiça do Trabalho, é posto de relevo, pelo § 2º do art. 87 do citado decreto-lei n. 1.237, segundo o qual; "Aos presidentes juízes vogais e funcionários auxiliares da Justiça do Trabalho, aplica-se

---

(18) Em 1941, Orozimbo Nonato, na condição de Consultor-Geral da República, emitiu parecer para o Ministro da Fazenda, no qual, em minucioso estudo com base no direito comparado, apontou diversos motivos pelos quais entendeu que a natureza jurídica da Justiça do Trabalho é jurisdicional, mas não administrativa. Parecer disponível no Diário Oficial da União de 6 de março de 1941, p. 3.998; 4.000.

o disposto do capítulo único do título V da Consolidação das Leis Penais", referente aos crimes contra a boa ordem e administração pública, concernentes também aos membros da magistratura comum, e principalmente pelo § único do artigo anterior que determina, com referência às sanções a ser impostas às autoridades da Justiça do Trabalho: "Tratando-se de membro do Conselho Nacional do Trabalho, será competente para a imposição das sanções o Conselho Federal", equiparando assim ditos membros do Conselho Nacional do Trabalho, aos Ministros do Supremo Tribunal Federal, pois que, de acordo com o art. 100 da Constituição de 1937: "Nos crimes de responsabilidade os ministros do Supremo Tribunal Federal serão processados e julgados pelo conselho Federal".

Ainda como argumento negativo, poderíamos aduzir o fato de haverem os órgãos da Justiça do Trabalho, no sistema do decreto-lei n. 1.237, perdido o caráter administrativo que lhes emprestavam as leis anteriores. Com efeito, enquanto o dec. n. 22.132, sobre as Juntas de Conciliação e Julgamento, permitia ao Ministro do Trabalho, no art. 29, avocar "qualquer processo em que haja decisão proferida há menos de seis meses, pelas Juntas de Conciliação e Julgamento etc.", e o Dec. n. 24.784, que regulava o Conselho Nacional do Trabalho, no art. 5º afirma: "Das decisões proferidas pelo Conselho pleno caberá recurso para o Ministro do Trabalho, quando a deliberação tiver sido adotada pelo voto de desempate; quando, alegando violação da lei aplicável ou modificação da jurisprudência até então observada, que deverão ser citadas, o recorrente obtiver do Ministro a avocação do respectivo processo", **já no Capítulo V, do Título III, do decreto-lei n. 1.237, relativo aos recursos, não se cogita do de avocação pelo Ministro, nem se faz referência alguma à sua intervenção no processo da Justiça do Trabalho.** (CESARINO JÚNIOR, 1942, p. 77-83, grifo nosso)

Por essa linha de raciocínio, a divergência sobre a natureza jurídica das decisões emanadas de Justiça do Trabalho não terminara com a Constituição de 1937, mas, apenas, com o advento da Decreto-lei n. 1.237/39 (BRASIL, 1939a) que estruturou a Justiça do Trabalho.

A partir de sua estruturação e da delimitação clara da competência de seus órgãos, completada pelo Decreto-lei n. 1.346/39 (BRASIL, 1939b), perdeu fôlego a discussão sobre a natureza jurídica de suas decisões. A consolidação da posição adotada pelo Supremo Tribunal Federal, no sentido de que as decisões trabalhistas são de natureza jurisdicional, foi o passo mais importante para que fosse dissipada qualquer dúvida a respeito deste fato, impedindo, dessa forma, que a justiça comum revisse as decisões de qualquer instância da Justiça do Trabalho, inclusive da Câmara de Previdência Social e do Conselho Pleno do CNT, conforme se extrai destes julgados:

JUSTIÇA DO TRABALHO — Acórdão do Conselho Nacional do Trabalho. Anulação pela Justiça Comum. Se possível. Os acórdãos da justiça especial do trabalho não são suscetíveis de revisão pela justiça comum. (BRASIL, 1941a).

JUSTIÇA DO TRABALHO. Caráter administrativo de suas decisões. Inexistência. Impossibilidade de serem revistas pela justiça ordinária. A Justiça do Trabalho é uma magistratura especial, cuja jurisdição se esgota nas duas diversas instâncias e não uma justiça administrativa, cujos atos e decretos podem ser apreciados pela justiça comum. (BRASIL, 1941b)

Pelo exposto, conclui-se que, em rigor, todas as decisões da Justiça do Trabalho foram de natureza administrativa no período entre a instituição de seus primeiros órgãos, em 1932, até a Constituição de 1937. A partir do texto constitucional outorgado em 1937, reinaram dúvidas na jurisprudência e doutrina sobre a real natureza jurídica de seus julgados. Com o advento dos Decretos-leis ns. 1.237/39 (BRASIL, 1939a) e 1.346/39 (BRASIL, 1939b), consolidou-se na maior parte da doutrina e no Supremo Tribunal Federal que a Justiça do Trabalho era um órgão jurisdicional autônomo e especial, capaz de julgar e efetivar a coisa julgada de suas decisões, as quais não mais poderiam ser revistas por nenhuma outra corte.

3.3.5. A estruturação da Justiça do Trabalho

Com se verificou, as medidas para a organização da Justiça do Trabalho foram interrompidas no final de 1937, por questões políticas, que culminaram no que se denominou "Estado Novo".

Em 1938 recomeçaram as tratativas governamentais no Ministério do Trabalho para a estruturação da Justiça do Trabalho. Foi nomeada uma comissão presidida pelo Consultor Jurídico do Ministério, Oliveira Viana, tendo como membros os Procuradores do Departamento Nacional do Trabalho Deodato Maia e Helvécio Xavier Lopes, o Procurador do Conselho Nacional do Trabalho Geraldo Augusto de Faria Baptista, o jurista Oscar Saraiva e pelo professor Rêgo Monteiro, que posteriormente se tornou Procurador-Geral da Justiça do Trabalho.

Do trabalho desta comissão resultaram dois decretos-leis; o de n. 1.237, publicado em 2 de maio de 1939 (BRASIL, 1939a), que dispunha sobre a organização e estruturação da Justiça do Trabalho, e o de n. 1.346, de 15 de junho de 1939 (BRASIL, 1939b), que tratou, exclusivamente, da nova estruturação do Conselho Nacional do Trabalho.

As normas em comento não eram autoexecutáveis. Necessitavam elas de regulamentação a fim de serem aplicadas pelos destinatários, conforme expresso no art. 108 do Decreto-lei n. 1.237/39. (BRASIL, 1939a)

Por intermédio do Decreto regulamentador n. 6.596, de 12 de dezembro de 1940 (BRASIL, 1940c), e do Decreto de igual espécie n. 6.597 (BRASIL, 1940a), publicado na mesma data, foram regulamentados, respectivamente, os Decretos-leis ns. 1.237/39 (BRASIL, 1939a) e 1.346/39 (BRASIL, 1939b). Não obstante estes comandos normativos, necessitou-se de tempo para a organização logística da Justiça do Trabalho. Por tal razão, efetivamente, a Justiça do Trabalho apenas foi implantada no Brasil em 1º de maio de 1941, conforme previsto no art. 233 do Decreto n. 6.596/1940. (BRASIL, 1940c)

A partir da estruturação promovida pelo Decreto-lei n. 1.237/39 e pelo Decreto Regulamentador n. 6.596/40, a Justiça do Trabalho adquiriu organização e estrutura vertical. As Juntas de Conciliação e Julgamento, antes atreladas ao Ministério do Trabalho, passaram a ser o primeiro grau de jurisdição. Nas localidades não compreendidas em suas jurisdições das juntas, a competência destas era delegada a um juiz da Justiça Comum. Foram criados como os Conselhos Regionais do Trabalho, que atuariam, em verdade, como segundo grau de jurisdição. Ainda, foi modificada a atuação e atribuições do CNT. Essa nova reorganização do CNT coube ao Decreto-lei n. 1.346/39 (BRASIL, 1939b).

Em relação às Juntas de Conciliação e Julgamento, foi mantida a composição paritária de origem, quando estas foram criadas em 1932. Todavia, mudaram-se alguns dos critérios de escolha de seus membros.

Cada Junta continuava a ser presidida por uma pessoa nomeada, agora, pelo Presidente da República, com remuneração fixada em lei, fato que, até então, inocorria. Passou-se a exigir que o nomeado fosse bacharel em Direito especializado em legislação social. O cargo seria ocupado por dois anos, permitida a recondução sucessiva.

Quanto aos vogais, depois denominados de juízes classistas, o processo de escolha destes passou a ser organizado e dirigido pelo Presidente do Conselho Regional do Trabalho (CRT), jurisdição respectiva, ao qual cabia designá-los, dentre os nomes apresentados pelos sindicatos de 1º grau representantes dos empregadores e empregados. Passaram os vogais a ser remunerados pelos serviços prestados. Seus vencimentos variavam de acordo com o número de audiências que participassem, art. 23 do Decreto n. 6.596/39 (BRASIL, 1940c). De igual forma, conforme art. 20 da norma em comento, cada mandato era de dois anos, e passível a recondução.

A competência das Juntas foi sensivelmente ampliada. O art. 1º do Decreto regulamentador repetiu o comando inserto no art. 139 da Constituição de 1937, na medida em que estabeleceu que competiria à Justiça do Trabalho dirimir os conflitos entre empregados e empregadores regulados na legislação social.

Destarte, dissídios que antes eram de competência exclusiva do CNT, tais como férias e estabilidade decenal, conforme já visto em tópico precedente, passaram a ser dirimidos pelo primeiro grau de jurisdição da novel justiça. O inquérito para apuração de falta grave de empregado estável passou a ser instruído no primeiro grau, julgado pelo Conselho Regional da Jurisdição. De igual maneira, os dissídios resultantes de contratos de empreitada em que o empreiteiro fosse operário ou artífice deixaram de ser resolvidos pela esfera cível da Justiça Comum, e passaram a ser processados e julgados pela Justiça do Trabalho, art. 9º.

Apesar de não se justificar, ante o regramento inserto no art. 139 da Constituição de 1937, as lides que tratavam de acidente do trabalho entre empregado e empregador permaneceram sujeitas à jurisdição ordinária, conforme disposto no art. 1º, § único, do Decreto n. 24.637/1934. (BRASIL, 1934b)

Em relação aos Conselhos Regionais do Trabalho, oito[19] foram criados e classificados em duas categorias. Os Conselhos da primeira e segunda região foram considerados como de primeira categoria; os demais como de segunda[20].

A despeito de a Constituição de 1937 ter previsto a criação dos Tribunais do Trabalho, nada mencionou sobre a composição destes, se seria ou não paritária. Apesar desta anomalia, o Decreto n. 1.237/39 (BRASIL, 1939a) repetiu a estrutura do primeiro grau no segundo, determinando a composição paritária nos Conselhos.

Cada CRT criado era composto por cinco ou sete membros, remunerados, registrando que o presidente era designado pelo chefe do Executivo, por dois anos, dentre juristas de reconhecida idoneidade moral, especializados em questões sociais, art. 37. Dos quatro ou seis vogais, dois eram classistas, cujos nomes eram encaminhados pelas associações sindicais de grau superior e a escolha era feita pelo presidente do CNT. Os outros eram pessoas sem vinculação sindical, nomeados pelo Presidente da República.

Com a criação e implantação dos Regionais, com base no art. 233 do Decreto n. 6.596/40 (BRASIL, 1940c), foram extintas as Comissões Mistas de Conciliação. Cada Regional passou a ser competente, originariamente, para conciliar e julgar os dissídios coletivos que surgissem dentro de sua jurisdição. Nascia, assim, o poder normativo da Justiça do Trabalho. De igual maneira, competia aos regionais o primeiro julgamento dos inquéritos administrativos para a apuração de falta grave cometida pelos empregados estabilizados, os quais eram instruídos pelo Juízo de primeiro grau. Em grau de recursal, os CRTs julgavam os recursos interpostos em face das sentenças de primeiro grau.

Nos termos acima expostos, ao órgão de cúpula da estrutura do judiciário trabalhista, CNT, foi dedicado um decreto-lei e um regulamento específico. A respeito de sua competência trabalhista e previdenciária, reservou-se um item específico, abaixo. Neste tópico, aborda-se tão somente sua estrutura organizacional.

O CNT foi reorganizado pelo Decreto-lei n. 1.346/39 (BRASIL, 1939b), o qual foi alterado parcialmente pelo Decreto-lei n. 2.852/1940 (BRASIL, 1940a), ambos regulamentados por intermédio do Decreto n. 6.597/40. (BRASIL, 1940b). Deste corpo normativo ficou consignado que o Conselho Nacional do Trabalho seria o Tribunal Superior da Justiça do Trabalho. Tinha ele o encargo de administrar toda a justiça trabalhista no país. Paralelamente, nos termos do art. 1º do Decreto regulamentador, seria ele, ainda, o órgão de orientação, fiscalização e recurso das instituições da previdência social, além de organismo consultivo do governo em matéria de legislação social.

---

(19) Os oito CRT's criados foram: 1ª Região (Rio de Janeiro e Espírito Santo), 2ª Região (São Paulo, Paraná e Mato Grosso), 3ª Região (Minas Gerais e Goiás), 4ª Região (Rio Grande do Sul e Santa Catarina), 5ª Região (Bahia e Sergipe), 6ª Região (Pernambuco, Alagoas, Paraíba e Rio Grande do Norte), 7ª Região (Ceará, Maranhão e Piauí) e 8ª Região (Pará, Amazonas e Acre).
(20) A diferença básica estava na composição dos Conselhos. Os de primeira categoria eram compostos por sete, e os de segunda por cinco membros.

De acordo com o corpo normativo citado, a sede do CNT seria na capital da República e sua jurisdição abrangeria todo o território nacional. Deveria funcionar na plenitude de sua composição ou por intermédio de suas duas Câmaras, a de Justiça do Trabalho e a de Previdência Social. Junto a cada câmara ativavam-se procuradorias distintas, vinculadas ao Ministério do Trabalho.

Originalmente, integravam-no dezenove membros, todos nomeados pelo Presidente da República. Destes, 18 compunham as câmaras do trabalho e previdência social, e um exercia a função de presidente. Ao chefe do Poder Executivo incumbia a escolha do presidente e de dois vices-presidentes. Ao presidente do CNT competia escolher os nove integrantes de cada câmara, observando que a presidência de cada uma delas deveria ser exercida pelos vices-presidentes nomeados pelo chefe da nação.

A composição do CNT era mais eclética do que a dos conselhos estaduais, entretanto, se mantinha a composição paritária entre as classes econômica e profissional. De seus integrantes, necessariamente oito deveriam ser indicados pelas classes sindicais de nível superior, representados de forma isonômica por empregados e empregadores; outros quatro eram escolhidos em meio a funcionários do Ministério do Trabalho, Indústria e Comércio e das instituições de previdência social a ele subordinadas. Ainda, os outros seis membros eram escolhidos entre pessoas com notório saber, das quais quatro, pelo menos, deveriam ser bacharéis em direito.

3.3.6. *O Conselho Nacional do Trabalho e a competência para as lides previdenciárias — Jurisdição Social*

O CNT foi criado pelo Decreto n. 16.027, de 30 de abril de 1923. Ele foi reestruturado pelo do Decreto n. 24.784/34 e reorganizado em 1939, pelo Decreto-lei n. 1.346/39, o qual foi alterado parcialmente pelo Decreto-lei n. 2.852/1940, ambos regulamentados por intermédio do Decreto n. 6.597/40. (BRASIL, 1923; 1934c; 1939b; 1940a; 1940b)

Conforme já visto em tópico anterior, com a nova estruturação do CNT, a Câmara de Previdência Social deixou de ser competente para julgar as lides atinentes a empregados estáveis, bem assim as decorrentes da leis de férias, as quais passaram a ser julgados pela Juntas de Conciliação e Julgamento.

Mesmo com a organização, estruturação e implantação da Justiça do Trabalho no Brasil em 1º.5.1941, as lides relativas a matérias de custeio e benefícios previdenciários continuavam sendo julgadas pelo CNT, por intermédio da Câmara de Previdência Social (CPS). A CPS tinha jurisdição em todo o território nacional e competência em razão da matéria para julgar todos os recursos cabíveis de decisão de Instituto ou Caixa de aposentadoria e pensões, em matéria contenciosa de previdência social, art. 9º, inciso II, alínea *a*, do Decreto-lei n. 1.346/39. (BRASIL, 1939b)

Registre-se que no Brasil, de 1923 até início da década de 30 do século XX, o seguro social não era público nem unificado nacionalmente. As primeiras instituições de previdência, denominadas de caixas de aposentadoria e pensões, eram organizadas por empresa, não atingindo, dessa forma, toda a categoria de trabalhadores de um mesmo ramo de atividade. A partir da década de 30, as caixas de aposentadorias e pensões foram paulatinamente sendo transformadas em institutos de aposentadorias e pensões. Com essa alteração, findou que todos os trabalhadores que exercessem idêntica atividade profissional no país, não importando o Estado da federação, passariam a ser segurados do instituto que representava sua categoria. A título de exemplo, podemos citar alguns institutos que foram criados à época: Instituto de Aposentadoria e Pensão dos Empregados em Transporte e Cargas (IAPETEC), Instituto de Aposentadoria e Pensão dos industriários (IAPI), Instituto de Aposentadoria e Pensão dos Bancários (IAPB), Instituto de Aposentadoria e Pensão dos Comerciários (IAPC) e Instituto de Aposentadoria e Pensão dos Marítimos (IAPM).

Os institutos de aposentadorias e pensões eram entidades paraestatais (autarquias), vinculadas ao Ministério do Trabalho, Indústria e Comércio, e criadas para realizar a prevenção do risco social oriundo do trabalho. As digitadas instituições de previdência social não possuíam completa autonomia no exercício das funções que o governo lhes delegou, estando sua constituição, seus atos e suas decisões sujeitos à fiscalização, à revisão e ao reexame pelas autoridades administrativas e judiciárias (SÜSSEKIND, 1942).

Essas instituições de proteção social visavam, principalmente, amparar a capacidade laborativa dos trabalhadores, assegurando a capacidade econômica destes e suas famílias em casos de infortúnio, tais como doença, velhice, invalidez e morte.

Como dito, o CNT, por intermédio da Câmara de Previdência Social (CPS), era competente, nos termos do art. 9º, II, a do Decreto-lei n. 1.346/39, para julgar os recursos das causas previdenciárias atinentes ao custeio e benefícios sociais. O Decreto-lei n. 3.710 de 14.10.1941, especificou em seu art. 1º a competência recursal da CPS nos seguintes termos:

> Art. 1º A Câmara de Previdência Social do Conselho Nacional do Trabalho funcionará como órgão de recursos das decisões dos Institutos e Caixas de Aposentadoria e Pensões, cabendo-lhe, nessa qualidade, julgar, atendidos os prazos e as condições estabelecidos na legislação referente às mencionadas instituições:
> a) os recursos, interpostos pelos segurados e beneficiários, das **decisões proferidas nos processos em que forem interessados;**
> b) **os recursos, interpostos pelos empregadores, das decisões que lhes impuserem multa ou exigirem o recolhimento de contribuições;**
> c) os recursos, interpostos pelos empregados das mencionadas instituições, das decisões lesivas de direito previsto em lei e inerente ao respectivo cargo ou função;
> d) as revisões de processos de benefícios promovidas pelo Departamento de Previdência Social. (BRASIL, 1941c, grifo nosso).

De igual forma, o Conselho Pleno do CNT, até a edição do Decreto-lei n. 5.452/43 — CLT, foi a instância recursal das causas julgadas pelo Conselho de Previdência Social, na esteira do gizado pelo art. 7º, alínea *a*, do Decreto-lei n. 1.346/39. (BRASIL, 1943c)

A título de exemplo, ilustra-se este trabalho com as seguintes decisões proferidas pela Justiça do Trabalho, relativas a matérias previdenciárias de custeio e benefícios:

> **EMENTA:** É de se manter cobrança de débito relativo a contribuições não recolhidas por empregados, em tempo próprio, uma vez improcedentes as razões alegadas para a nulidade da dívida.
> Vistos e relatados estes autos em que a Sociedade Paulista de Navegação Matarazzo Limitada recorre do ato do Instituto do Aposentadoria e Pensões dos Marítimos, que lhe indeferiu o pedido de cancelamento de débito relativo a contribuições recolhidas em tempo próprio:
> Considerando que não prevalecem as razões aduzidas pela recorrente, em as quais procura se eximir ao pagamento da dívida apurada, responsabilizando a Delegacia do Instituto, em Santos, e o Banco do Brasil, pelo atraso verificado, sem, contudo, apresentar provas do alegado;
> Considerando mais que agiu acertadamente o Instituto ao apurar o débito da recorrente, uma vez que a mora decorre do preceituado no art. 18, do Decreto n. 22.872, de 1933 [...] estabelece a obrigatoriedade do empregador, quanto ao desconto, independente de aviso ou notificação, e ao recolhimento, em tempo certo, das contribuições destinadas ao seguro social de seus empregados;
> **Resolve a Câmara de Previdência Social,** por unanimidade, negar provimento ao presente recurso, para manter, pelos seus fundamentos, a decisão recorrida. Rio de Janeiro, 5 de maio de 1942. Luiz Mendes Ribeiro Gonçalves, presidente. Luiz Augusto da França, relator. (BRASIL, processo n. 991-42, 1942c, p. 67, grifo nosso)

> **EMENTA:** À "companheira" de associado só assiste direito à pensão pelo mesmo legada, na ausência de outros beneficiários.
> Vistos e relatados estes autos em que Roberto Gazzi, membro da Junta Administrativa da Caixa de Aposentadoria e Pensões dos Ferroviários da Sorocabana, recorre do ato da própria Junta que concedeu pensão aos beneficiários de Eduardo Souto, mantendo em suspenso a quota de Maria das Dores, casada com o associado, apenas, no religioso;
> Considerando que, somente no caso de inexistência de outros beneficiários, pode ser concedida pensão à "companheira", conforme tem decidido esta Câmara, o que não ocorre na espécie;
> **Resolve a Câmara de Previdência Social,** por unanimidade, dar provimento ao presente recurso, para, reformando a decisão recorrida, conceder integralmente a pensão aos filhos menores daquele falecido associado.
> Rio de Janeiro, 5 de maio de 1942. Luiz Mendes Ribeiro Gonçalves, presidente. Djacir Lima Menezes, relator. (BRASIL, Processo n. 1.243-42, 1942d, p. 67, grifo nosso).

> **Processo n. 1.244-1942.** Vistos e relatados estes autos em que José Gonçalves Stafford recorre do ato da Caixa de Aposentadoria e Pensões dos Ferroviários do Rio Grande do Sul que lhe indeferiu o pedido de **averbação de tempo de serviço** prestado à Viação Férrea do Rio Grande do Sul:
> **Considerando que não ficou provado na justificação constante do processo as alegações do recorrente sobre o tempo de serviço, não certificado pela Estrada;**

Resolve a Câmara de Previdência Social, por unanimidade, negar provimento ao presente recurso, para manter a decisão recorrida.

Rio de Janeiro, 28 de abril do 1942. Luiz Mendes Ribeiro Gonçalves, presidente. Fernando de Andrade Ramos, relator. (BRASIL, Processo n. 1.244-42, 1942e, p. 67, grifo nosso)

Ementa: É de se cancelar aposentadoria concedida quando o seu processamento foi efetuado com inobservância da lei.

Vistos e relatados estes autos em que o presidente da Caixa de Aposentadoria o Pensões dos Serviços de Mineração, em Tubarão, recorre do ato da Junta Administrativa da mesma Caixa que concedeu **aposentadoria por invalidez** a Antônio Zacrynski:

Considerando que o associado tinha menos de cinco anos de serviço, não se lhe podendo, pois, conceder o benefício sem contrariar o disposto no art. 26 do decreto n. 20.465, de 1931;

Considerando, mais, que o processo apresenta irregularidades que invalidam a concessão da aposentadoria;

Considerando que as Caixas de Aposentadoria e Pensões devem observar rigorosamente o que determina o art. 7º do decreto acima referido, referente às inspeções de saúde para admissão de seus segurados;

Resolve a Câmara de Previdência Social, por unanimidade, dar provimento ao presente recurso para determinar seja anulada a aposentadoria concedida, devolvidas ao associado as contribuições pagas, se a elas tiver direito.

Rio de Janeiro, 8 de maio de 1942. Luiz Mendes Ribeiro Gonçalves, presidente. Salustiano de Lemos Lessa, relator. (BRASIL, Processo n. 1.453-42, 1942f, p. 956, grifo nosso).

EMENTA: Há perfeito contrato de trabalho entre empregador e empregados, uma vez que prestem serviços diretamente ligados à sua indústria, mesmo que os executem fora do recinto do estabelecimento do empregador.

Vistos e relatados estes autos em que o empregador Nunes Irmãos, de Caruaru, Estado de Pernambuco, **recorre da decisão do Instituto de Aposentadoria e Pensões dos Industriários que lhe aplicou multa por infração** do art. 17 do decreto n. 1.918, de 27 de agosto de 1937:

Considerando que o recorrente foi autuado em virtude de ter, por mais de quinze dias, a seu serviço três empregados ainda não inscritos no Instituto, sem que tivesse feito a devida comunicação da admissão dos mesmos;

Considerando que se trata de empregados que trabalham no domicílio, isto é, executam serviços fora do recinto do estabelecimento do empregador, perfeitamente enquadrados no que dispõe o art. 30, alínea a, do decreto n. 1.918, de 27 de agosto de 1937;

Considerando que o infrator foi sempre retardatário no cumprimento das obrigações para com o mesmo Instituto;

Resolve a Câmara de Previdência Social, por unanimidade, negar provimento ao recurso, para confirmar a decisão recorrida.

Rio de Janeiro, 6 de janeiro de 1942. Luiz Mendes Ribeiro Gonçalves, presidente. Luiz Augusto da França, relator. (BRASIL, Processo n. 18.367-41, 1942g, p. 251, grifo nosso).

EMENTA: Não tendo o associado, expressamente, notificado ao Instituto de Aposentadoria e Pensões dos Comerciários o desejo de se desligar do seu quadro associativo, é de se lhe reconhecer direito a seguro-velhice na base da retirada-mensal pelo mesmo efetuada.

Vistos e relatados estes autos em que Guilherme Oscar Lang recorre do ato do Instituto de Aposentadoria e Pensões dos Comerciários que lhe indeferiu pedido de seguro-velhice:

Considerando que os empregadores, comerciantes estabelecidos desde janeiro de 1935 até à data do início da vigência da lei n. 159, e que dentro do prazo de um ano, a contar desta lei, não fizeram expressamente a notificação ao Instituto de Aposentadoria e Pensões dos Comerciários de que se desligavam do seu quadro associativo, não perderam a qualidade de segurados obrigatórios, estivessem ou não regularmente inscritos;

Resolve a Câmara de Previdência Social, por unanimidade, dar provimento ao presente recurso, para o fim de assegurar ao recorrente o direito ao seguro-velhice pleiteado, devendo o Instituto verificar a retirada mensal do interessado, para que o benefício seja concedido nesta base.

Rio do Janeiro, 2 de janeiro de 1942. Luiz Mendes Ribeiro Gonçalves, presidente. Luiz Augusto da França, relator. (BRASIL, Processo n. 17.932-1941, 1942h, p. 251, grifo nosso).

EMENTA: É de se conceder o pagamento, em face de se tratar de internação hospitalar e ser de caráter urgente a intervenção praticada.

Vistos e relatados estes autos em que Francisco Jorge Tavares recorre da decisão da Junta Administrativa da Caixa do Aposentadoria e Pensões dos Ferroviários da Leopoldina Railway, que lhe negou o pagamento de 1:4000 (um conto e quatrocentos mil réis) resultante de sua internação hospitalar:

Considerando que o caso era grave, pois, tratava-se do cancro sifilítico com tendência à grangrena;

Considerando que o tratamento pode ser classificado de cirúrgico, porque sofreu o recorrente várias cauterizações, curativos até exerese dos tecidos semi-grangrenados:

Considerando, finalmente, o que dispõe o § 1º do art. 8º, do decreto n. 22.016, de 26 de outubro de 1932;

Resolve a Câmara de Previdência Social, por unanimidade, dar provimento, em parte, ao presente recurso, para autorizar à Caixa a pagar 30 dias de internação, nos termos do art. 8º, § 1º, do decreto n. 22.016, de 1932.

Rio de Janeiro, 9 de janeiro de 1942. Luiz Mendes Ribeiro Gonçalves, presidente. Djacir Lima Menezes, relator. (BRASIL, Processo n. 23.193-1940, 1942i, p. 251, grifo nosso).

EMENTA: CONSELHO PLENO. INSTITUIÇÃO DE PREVIDÊNCIA. Caixa de Aposentadoria dos Aeroviários — Associado que pediu devolução de contribuições — Falta de fundamento legal — Exceções — Aplicação do art. 16 do Decreto 20.465/31. Nos termos do art. 16 do Decreto n. 20.465/1931 não se restituem contribuições arrecadadas.

Resolve o Conselho Nacional do Trabalho, em sessão plena, por unanimidade de votos, negar provimento ao presente recurso, para confirmar a decisão recorrida, que bem decidiu a espécie.

Rio de Janeiro, 28 de janeiro de 1943. Percival Godoy Ilha, relator. (BRASIL, Processo n. 1.001-1941, 1943a, p. 748, grifo nosso).

Pelo que se depreende desses excertos jurisprudenciais da Câmara de Previdência Social e do Conselho Pleno do Conselho Nacional do Trabalho, matérias afeitas ao seguro social como percepção de pensões, aposentadorias, seguro--doença e averbação do tempo de contribuição, entre outros, que atualmente são julgadas pela Justiça Federal comum, eram de competência da Justiça do Trabalho. Ainda, era competente a Justiça do Trabalho para julgar as lides correspondentes às multas de origem trabalhista ou previdenciária e o recolhimento das contribuições sociais devidas por empregadores e empregados.

Das decisões proferidas pela CPS cabia recurso extraordinário para o Conselho Pleno do CNT, formado pelos membros integrantes das duas câmaras existentes no órgão.

Em realidade, essa possibilidade recursal para o Conselho Pleno era restrita às decisões da CPS e apenas seria exercida quando fossem tomadas por maioria inferior a cinco votos, nos termos do art. 31 do Decreto-lei n. 1.346/39 (BRASIL, 1940a). Destarte, como pressuposto extrínseco de recorribilidade para o Conselho Pleno, a lei exigia que a decisão da instância *a quo* (CPS) não fosse unânime, ou, se fosse por maioria, que essa se materializasse com pelo menos cinco votos dos nove membros da CPS. Neste sentido, decidiu o Conselho Pleno do Conselho Nacional do Trabalho:

> **Conselho Pleno. Recurso. Não conhecimento. Irrecorribilidade das decisões unânimes da Câmara de Previdência Social anteriores ao Decreto-lei n. 3.710/1941. Não Conhecimento**.
> [...] não sendo a decisão da Câmara originária, pois que originária foi a decisão da Junta da Caixa, julgando a Câmara em grau de recurso só caberia, para este Conselho Pleno, recurso extraordinário, nos termos do art. 68 do regulamento de Conselho, se a decisão recorrida tivesse sido tomada pela maioria inferior a cinco votos, e não por unanimidade, como o foi [...] **Resolve o Conselho Nacional do Trabalho, em sessão plena, por unanimidade de votos, preliminarmente, não conhecer do recurso**.
> Rio de Janeiro, 21 de dezembro de 1942. Cupertino de Gusmão, relator. (BRASIL, Processo n. 7.774-1941, 1943b, grifo nosso).

Assim, afirma-se que, na vigência dos Decretos-leis ns. 1.237/39 (BRASIL, 1939a) e 3.710/41 (BRASIL, 1941c), na estrutura da Justiça do Trabalho incluiu-se o CNT como órgão desta, competindo-lhe, por intermédio da Câmara de Previdência Social e do Conselho Pleno, julgar os recursos das caixas e institutos de aposentadoria e pensões em matérias previdenciárias.

Importa destacar que, enquanto estiveram em vigor os Decretos-leis ns. 1.237/39 e 3.710/41, ao Ministro do Trabalho não foi mais facultada a avocação ex-ofício de processos de índole previdenciária quando a lide analisada pelo CNT se circunscrevem a benefícios, custeio ou causas trabalhistas.

A avocatória apenas se limitou, nos termos § único do art. 31 do Decreto-lei n. 1.346/39 às causas em que a Câmara de Previdência Social, em sua competência administrativa e fiscalizatória das Caixas e Institutos de Aposentadoria e Pensões fixassem coeficiente de benefícios, taxas de contribuição e normas gerais para organização dos serviços administrativos e dos quadros de pessoal. Ainda, cabia a avocação quando o Ministro divergisse da escolha dos membros das duas Câmaras do CNT.

3.3.7. *A Consolidação das Leis do Trabalho e a manutenção da competência previdenciária na Justiça do Trabalho*

Instalada a Justiça do Trabalho no Brasil em 1º de maio de 1941, verificou-se que, a despeito de o legislador ter se preocupado em construir um moderno arcabouço processual para as lides trabalhistas, faltava organizar e sistematizar a legislação material, haja vista que essa se encontrava esgarçada em diversos diplomas normativos, o que dificultava seu conhecimento, manuseio e aplicação.

Resolveu-se então, em vez de se codificar o direito material trabalhista, consolidar as normas materiais e processuais então vigentes. Surgiu então, em 1º de maio de 1943, a Consolidação das Leis do Trabalho — CLT, mediante o Decreto--lei n. 5.452 (BRASIL, 1943c).

Composta de 922 artigos distribuídos em 11 Títulos, a Consolidação das Leis do Trabalho enfeixou normas introdutórias (Título I, arts. 1/12), normas gerais (Título II, arts. 13/223) e especiais de tutela do trabalho (Título III, arts. 224/510), sobre organização sindical (Título V, arts. 511/610), convenção coletiva do trabalho (Título VI, arts. 611/625), processo de multas administrativas (Título VII, arts. 626/642), Ministério Público do Trabalho (Título IX, arts. 736/762), processo judiciário do trabalho (Título X, arts. 763/910) e disposições finais e transitórias (Título XI, arts. 911/922). (BRASIL, 1943c).

No Título VIII, artigos 643/735, a Consolidação das Leis do Trabalho tratou com especificidade da Justiça do Trabalho. Neste particular pouco foi alterado em relação ao que já dispunha os Decretos n. 6.596 (BRASIL, 1940c) e 6.597/40 (BRASIL, 1940b), os quais regulamentaram os Decretos-leis ns. 1.237/39 (BRASIL, 1939a) e 1.346/39 (BRASIL, 1939b).

Em relação à constituição orgânica nada foi modificado. Permaneceram inalteradas as Juntas de Conciliação e Julgamento, os Conselhos Regionais do Trabalho e o Conselho Nacional do Trabalho quanto à composição, sistema de escolha dos membros, nomeação, tempo de investidura e possibilidade de recondução, forma de remuneração. Entretanto, em relação aos órgãos encarregados de apreciar as matérias previdenciárias, algumas alterações foram implementadas pelo governo do Estado Novo.

O art. 706 da CLT manteve a competência recursal da Câmara de Previdência Social, nos moldes estabelecidos pelo Decreto-lei n. 3.710/41, já transcrito. Todavia, das decisões desta Câmara não mais foi prevista nenhuma hipótese recursal para o Conselho Pleno do TST, constituindo-se, pois, na última instância recursal para os litígios previdenciários (SÜSSEKIND, 1944).

Com efeito, o texto do Decreto-lei n. 1.346/39, notadamente em seu art. 7º, alínea *a*, previa que competia ao Conselho Pleno do CNT julgar os recursos das decisões das Câmaras. Esse dispositivo foi revogado pelo art. 702 da CLT, o qual gizou que a competência do Conselho Pleno se limitava em julgar os recursos das decisões da Câmara da Justiça do Trabalho, proferidas em processos de sua competência originária. No sentido estrito, essa competência era exercida quando havia o julgamento de dissídios coletivos que excediam a jurisdição de um Conselho Regional do Trabalho. A norma legal em vigor não mais se referiu sobre a possibilidade de interposição de recurso em face das decisões da CPS.

Em razão disso, de acordo com Arnaldo Süssekind,

> o Conselho Pleno ficou com a sua competência bastante restrita, motivo pelo qual deixou de funcionar em sessões ordinárias; somente quando houver matéria em pauta de julgamento ou quando se fizer necessário, o presidente do CNT convocará as sessões [...] são raríssimos os casos nos quais a referida Câmara intervém como instância ordinária. (SÜSSEKIND, 1944, p. 283; 285)

Apesar de o legislador ditatorial ter encarcerado a possibilidade de recurso das questões previdenciárias para o Conselho Pleno, revigorou ele, por outro lado, o que era previsto anteriormente no art. 5º do Decreto n. 24.784/34 (BRASIL, 1934c). Com a redação atribuída ao art. 734 da CLT, foi revitalizado que nas causas previdenciárias o Ministro do Trabalho, Indústria e Comércio poderia **rever**, no prazo de 30 dias, as decisões da CPS e as monocráticas do presidente do CNT, *verbis*:

> Art. 734. O Ministro do Trabalho, Indústria e Comércio poderá **rever**, ex-officio, dentro do prazo de 30 dias, contados de sua publicação no órgão oficial, ou mediante representação apresentada dentro de igual prazo:
> a) as decisões da Câmara de Previdência Social, quando proferidas pelo voto de desempate, ou que violarem disposições expressas de direito ou modificarem jurisprudência até então observada;
> b) as decisões do presidente do Conselho Nacional do Trabalho em matéria de previdência social.
> c) Parágrafo único — O ministro do Trabalho, Industria e Comercio, poderá **avocar** ao seu conhecimento os assuntos de natureza administrativa referentes às instituições de previdência social, sempre que houver interesse público. (BRASIL, 1943c, grifo nosso)

De plano, poderia se pensar que o instituto da avocatória tivesse ressurgido com a CLT. Entretanto, ao se verificar a redação do parágrafo único do mesmo art. 734, nota-se que o processo de revisão ministerial não se equipara à avocatória.

Com efeito, no indigitado parágrafo único do art. 734 consta expressamente que o Ministro do Trabalho, Indústria e Comércio poderia **avocar** a seu conhecimento os assuntos de natureza administrativa, relativos à previdência social, sempre que houvesse interesse público.

Diferenciando os institutos, nota-se que a revisão ministerial em comento possui prazo certo de 30 dias para ser praticada, a contar da publicação do julgado, e deve obedecer a um destes três requisitos legais:

a) decisões proferidas pelo voto de desempate;

b) que violarem disposições expressas de direito;

c) que modificarem jurisprudência até então observada, sob pena de nulidade do ato ministerial.

Ainda, a revisão poderá não ocorrer ex-ofício, mas a requerimento de uma das partes litigantes, em igual prazo. De outro norte, a avocatória poderia ocorrer a qualquer momento do trâmite processual, independentemente de ter sido ou não julgado o processo ou a matéria de interesse ministerial. Não há prazo limite para seu exercício, nem preclusão para o uso deste instituto.

Por outra linha de raciocínio, caso fosse exercida a faculdade de rever o ato da CPS, ex-ofício ou provocada por uma das partes, a decisão do Ministro deveria obedecer ao império da lei. Ela não poderia ser contrária ao disposto no ordenamento jurídico, haja vista que sua atuação não era discricionária, mas vinculada ao permissivo legal, no caso o art. 734 da CLT. Atuando dessa forma, funcionaria ele como instância *ad quem* nas lides contenciosas previdenciárias.

Em concreto, pode-se afirmar que, se o ato revisional não for praticado no prazo designado em lei, transita em julgado a decisão da CPS. Diferentemente, a avocatória não permite que a decisão da CPS se converta em imutável.

O Supremo Tribunal Federal reiteradamente afirmou em seus julgados que:

> a intervenção ministerial se operará nos termos e condições da lei, visto que o Ministro do Trabalho não poderia sobrepor-se, discricionariamente, às decisões do antigo Conselho Nacional do Trabalho [...] a sua intervenção jurisdicional somente se legitimaria naquelas hipóteses previstas na lei vigente. (BRASIL, 1952)

Arnaldo Süssekind (1944) sustentou ainda que, quando a revisão é pleiteada mediante representação de uma das partes interessadas, o uso da faculdade concedida ao Ministro não incorre em decadência após o decurso do aludido prazo. Daí, somente a parte estará obrigada a requerer a revisão dentro do prazo de trinta dias, devendo, nessa ocasião, fazer prova de que o acórdão foi proferido pelo voto de desempate ou citar a disposição expressa de direito violada ou a jurisprudência inobservada pela mesma decisão.

3.3.8. *Da exclusão da competência previdenciária da Justiça do Trabalho — fim da Jurisdição Social*

O ano de 1945 foi marcante para a história mundial e para a política brasileira. Em dois de setembro de 1945, terminou a segunda guerra mundial com a vitória dos Aliados. Com a derrota do eixo dos países de vertente ditatorial, alterou-se, significativamente, o alinhamento político e a estrutura social no mundo.

No Brasil, essa alteração foi sentida no campo sociojurídico-político. O regime ditatorial imposto em 1937 caiu. "Na manhã de 29 de outubro de 1945 as forças federais aquarteladas no Rio de Janeiro levantaram-se, tomando posição de combate, e intimaram o Presidente da República a abandonar o alto posto [...] Ele, sem a menor reação, rendeu-se" (NEQUETE, 2000, p. 87). Deposto Getúlio Vargas, assumiu, em substituição, "o Sr. José Linhares, Presidente do Supremo Tribunal Federal" (TINOCO, 1955).

Estava em vigência a Constituição outorgada em 1937, a qual autorizava o presidente da República a legislar unitariamente mediante decreto-lei. Utilizando-se desta prerrogativa, o presidente em exercício editou de uma só vez, em 19 de janeiro de 1946, três decretos que alteraram de forma significativa o CNT e a estrutura da Justiça do Trabalho.

Por intermédio do Decreto-lei n. 8.738/46, retirou-se da estrutura orgânica do Conselho Nacional do Trabalho a Câmara de Previdência Social. Ela foi convertida no Conselho Superior da Previdência Social (CSPS), órgão de cunho administrativo, vinculado diretamente ao Ministério do Trabalho, Indústria e Comércio.

Da leitura do disposto no art. 12 do Decreto-lei n. 8.738/46 (BRASIL, 1946a), verifica-se que a transformação da Câmara de Previdência Social em Conselho Superior da Previdência Social não implicou a alteração da competência anteriormente exercida pela Câmara. Ao CSPS foi atribuída a mesma competência que, antes, era exercida pela extinta Câmara, qual seja, julgar os recursos das decisões dos Institutos e Caixas de Aposentadoria e Pensões. Ainda, foi mantida a possibilidade de revisão das decisões do CSPS pelo Ministro do Trabalho, nos exatos termos que previa anteriormente a CLT. Em 1966, mediante o Decreto-lei n. 72, de 21 de novembro de 1966, O CSPS foi transformado em Conselho de Recursos da Previdência Social (CRPS), denominação que permanece até os nossos dias.

A outra norma que alterou a anterior organização do CNT foi o Decreto-lei n. 8.742, também de 19 de janeiro de 1946 (BRASIL, 1946b). Através dele, o Departamento de Previdência Social do Conselho Nacional do Trabalho foi transformado em Departamento Nacional da Previdência Social (DNPS) do Ministério do Trabalho, Indústria e Comércio, subordinado diretamente ao ministro de Estado da respectiva pasta.

Em virtude destas mudanças, foi necessário alterar a CLT, na parte que cuidava da estrutura organizacional da Justiça do Trabalho. Por tal razão, foi editado, na mesma data, o Decreto-lei n. 8.737/46 (BRASIL, 1946c). Por esta lei alterou-se a composição do CNT, deixando de existir a Câmara da Justiça do Trabalho, a qual, na prática, converteu-se no próprio CNT, como instância superior da Justiça do Trabalho.

O pleno do CNT, que era composto de 18 membros, mais o presidente, passou a ser composto, nos termos do art. 693 da CLT, por nove membros, acrescido o presidente.

Por intermédio destas alterações, os nove membros que integravam a CPS do CNT passaram a compor o quadro do CSPS. No mesmo sentido, os conselheiros da extinta Câmara da Justiça do Trabalho passaram a compor o CNT. Ainda, todas as disposições contidas na CLT que faziam menção à competência e organização da antiga CPS foram revogadas pelo Decreto-lei n. 8.737/46 (BRASIL, 1946c). Com tais medidas, toda a matéria contenciosa ou administrativa no tocante à previdência social deixou de ser apreciada pela Justiça do Trabalho, a partir de 25.1.1946, data da entrada em vigor dos decretos citados.

A nosso ver, o escopo pretendido pelo presidente do Supremo Tribunal Federal (STF), atuando em substituição ao presidente da República, com essas alterações, foi o de fazer com que o princípio da tripartição dos poderes fosse restabelecido em nosso país, haja vista que a Constituição de 1937, como era de esperar em um governo ditatorial, não fez menção a ele.

Por esse foco, na medida em que o STF já havia formado jurisprudência uniforme no sentido de que a Justiça do Trabalho integrava a jurisdição nacional, não mais seria possível a ingerência do executivo em suas atividades. Logo, deveria ser abolida a permissão legal contida na CLT que autorizava o Ministro do Trabalho, Indústria e Comércio a rever as decisões da Câmara de Previdência Social do CNT. Portanto, sendo este Conselho o órgão de cúpula da Justiça do Trabalho, optou o legislador unitário, mediante os citados decretos, por cindir a composição do CNT, fazendo com que a Câmara da Justiça do Trabalho, na prática, se convolasse para o próprio Conselho Nacional do Trabalho, atuando este exclusivamente como a instância máxima da Justiça do Trabalho.

Retirada, pois, a competência da Justiça do Trabalho para julgar em grau recursal as lides previdenciárias, por corolário, findou-se a possibilidade da atuação ministerial na revisão das decisões desta Corte.

Em nosso entender, de acordo com a proposta deste trabalho, melhor teria agido o legislador uno se apenas tivesse revogado o art. 734 da CLT que permitia a revisão dos julgados da CPS pelo Ministro do Trabalho. Se, em vez deste plexo de decretos, tivesse ele editado apenas um, revogando o citado dispositivo da CLT, permaneceria a Justiça do Trabalho, pelo menos naquele momento de transição política, como o órgão judiciário competente para apreciar as demandas previdenciárias e trabalhistas, sem que esta jurisdição sofresse intervenção do executivo em seus atos judiciários.

Como assim não se sucedeu, restou que, a partir de 25 de janeiro de 1946, a Justiça do Trabalho no país, composta pelo CNT, CRT's e Juntas de Conciliação e Julgamento, passou a ter a competência única para apreciar e julgar os conflitos oriundos da relação entre empregadores e empregados, nos termos do art. 139 da Constituição de 1937 (BRASIL, 1937). Tal estrutura permaneceu intacta por cerca de oito meses, até o advento do Decreto-lei n. 9.797, de 9 de setembro de 1946 (BRASIL, 1946d), que a alterou novamente, consoante se verá no próximo item.

3.4. A INTEGRAÇÃO FORMAL DA JUSTIÇA DO TRABALHO AO PODER JUDICIÁRIO

A Constituição de 1946 representou para a Justiça do Trabalho o ápice de sua curta história. Pontes de Miranda, afirma que a Justiça do Trabalho passou por três momentos históricos distintos. O primeiro veio com a Constituição de 1934, que determinou sua instituição. O segundo, com a Carta de 1937, tendo perdurado até a promulgação da Constituição de 1946. Esta fase foi a da experimentação, em que essa nova justiça especial foi testada e aprovada. Com a Constituição de 1946 consolida-se sua "estatalização", porquanto passa a integrar o "aparelho estatal como parte de um dos três poderes". (MIRANDA, 1960, p. 420)

O governo do Mal. Gaspar Dutra se antecipou à Constituição de 1946. Nove dias antes da promulgação da Constituição, que ocorreu em 18 setembro de 1946, utilizando-se, ainda, do Decreto-Lei, ele publicou o de n. 9.797 (BRASIL, 1946d), de nove de setembro, o qual deu nova estrutura organizacional à Justiça do Trabalho, preparando-a para ser recepcionada integralmente pelo texto magno que viria.

Um dos mentores do anteprojeto do Decreto-lei n. 9.797/46 e do texto constitucional referente à Justiça do Trabalho foi o presidente do Conselho Nacional do Trabalho à época, ministro Geraldo Montedônio Bezerra de Menezes. Com efeito, o próprio ministro relata como fez para que a Justiça do Trabalho integrasse o Poder Judiciário na Constituição de 1946:

> Participamos da campanha, a fim de que, na Constituição de 1946, se incluísse a Justiça do Trabalho no capítulo do Poder Judiciário, com organização, competência e garantias que lhe foram asseguradas. A esse respeito, mantivemos entendimento direto com o Presidente da República, Marechal Eurico Gaspar Dutra [...] O Senador Atílio Viváqua, relator da matéria, pediu-me uma contribuição sobre a organização e funcionamento do judiciário trabalhista, tendo eu lhe enviado um memorial. (MENEZES, 1976, p. 363)

As transformações substanciais implementadas na CLT pelo Decreto-lei n. 9.797/46 (BRASIL, 1946d) foram:

a) alterou a denominação dos Conselhos Regionais para Tribunais Regionais do Trabalho, e do Conselho Nacional para Tribunal Superior do Trabalho, mantendo o das Juntas de Conciliação e Julgamento (art. 644);
b) criou a carreira da magistratura do trabalho (art. 647), com o ingresso no cargo de juiz substituto, nas primeira e segunda Regiões, e no de juiz-presidente de Junta, nas demais;
c) promoções dos magistrados por antiguidade e merecimento alternadamente (art. 654);
d) concurso como forma de provimento do cargo de juiz do trabalho substituto (art. 654, §§ 3º item II e 4º);
e) estendeu aos juízes as garantias funcionais da vitaliciedade, inamovibilidade e irredutibilidade de vencimento, após dois anos de exercício (art. 654, § 6º).

Júlio Assumpção Malhadas (1997), que em 1946 era servidor da Justiça do Trabalho no Paraná, menciona, de forma crítica, em sua obra um dos motivos do Decreto-lei n. 9.797/46 antecipar-se à Constituição: "Comentou-se então 'à boca pequena', dentro da Justiça do Trabalho [...] que uma das razões da 'pressa' fora assegurar cargos de magistrados a membros de Conselhos que não eram bacharéis em Direito". (MALHADAS, 1997, p. 114)

Para Mozart Victor Russomano, o Decreto-lei n. 9.797/46 transformou substancialmente a Justiça do Trabalho. "A sua sensível antecipação ao texto básico, criando no regime anterior a 18 de setembro de 1946, a magistratura trabalhista [...] empresta-lhe invulgar significação". (RUSSOMANO, 1963, p. 29; 31)

Criada então a estrutura básica da Justiça do Trabalho, a Constituição de 1946 lhe conferiu, a maioridade, integrando-a ao Poder Judiciário, nos termos do art. 122, que repetiu o art. 644 da CLT, com a redação dada pelo Decreto-lei n. 9.797/46.

Segundo Orlando Gomes, a Constituição de 1946 atribuiu à Justiça do Trabalho o "princípio da judiciariedade" [...] "passo decisivo e irreversível de sua independência". (GOMES, 1972, p. 183)

Por seu valor histórico para a Justiça do Trabalho, merecem citação os artigos da Constituição de 1946 que a ela se referiu:

> Art. 94. O Poder Judiciário é exercido pelos seguintes órgãos: [...]
> V — Juízes e Tribunais do trabalho. [...]
>
> Art. 122. Os órgãos da Justiça do Trabalho são os seguintes:
> I — Tribunal Superior do Trabalho;
> II — Tribunais Regionais do Trabalho;
> III — Juntas ou Juízes de Conciliação e Julgamento.
> § 1º O Tribunal Superior do Trabalho tem sede na Capital federal.
> § 2º A lei fixará o número dos Tribunais Regionais do Trabalho e respectivas sedes.
> § 3º A lei instituirá as Juntas de Conciliação e Julgamento podendo, nas Comarcas onde elas não forem instituídas, atribuir as suas funções aos Juízes de Direito.
> § 4º Poderão ser criados por lei outros órgãos da Justiça do Trabalho.
> § 5º A constituição, investidura, jurisdição, competência, garantias e condições de exercício dos órgãos da Justiça do Trabalho serão reguladas por lei, ficando assegurada a paridade de representação de empregados e empregadores.
>
> Art. 123. Compete à Justiça do Trabalho conciliar e julgar os dissídios individuais e coletivos entre empregados e empregadores, e, as demais controvérsias oriundas de relações, do trabalho regidas por legislação especial.
> § 1º Os dissídios relativos a acidentes do trabalho são da competência da Justiça ordinária.
> § 2º A lei especificará os casos em que as decisões, nos dissídios coletivos, poderão estabelecer normas e condições de trabalho. (BRASIL, 1946e).

Em conclusão, com as alterações promovidas no judiciário laboral pelo Decreto-lei n. 9.797/46, encerrava-se o ciclo de interferência do Executivo, por meio de decreto-lei, na gestão da Justiça do Trabalho. Do ponto de vista histórico, ao serem incorporadas na Constituição de 1946 as normas basilares do citado Decreto, consumava-se o amadurecimento conquistado de forma lenta e gradual por esta especial justiça. A manutenção desta estrutura até nossos dias prova o acerto da opção do constituinte de 1946 de retirar a Justiça do Trabalho da ordem econômica e social para integrá-la, de forma definitiva, no Judiciário pátrio.

3.5. *A JUSTIÇA DO TRABALHO NA CONSTITUIÇÃO DE 1967*

A rigor, em linhas gerais, o texto constitucional outorgado em 1967 (BRASIL, 1967) manteve as disposições contidas na Constituição de 1946 (BRASIL, 1946e) sobre a estrutura e competência da Justiça do Trabalho.

Entretanto, a Emenda Constitucional n. 1, de 17 de novembro de 1969 (BRASIL, 1969), preferiu detalhar o tratamento constitucional dispensado à Justiça do Trabalho.

Dentre o detalhamento inserto no texto constitucional pela Emenda 1/69 destaca-se o que fixou em dezessete o número de membros do TST, os quais, pela primeira vez, foram denominados de ministros.

Na questão da competência, não mais subsistiu o requisito de as relações de trabalho serem "regidas por lei especial" para que as controvérsias delas resultantes pudessem se agasalhar, por extensão, na órbita da justiça especializada. O pressuposto para essa possibilidade se radicava agora simplesmente na lei. Com base na nova redação do art. 142, bastava uma lei fixar a competência da Justiça do Trabalho para que ela se firmasse plenamente, mesmo não se tratando de uma lei especial, fato exigido nas constituições anteriores.

Se a Emenda n. 1/69 (BRASIL, 1969) permitiu que fossem alcançados pela Justiça Laboral outras relações jurídicas de trabalho, também subtraiu de sua apreciação as causas trabalhistas entre a União, as autarquias e empresas públicas federais e seus servidores, qualquer fosse o regime jurídico, com recursos para o Tribunal Federal de Recursos (art. 110). Por igual, o inciso I do art. 125, deslocou para a competência dos juízes federais os processos em tramitação em que essas mesmas entidades públicas fossem interessadas na condição de autoras, rés, assistentes ou oponentes.

Délio Maranhão criticou essa alteração constitucional, considerando-a contraditória em relação ao disposto no art. 142, que trata da competência da Justiça do Trabalho. Segundo ele, a competência, para julgar os litígios resultantes de relação regida pelo Direito do Trabalho movidos por empregados da União, autarquias e empresas federais públicas, já havia sido consagrada pelo Supremo Tribunal Federal, não havendo motivos para a alteração. E acrescenta: "Como se a Justiça do Trabalho não fosse federal e criada precisamente para julgar os litígios trabalhistas [...] matéria, que, por ser especial, exigiu uma justiça especial. (MARANHÃO, 1972, p. 479)

Arion Sayão Romita afirma que até a Constituição de 1967, prevalecia o critério *ratione materiae* para delimitar a competência da Justiça do Trabalho. A Justiça do Trabalho era competente para processar e julgar qualquer controvérsia oriunda da relação de trabalho ainda que a União, entidade autárquica ou empresa pública federal fossem interessadas, na condição de autora, ré assistente ou oponente. Já a partir do texto básico de 1969, art. 110, consagrou-se a competência *ratione personae*. Com isso, foi posta em evidência a qualidade de um dos sujeitos da relação em detrimento da matéria *sub judice*. Retirou-se, assim, da Justiça do Trabalho a competência para processar as causas da União, suas autarquias e empresas públicas. (ROMITA, 1971, p. 171)

Portanto, a competência quanto aos dissídios oriundos de relações de emprego estava dividida entre a Justiça do Trabalho e a Justiça Federal; seria daquela quando os empregadores fossem pessoas jurídicas de direito privado ou pessoas jurídicas de direito público interno, excluídas a União, suas autarquias e as empresas públicas federais; abrangia a competência da Justiça do Trabalho, também, as relações de emprego quando fossem empregadores os Estados e os Municípios e as suas autarquias e empresas públicas, bem como as sociedades de economia mista e as fundações, incluindo as instituídas pela União. À Justiça Federal foi reservada a competência para dirimir os conflitos oriundos de relações de emprego se a empregadora fosse a União, suas autarquias ou empresas públicas.

Para Mozart Victor Russomano, era inconveniente fazer com que a mesma lei (de natureza trabalhista) fosse aplicada, a um só tempo, por duas justiças especiais autônomas, eventualmente com discrepâncias jurisprudenciais, isto é, a Justiça do Trabalho e a Justiça Federal. Não havia motivos para que apenas os conflitos trabalhistas da União, autarquias e empresas públicas fossem retirados da Justiça do Trabalho. "Até parece que o Poder Executivo sente medo dos julgamentos da Justiça do Trabalho, pois, quando réu, quer ser julgado pela Justiça Federal". (RUSSOMANO, 1977, p. 12;16)

3.6. DA TENTATIVA DE EXTINÇÃO DA JUSTIÇA DO TRABALHO NO FINAL DO SÉCULO XX

Há menos de 15 anos, no final da década de 90, tramitaram no Congresso Nacional propostas que propugnavam pela extinção da Justiça do Trabalho. Com o argumento de que ela era lenta, cara, corrupta e nepotista. Vários deputados e senadores, por intermédio da proposta de Emenda Constitucional — PEC 96-A/1992, denominada de "PEC do Poder Judiciário", e através da Comissão Parlamentar de Inquérito, instalada no Senado da República, conhecida como "CPI do Judiciário", tentaram pôr fim à Justiça do Trabalho em nosso país.

Ao se analisar o relatório final da "CPI do Judiciário" apresentado pelo Senador Paulo Souto (BA), evidencia-se o registro da intenção relatada:

> A Justiça do Trabalho é uma enorme preocupação para o nosso país. Gastos elevados, corrupção, nepotismo, lentidão, são algumas das inúmeras deficiências que esse setor do Poder Judiciário vem apresentando.
> No seu discurso inaugural, Sua Excelência o Presidente do Congresso Nacional, em vários pontos tocou na questão: Sras e Srs. Senadores, volto à Justiça do Trabalho, que é um caso à parte. Um lamentável caso à parte. 'A Justiça do Trabalho é lenta, conservadora, tem grande dose de vaidade e precisa compreender que não resolverá os problemas do País'. A afirmação é minha? Não! Pasmem, Srs. Senadores! A afirmação é do Ministro Almir Pazzianotto, no jornal O Estado de S. Paulo, em 1992. É S.Exª que acha que a Justiça do Trabalho é lenta, conservadora, tem grande dose de vaidade e precisa mostrar que não resolve os problemas do País! [...]
> O custo do Poder Judiciário da União monta a R$ 7,2 bilhões, pois, Sras e Srs. Senadores, somente a Justiça do Trabalho consome, desse total, o montante de R$ 3,5 bilhões, praticamente a metade do que se dedica a todos os Poderes. [...]
> Farei agora um comparativo. Estima-se o custo de um processo trabalhista em cerca de R$ 1,6 mil, o que significa mais de 12 salários mínimos, ou seja, mais de um ano de salário

de um trabalhador. Prego, para a Justiça do Trabalho, uma reforma que não implica deixar as demandas trabalhistas desamparadas da proteção judicial.

As situações de conflito de interesses que se configuram nas relações entre empregadores e empregados muitas vezes só podem efetivamente encontrar solução adequada no foro judicial, mediante o contraditório formal e a sentença — de cumprimento compulsório — exarada por magistrado.

Quanto às Juntas de Conciliação e ao caso dos juízes classistas, julgo devem ser extintos. Acredito que hoje toda a Casa compreenda que devem ser extintos.

O cargo de juiz classista, o chamado vogal, deve ser suprimido, por sua absoluta inutilidade. E duvido que alguém, em sã consciência, não pense assim. (BRASIL, 2000d)

Na esteira deste mesmo raciocínio, o deputado Aloysio Nunes Ferreira (1999), relator da "PEC do Poder Judiciário", propôs igualmente que as causas trabalhistas fossem resolvidas pela Justiça Federal comum. Sugeriu, ainda, a criação de órgãos de conciliação extrajudiciais, nos quais os conflitos entre patrões e empregados fossem resolvidos sem interferência da Justiça.

Interessante destacar que parte da argumentação utilizada pelos congressistas favoráveis à extinção da Justiça do Trabalho foi idealizada por dois Juízes do Trabalho, Antônio Álvares da Silva, do Tribunal Regional do Trabalho (TRT) da 3ª Região, e Alexandre Nery de Oliveira, do TRT da 10ª Região.

O magistrado Antônio Álvares da Silva propunha a extinção da Justiça do Trabalho nestes termos:

> A extinção do TST e dos TRTs não trará qualquer prejuízo à jurisdição do trabalho [...] Haverá grande economia de tempo, dinheiro público e um notável impulso na eficiência. Hoje, a Justiça do Trabalho é inchada e cara. Há cargos de confiança em excesso e falta de racionalidade na organização administrativa [...] tudo acabará com a nova estrutura, pois a necessidade de pessoal cairá no mínimo pela metade. [...] Projeto de minha autoria propõe a criação de juizados especiais de causas trabalhistas em substituição às Juntas de Conciliação e Julgamento e aos Tribunais da Justiça do Trabalho. (SILVA, 1998)

Já Alexandre Nery de Oliveira, sustentava que a Justiça do Trabalho deveria ser incorporada pela Justiça Federal Comum:

> [...] defendemos que a Justiça do Trabalho, por suplantada a fase crítica de sua instalação, deve ser agregada à Justiça Comum Federal, onde possível com maior dinamização a instituição de Varas especializadas, aliás como já ocorre notadamente em questões criminais, previdenciárias e de execuções fiscais, sem que isto signifique, fique claro, a mera extinção da Justiça Laboral propagada por alguns, mas a agregação de sua estrutura, centralizando a burocracia necessária à administração forense, junto à já existente da Justiça Federal *stricto sensu*. (OLIVEIRA, 1998)

Por outro lado, parte da sociedade civil se movimentava para impedir que a Justiça laboral fosse extinta. Associações de servidores e advogados trabalhistas, OAB, Sindicatos, Federações, Confederações, representações de Juízes e Procuradores do Trabalho juntaram forças em discurso único em defesa da Justiça do Trabalho.

Dentre as manifestações, destaca-se a do Ministro do Supremo Tribunal Federal, Carlos Velloso, que, no discurso de sua posse como presidente desta Corte, disse:

> Numa época em que cada vez mais há especialização do direito, falar na extinção da Justiça do Trabalho, ou na extinção de seu Tribunal Superior, é outro contrassenso. A extinção do TST, passando os recursos de revista ao STJ, simplesmente exigirá a especialização, naquela corte, de mais uma seção. É dizer, desmancharíamos o que está pronto para fazer tudo de novo. Precisamos, sim, aperfeiçoar a prestação jurisdicional trabalhista. (VELLOSO, 1999)

No mesmo sentido, a doutrina se posicionava favoravelmente à manutenção da Justiça do Trabalho:

> Aprimorá-lo (o TST) é algo elogiável; estimulá-lo é um dever de todos e extingui-lo é uma proposta tipicamente neoliberal que se compreende, porque ao neoliberalismo não convém a solução dos conflitos do trabalho dentro de uma jurisdição especializada e fortemente iluminada pela equidade e justiça social. (RUSSOMANO apud PAULA, 1999)

Diante da pressão feita por parte da sociedade civil, o relatório apresentado pelo Deputado Federal Aloysio Ferreira Nunes foi rejeitado na comissão especial que analisava a "PEC do Judiciário". Após a derrota, o relator saiu da comissão, assumindo a relatoria a deputada Zulaiê Cobra-SP.

Com a não aprovação do relatório anterior, a Justiça do Trabalho renasceu. Prova disto é que a nova relatora não mais cogitou em extingui-la. Desse modo, antes mesmo de ser apresentado seu parecer da comissão para votação na Câmara dos Deputados, a Justiça do Trabalho se tornou mais técnica, célere e barata. Pontos do relatório da comissão que já eram consenso entre os congressistas viraram lei. Com isso, por intermédio da Emenda Constitucional n. 24/99, de 9 de dezembro de 1999, foi extinta a representação classista, fato que constituiu marco histórico para seu aperfeiçoamento. Além disso, novas leis instituíram o rito sumaríssimo no processo do trabalho (Lei n. 9.957/2000) (BRASIL, 2000a), as comissões de conciliação prévia (Lei n. 9.958/2000) (BRASIL, 2000b) e o provimento de recurso por despacho (Lei n. 9.756/98) (BRASIL, 1998), procedimentos estes que dinamizaram e deram rapidez à solução dos conflitos individuais de trabalho.

O texto final apresentado pela nova relatora foi aprovado na Câmara dos Deputados em 2000, seguindo para o Senado Federal. Deste novo texto, não se cogitou da extinção da Justiça do Trabalho. Pelo contrário, com o resultado dos trabalhos desta Comissão, ela saiu fortalecida. Após votação nas duas casas do Congresso, o relatório apresentado se converteu na Emenda Constitucional n. 45/2004.

3.7. O "RENASCIMENTO" DA JUSTIÇA DO TRABALHO COM A EMENDA CONSTITUCIONAL N. 45/2004

A Reforma do Judiciário foi implementada pela Emenda Constitucional n. 45, de 8 de dezembro de 2004 (BRASIL, 2004), que alterou substancialmente a organização do Poder Judiciário no Brasil.

O texto aprovado, incorporado à Carta Política de 1988, trouxe à Justiça do Trabalho as seguintes alterações:

a) aumento da composição do TST de 17 para 27 Ministros (art. 111-A);

b) fixação do número mínimo de 7 Juízes para os TRTs (art.115);

c) ampliação do rol de competências constitucionais (art. 114);

d) previsão de criação da Escola Nacional de Formação e Aperfeiçoamento do Magistrado do Trabalho e do Conselho Superior da Justiça do Trabalho (art. 111-A, § 2º, I e II);

e) previsão de criação de varas da Justiça do Trabalho mediante lei (art. 112);

f) previsão de criação, por lei, do Fundo de Garantia das Execuções Trabalhistas, criado a partir das multas decorrentes da condenação trabalhistas e administrativas oriundas da fiscalização do trabalho, além de outras receitas (art. 3º da EC n. 45/04). (BRASIL, 2004)

Ao que nos interessa neste, destaca-se, dentre as modificações introduzidas pelo novo art. 114, o expressivo alargamento da competência da Justiça do Trabalho. Destarte, de quase extinta, renasceu ela forte e oxigenada por uma amplitude inédita de matérias, as quais passou a processar e julgar. Essas inserções promoveram verdadeira revolução na organização da competência juslaboral.

Várias lides passaram a ser julgadas pela Justiça do Trabalho, tais como as decorrentes da fiscalização do trabalho, do exercício do direito de greve, as relativas aos sindicatos, os *habeas corpus*, *habeas data* e mandados de segurança, quando a matéria se relaciona com a prestação de trabalho.

O ápice da modificação sobressai com a atribuição de julgamento pela Justiça do Trabalho das ações decorrentes das relações de trabalho, incumbência muito mais abrangente do que sua competência anterior, apenas para as relações de emprego.

Apenas a mudança dessa locução já implicaria aumento expressivo das demandas sujeitas a sua apreciação.

Em nosso ver, poderia o constituinte derivado ter avançado um pouco quando ratificou a competência desta especializada para executar, de ofício, as contribuições sociais decorrentes das sentenças por ela proferidas e as ações de indenização por dano moral ou patrimonial, decorrentes da relação de trabalho, incluindo as acidentárias.

Poderia ele ter recorrido às reminiscências do antigo Conselho Nacional do Trabalho, quando este, como órgão máximo da Justiça do Trabalho, apreciava em grau recursal as lides de custeio e benefícios do incipiente sistema de seguro social.

Todavia, apesar de perdida a oportunidade em momento singular da história da Justiça do Trabalho, nada impede que o legislador de hoje promova o ajuste necessário na legislação em vigor, a fim de que toda a controvérsia derivada da relação de trabalho, aí incluídas as materialmente previdenciárias, sejam processadas e julgadas pela justiça que, desde seu nascedouro, tem compromisso manifesto com o social.

4
A COMPETÊNCIA ADMINISTRATIVA E JURISDICIONAL PREVIDENCIÁRIA

4.1. NOÇÕES DE JURISDIÇÃO E COMPETÊNCIA

Desde os primórdios da civilização, o Estado se preocupou com os conflitos que existiam entre os membros da sociedade e, por isso, não demorou muito para atrair para si o poder de solucionar as pretensões resistidas, que mais tarde passaram a ser conhecidas como lide. A esse poder/dever/função do Estado de dizer o direito ao caso concreto se denominou jurisdição.

O exercício da jurisdição ocorre quando o Estado, mediante os órgãos do Poder Judiciário, se substitui aos titulares dos interesses em conflito para, imparcialmente, buscar a pacificação do litígio e, com isso, resguardar a ordem jurídica e a autoridade da lei.

Considerando que a jurisdição é função estatal decorrente do exercício da soberania, depreende-se ser impossível aceitar a ideia de dividi-la em determinadas espécies ou agrupamentos, cada qual com suas próprias características. Sobre este tema, ensinam Antônio Carlos A. Cintra, Ada Pellegrini Grinover e Cândido Rangel Dinamarco:

> [...] falar em diversas jurisdições num mesmo Estado significaria afirmar a existência, aí, de uma pluralidade de soberanias, o que não faria sentido; a jurisdição é, em si mesma, tão una e indivisível quanto o próprio poder soberano. (CINTRA; GRINOVER; DINAMARCO, 1994, p. 137)

Entretanto, o fato de a jurisdição ser una e indivisível não implica dizer que o seu exercício não possa ser distribuído aos diversos órgãos julgadores que compõem o Poder Judiciário.

Com efeito, a lei, ao prefixar as atribuições dos órgãos jurisdicionais, nos limites das quais eles podem exercer a jurisdição, define-lhes a competência. Diz-se que um órgão jurisdicional é competente quando, no âmbito de suas atribuições, tem poderes jurisdicionais sobre determinada causa. Por este ângulo, competência é o poder de exercer a jurisdição nos limites estabelecidos pela lei (SANTOS, 1995).

O preestabelecimento legal das atribuições jurisdicionais de cada órgão do Poder Judiciário não se faz de modo arbitrário, mas respeitando-se certos predicados, os quais são denominados de critérios determinantes da competência.

No que tange a estes critérios, a legislação e a doutrina não estabeleceram, de maneira uniforme, um norte a ser seguido, o que torna a matéria, por si só, complexa. Prefere-se neste trabalho o critério adotado pelo Código de Processo Civil (CPC), que utilizou a teoria tripartida de Chiovenda. Este reuniu por afinidade os elementos suscetíveis de determinar a competência, o que resultou em três critérios distintos: o objetivo, o territorial e o funcional. Desses, interessa-nos, diante das competências trabalhistas e previdenciárias que serão posteriormente tratadas, apenas o critério objetivo.

Baseado nos ensinamentos de Chiovenda, Moacir Amaral dos Santos resumiu assim o critério objetivo: "Determina-se a competência atendendo-se a certos elementos externos da lide, objetivamente considerada. Assim a competência se distribui tendo em vista a natureza da causa, o seu valor e a condição das pessoas em lide". (SANTOS, 1995, p. 198)

Pois bem, conforme a natureza da causa, a competência é determinada segundo a matéria versada na lide, que é determinada pela causa de pedir e pedido contidos na ação. Exemplos: dissídio de natureza trabalhista compete à Justiça do Trabalho; litígio de conteúdo eleitoral está afeto à Justiça Eleitoral; conflitos versando sobre família ou sucessões serão de competência da Vara de família e sucessões.

No critério objetivo ainda se divisa o valor da causa como elemento determinativo da competência. Toda ação exige que o autor atribua um valor, com base no bem da vida que se pretende. Assim, em razão deste valor atribuído à causa, delimita-se a atribuição do órgão competente para processar e julgar a pretensão resistida. Os juizados especiais estaduais e federais utilizam este critério objetivo como fator delimitador de sua competência.

Ainda, os sujeitos da lide podem interferir na delimitação da competência. Existem pessoas que, devido a um interesse público que representam, gozam do privilégio de serem submetidas a julgamento por determinados juízes especializados. Assim é o que ocorre com a fixação da competência da Justiça Federal, em causas em que intervenha a União Federal, seja autora, ré, assistente ou opoente (art. 109, I da CF).

4.1.1. Perfil da competência previdenciária

Nos termos do art. 194 da Constituição Federal de 1988 (BRASIL, 1988), a segurança social no Brasil compreende a proteção dos membros da sociedade em matéria de saúde, assistência e previdência social. Uniu o constituinte originário os serviços sociais prestados pelo Estado ao seguro social custeado por toda a sociedade, a fim de que o estado de necessidade e os riscos sociais, incluindo os originários do trabalho, fossem tema comum de uma política pública objetivada em princípios constitucionais insertos no Texto Magno. Não por outro motivo foi que, no início deste trabalho se enfatizou o aspecto da vida e a sua imanente correlação com a saúde e o trabalho.

Os serviços sociais de saúde e assistência social integrantes da seguridade social refogem ao tema deste trabalho. Assim, centra-se esforço na busca da caracterização da previdência como seguro social obrigatório, contributivo e solidário, e sua competência.

O direito material previdenciário foi considerado por muitos, em sua origem, apêndice do Direito do Trabalho (ALLY, 1987). Tal posição se justificava à época do surgimento no Brasil do Direito do Trabalho, haja vista que tanto as normas materiais que trataram da relação de trabalho como as que cuidavam do seguro social provinham do Ministério do Trabalho e, durante muito tempo, as lides trabalhistas e previdenciárias eram solucionadas pelo CNT. Aliás, conforme já abordado no capítulo 3 supra, em seu nascedouro, a própria CLT disciplinou indistintamente sobre o procedimento de solução dos conflitos de ambos os seguimentos, securitário e laboral.

Não obstante a autonomia conquistada pelo Direito Previdenciário, que o afastou de sua origem — o Direito do Trabalho —, não se pode negar que o Direito Previdenciário concebido no Brasil depende do Direito do Trabalho. Explica-se: a função precípua da previdência social é manter o poder aquisitivo e a possibilidade de consumo do trabalhador e de sua família na falta de capacidade laborativa. Trata-se de seguro cujo bem da vida tutelado é a força individual de trabalho. Assim, todo segurado que perder a sua capacidade de labor por força de um risco social receberá do seguro social um benefício, que, em linhas gerais, atua como um substitutivo de sua remuneração, porquanto se trata de verba alimentar de subsistência própria e familiar. Neste sentido leciona Wladimir Novaes Martinez:

> O Direito Previdenciário é, simultaneamente, subordinante, subordinado e convive com o Direito do Trabalho. Em razão da natureza substitutiva da prestação (seu principal instrumento de realização), dos benefícios concedidos durante o curso da relação laboral, da contiguidade (quase todas as contingências são originariamente laborais) e sede comum, é o ramo com o qual mais se relaciona. (MARTINEZ, 2011, p. 76)

Assim, a rigor, o direito material cuja satisfação se pretende no processo previdenciário é um bem de índole alimentar, um direito humano constitucional fundamental, tal como o Direito do Trabalho (SAVARIS, 2011).

O documento que identifica o trabalhador brasileiro revela que essas duas disciplinas são o que há de mais importante para a segurança dos direitos decorrentes do trabalho e previdência. Por tal razão, ele se denomina Carteira de Trabalho e Previdência Social (CTPS). Nele consta o histórico da vida pregressa laborativa do trabalhador, bem como as situações previdenciárias que culminaram no deferimento de benefício, que, de alguma forma, influenciaram ou sofreram influência da relação de emprego.

No âmbito internacional, a OIT trata de maneira indistinta tanto da relação de trabalho como da matéria previdenciária. Prova disso é que várias de suas convenções se referem ao seguro social, benefícios, saúde e segurança dos trabalhadores. Dentre elas, destaca-se a Convenção n. 102, que cuida das normas mínimas de seguridade social, apenas ratificada pelo Brasil em 2009. Não se nega, então, que o seguro social tem sua fonte e sustentáculo na relação material de trabalho.

Ainda, dessa relação material de trabalho surgem os sujeitos que financiam e os que usufruem das prestações previdenciárias.

Os sujeitos da relação material previdenciária são o segurado-trabalhador, o empresário — tomador da mão de obra obreira — e a União. Pelo simples fato de trabalhar de forma remunerada a pessoa-que-vive-do-trabalho é filiada e segurada do sistema previdenciário, daí decorrendo a sua obrigação tributária de contribuir para o Regime Geral de Previdência Social (RGPS).

No mesmo sentido, em regra, o tomador de serviços está obrigado a cotizar para o mesmo sistema, ao contratar o trabalho prestado por pessoa física.

Já a União, atua como o garante e gestor do sistema previdenciário, arrecadando contribuições de toda a sociedade a fim de manter a estrutura do sistema, o pagamento dos benefícios e a solidariedade do regime.

Pois bem, é desta relação material e dos sujeitos que nela se interrelacionam que nasce a competência jurisdicional e a administrativa para que tanto o Poder Judiciário quanto o CRPS possam conhecer e julgar as lides que envolvam o custeio e a prestação de benefícios previdenciários do RGPS.

Assim, nos próximos itens será visto que ora um órgão jurisdicional do Poder Judiciário terá competência para apreciar as lides previdenciárias tanto em razão de um dos sujeitos da lide, ora a competência será delimitada em razão da matéria suscitada no conflito. Já quanto à competência administrativa, essa sempre será em razão da matéria, dado que o julgamento do contencioso ocorre dentro da estrutura orgânica do Ministério da Previdência Social.

4.1.2. A reaproximação da competência trabalhista e previdenciária

Com o surgimento formal da Justiça do Trabalho na Constituição de 1934 (BRASIL, 1934a), a competência daquela se limitou em dirimir as causas entre empregados e empregadores, art. 122. As constituições supervenientes mantiveram essa mesma disciplina normativa atribuindo à Justiça do Trabalho a competência jurisdicional para julgar apenas os conflitos oriundos do trabalho subordinado, conforme se verifica no art. 139 da Carta de 1937 (BRASIL, 1937), art. 123 do Texto de 1946 (BRASIL, 1946e), arts. 134 e 142, respectivamente, da Lei Fundamental de

1967 (BRASIL, 1967) e Emenda Constitucional 1/1969 (BRASIL, 1969) e art. 114 da Constituição de 1988 (BRASIL, 1988).

Por este foco, observa-se que a competência da Justiça do Trabalho era delimitada em razão da matéria, ou seja, em razão da relação de emprego entre os sujeitos integrantes da relação contratual trabalhista subordinada. Com efeito, de acordo com a Lei Maior, todos os trabalhadores que não se vinculassem ao tomador de serviços por um liame de subordinação estavam excluídos da competência da Justiça do Trabalho.

Este foi um dos fundamentos de que se utilizou parte da doutrina previdenciária para desvincular o Direito Previdenciário do Direito do Trabalho. Justificava ela que a previdência social é omnigarantista, isto é, um seguro social que não visualiza a qualidade do trabalhador, mas a própria condição deste em si. Destarte, enquanto o direito e o processo do trabalho apenas se preocupavam com o trabalhador subordinado, a previdência expandiu seu leque tuitivo para abraçar todas as classes de trabalhadores, subordinados ou não. Na esteira do afirmado, a doutrina de Sully Alves de Souza:

> É de se reconhecer que a previdência social surgiu como uma forma de suprimento salarial no acidente, no desemprego, na doença, na invalidez, na velhice. Assim, trabalho e salário estavam juntos nessa formulação que incluía o emprego [...] A natural evolução da previdência social foi mostrando a sua dissociação com aqueles elementos (emprego e salário) [...] Vejam-se a cobertura previdenciária às diversas formas de trabalho sem continuidade ou sem subordinação [...] Essas figuras de trabalho sem vínculo empregatício, desprezadas pela legislação do trabalho são, entretanto, cobertas pela previdência social. (SOUZA, 1976, p. 32)

Arnaldo Süssekind, também no mesmo sentido, afirma que "o Direito da Previdência Social ultrapassa o conceito de empregado e empregador, vai além das noções tradicionais da relação de emprego". (SÜSSEKIND, 1996, p. 151)

Não obstante essas assertivas, nota-se que, a partir da Emenda Constitucional n. 45/2004 (BRASIL, 2004), o processo do trabalho, notadamente a competência da Justiça do Trabalho, foi modificado pelo constituinte derivado. A regra que perdurava desde a constituição de 1934, no sentido de a competência da justiça laboral se dar em razão da matéria, apenas para as lides entre empregador e empregado, foi alterada com a nova redação dada ao art. 114, que em seu inciso I, passou a abranger toda a relação de trabalho.

Desse modo, a partir de então, a principal competência da Justiça do Trabalho foi ampliada de tal forma que a ela não apenas compete julgar os dissídios entre patrões e empregados, mas também os conflitos oriundos das relações de trabalho, não importando se a relação material fosse autônoma ou subordinada.

Visto por esse prisma, o direito constitucional processual do trabalho atuou como fator de reaproximação do direito material previdenciário e trabalhista. Neste sentido, caminha a jurisprudência, conforme ementa a seguir:

> **EMENTA:** COMPETÊNCIA CONSTITUCIONAL DA JUSTIÇA DO TRABALHO. INTERPRETAÇÃO DO INCISO VIII, DO ARTIGO 114/CF. APLICAÇÃO DE REGRA PREVIDENCIÁRIA PELA JUSTIÇA DO TRABALHO. POSSIBILIDADE. CONTRIBUIÇÃO SOCIAL DEVIDA PELO
> **EMPREGADOR. A Justiça do Trabalho em sua origem abrigou competência para conhecer em único espaço de jurisdição administrativa, matéria trabalhista e previdenciária, como, aliás, é usual em diversos países. Ao que se evidencia, quer parecer que o legislador constitucional sinaliza com uma reaproximação**, e, excepcionando o princípio da inércia, atribui ao Juiz do Trabalho o dever de cobrar as contribuições sociais devidas à União Federal, por intermédio de sua autarquia previdenciária, para financiar a seguridade social. (MINAS GERAIS, 2011, grifo nosso)

Agora, desde a entrada em vigor da Emenda n. 45/2004, todos os trabalhadores e segurados obrigatórios da previdência social, à exceção do segurado especial, poderão valer-se da Justiça laboral para cobrar pretensos direitos decorrentes do trabalho remunerado, quer seja subordinado quer não.

Não é só. De forma indireta, o esgarçamento da competência trabalhista teve interferência direta na relação de custeio do sistema previdenciário. Na medida em que a Justiça do Trabalho já tinha a competência para executar a contribuição previdenciária das sentenças proferidas nas lides de trabalho subordinado, passou ela a ter igual atribuição quando prolatar decisões condenatórias na relação de trabalho não subordinada. Assim, executa-se a contribuição não apenas do empregador, mas de todo o tomador de serviços que contratar trabalhador, não importando a qualidade de segurado obrigatório deste, que pode ser tanto a de empregado, avulso, doméstico ou contribuinte individual.

A reaproximação relatada também é vista nas lides relativas à infortunística. Ações que versavam sobre acidentes do trabalho eram da competência da Justiça Ordinária Comum, mesmo se o objeto da lide fosse pleito reparatório em face do empregador. Com o advento da Emenda n. 45/2004, foi inserto o inciso VI no art. 114 da Constituição, atribuindo à justiça especializada a competência para conhecer e julgar estes conflitos, incluindo as relações de trabalho em sentido lato.

Como corolário desta reaproximação, o presidente do Tribunal Superior do Trabalho, por intermédio da Recomendação Conjunta GP.CGJT.n. 2/2011 (BRASIL, 2012k), orientou a todos os magistrados da Justiça do Trabalho que encaminhassem cópia de sentenças e acórdãos que reconhecessem conduta culposa do empregador em acidente de trabalho para a respectiva unidade da Procuradoria Geral Federal (PGF). O intuito é que fossem ajuizadas ações regressivas para ressarcir a Administração Pública pelos gastos decorrentes das prestações sociais decorrentes de acidente de trabalho.

Destarte, verifica-se que essa reaproximação da matéria trabalhista e previdenciária efetuada pelo processo é salutar, na medida em que, dentre outros motivos, trará benefícios para a União, trabalhador e tomador de serviços, conforme se verá em momento oportuno, a seguir.

4.2. BREVE HISTÓRICO DA COMPETÊNCIA ADMINISTRATIVA PREVIDENCIÁRIA

Conforme visto nos itens 3.3.4.1 e 3.3.6, o CNT, desde sua criação, foi o órgão encarregado de julgar as lides previdenciárias atinentes ao custeio e aos benefícios sociais.

Em sentido estrito, o primeiro grau da jurisdição administrativa previdenciária era exercido pelos servidores das caixas e institutos de aposentadoria e pensões. Das decisões destas instituições paraestatais, até 1941, cabia recurso para o CNT, por intermédio de qualquer uma de suas três câmaras. A partir do Decreto-lei n. 3.710, de 14.10.1941 (BRASIL, 1941c) os aludidos recursos passaram a ser julgados pela Câmara de Previdência Social do CNT, com possibilidade de avocação e revisão das decisões desta Câmara pelo Ministro do Trabalho, Indústria e Comércio, fato que perdurou até o início de 1946.

Por intermédio do Decreto-lei n. 8.738/46 (BRASIL, 1946a), retirou-se da estrutura orgânica do Conselho Nacional do Trabalho a CPS. Ela foi convertida no CSPS, órgão administrativo, que se vinculara diretamente ao Ministério do Trabalho, Indústria e Comércio. A partir de então o CNT apenas cuidou do contencioso jurisdicional trabalhista, até que fosse instalado o TST.

A alteração mencionada não implicou a mudança da competência anteriormente exercida pela CPS. Todas as atribuições exercidas pelo CPS passaram a ser exercidas pelo CSPS, inclusive os membros conselheiros deixaram de atuar no CNT e passaram a ativar-se no Ministério do Trabalho.

Deste modo, das decisões das caixas e institutos de aposentadoria e pensões continuava cabível o recurso administrativo, agora para o CSPS. Ainda, de acordo com o disposto no Decreto-lei n. 8.738/46 (BRASIL, 1946a), foi mantida a possibilidade de revisão das decisões do CSPS pelo Ministro do Trabalho, nos exatos termos que previa anteriormente o art. 734 da CLT.

Essa organicidade permaneceu intacta até 1966. Durante o novo regime de governo militar que se instaurou no país, mediante o Decreto-lei n. 72, de 21 de novembro de 1966 (BRASIL, 1966), o CSPS foi transformado em Conselho de Recursos da Previdência Social (CRPS), denominação que permanece até os nossos dias. Por meio do mesmo decreto, foram unificados todos os institutos e caixas de aposentadoria e pensões no que se denominou de INPS.

O CRPS é um órgão integrante da estrutura do Ministério da Previdência Social (MPS), competindo-lhe a prestação jurisdicional administrativa e o controle das decisões do Instituto Nacional do Seguro Social (INSS) e da Secretaria da Receita Previdenciária, nos processos de interesse dos beneficiários e contribuintes do Regime Geral da Previdência Social.

Para conseguir dar vazão à plêiade de recursos administrativos, atualmente o CRPS está estruturado por intermédio de órgãos denominados de Juntas de Recursos (JRs), e Câmaras de Julgamento (CAJs). Ao todo, existem vinte e nove JRs[21] e quatro CAJs[22].

Importante frisar que tanto as Câmaras como as Juntas são órgãos colegiados tripartites, tais como as antigas Juntas de Conciliação e Julgamento da Justiça do Trabalho. Cada um destes organismos é composto por quatro membros: dois representantes do governo, um representante das empresas e outro dos trabalhadores.

Em relação à competência de cada um dos órgãos citados, extrai-se do Regimento interno do CRPS[23] que ao Conselho Pleno do Conselho de Recursos da Previdência Social compete uniformizar, em tese, a jurisprudência administrativa previdenciária, mediante emissão de enunciados. Na mesma esteira, uniformizar, no caso concreto, as divergências jurisprudenciais entre as Juntas de Recursos nas matérias de sua alçada ou entre as Câmaras de julgamento em caso de recurso especial, mediante a emissão de resolução.

No tocante à competência das CAJs, o regimento interno do CRPS menciona que elas são responsáveis pelo julgamento dos Recursos Especiais.

Interpostos em face das decisões proferidas pelas Juntas de Recursos. Assim, elas desempenham o papel de instância especial da jurisdição administrativa.

No que tange às JRs, a rigor, nos termos do regimento interno do CRPS, compete-lhes julgar os Recursos Ordinários interpostos contra as decisões do INSS em matéria de benefícios e custeio previstos na legislação previdenciária. Ocupam, neste prisma, a posição de segunda instância no processo administrativo previdenciário.

Os servidores do INSS, encarregados de analisar os pedidos dos segurados, beneficiários ou contribuintes do RGPS, são a primeira instância do processo administrativo, todavia não integram a estrutura do CRPS.

As decisões das CAJs são definitivas na esfera administrativa, na medida em que não suportam mais nenhuma espécie recursal. Logo ao dar ou não provimento ao recurso interposto, extinto estará o processo. Entretanto, este ato não impede a rediscussão da matéria na esfera judicial.

---

(21) Existe uma JR em cada capital dos seguintes Estados: Amazonas (AM), Ceará (CE), Pernambuco (PE), Bahia (BA), Distrito Federal (DF), Goiás (GO), Paraná (PR), Santa Catarina (SC), Rio Grande do Sul (RS), Maranhão (MA), Piauí (PI), Paraíba (PB), Mato Grosso do Sul (MS), Mato Grosso (MT), Espírito Santo (ES), Sergipe (SE), Alagoas (AL), Rio Grande do Norte (RN), Paraíba (PA), Rondônia (RO). Duas JRs nas capitais de São Paulo (SP) e Minas Gerais (MG) e três JRs no Rio de Janeiro (RJ). Os Estados de Roraima (RR), Acre (AC) e Amapá (AP) não possuem JR. Bauru-SP e Juiz de Fora-MG são as duas únicas cidades do interior que possuem uma JR cada.
(22) As CAJs e o CRPS têm sede em Brasília-DF.
(23) Portaria do MPS n. 548, de 13 de setembro de 2011.

4.3. JUSTIÇA FEDERAL: CRIAÇÃO. EXTINÇÃO. RECRIAÇÃO. COMPETÊNCIA

A Justiça Federal foi criada no Brasil por intermédio do Decreto n. 848, de 11 de outubro de 1890 (BRASIL, 1890b), durante e pelo Governo Provisório que proclamou a República. Note-se que ela nasceu antes mesmo da primeira Constituição Republicana de 1891. Em sua origem, era composta pelo STF e pelos Juízes de Secção, um para cada Estado. Além dos Juízes Seccionais, que eram vitalícios e inamovíveis, havia a previsão, ainda, de Juízes Federais Substitutos que cumpriam mandatos de seis anos, também nomeados pelo presidente da República.

Assim, a Justiça Federal nasceu junto com a República, com a qual foi instituído o regime federativo. Uma vez implantada a Federação, abriram-se as portas para a definição de um sistema dual de Justiça, no qual passaram a coexistir, independente e harmonicamente, órgãos judiciários federais e estaduais (VELLOSO, 1995, p. 7).

No mesmo sentido, pontuam Antônio Carlos de Araújo Cintra, Ada Pellegrini Grinover e Cândido R. Dinamarco:

> O dualismo jurisdicional brasileiro tem origem na República, que instituíra também o regime federalista: foi em consequência deste que se entreviu a conveniência de distribuir as funções jurisdicionais entre os Estados e a União, reservadas para esta as causas em que é parte, para que não ficasse o Estado federal com seus interesses subordinados ao julgamento das Magistraturas das unidades federais. (CINTRA; GRINOVER; DINAMARCO, 1994, p. 190-191)

Quanto à competência, a Justiça Federal, nos termos do art. 15 do indigitado Decreto que a criou, era guardiã da Constituição na medida em que lhe competia julgar as causas em que alguma das partes fundasse a ação ou a defesa em disposições da Lei Fundamental, com recurso cabível para o STF. De igual maneira, conhecia e julgava as lides que tivessem por origem atos administrativos do Governo Federal.

Com a Constituição de 1891 (BRASIL, 1891), foram acrescentados à estrutura da Justiça Federal os Tribunais Federais, que não chegaram, entretanto, a ser efetivamente criados no período de vigência daquela Carta.

Destaca-se que, não obstante a Constituição de 1824 (BRASIL, 1824) ter conferido independência ao Poder Judiciário, essa era mitigada pela própria Carta, na medida em que suas decisões poderiam ser revistas pelo Poder moderador do Imperador, art. 98 da CF/24.

Campos Salles, na exposição de motivos do Decreto n. 848/1890, ressaltou a importância da criação da Justiça Federal no país. Sua criação deve-se ao fim do período ditatorial, ao mesmo tempo foi fundamental para consolidar na organização da República a tripartição de poderes, *verbis*:

> O principal, sinão o único intuito do Congresso [constituinte] na sua primeira reunião, consiste sem duvida em collocar o poder publico dentro da

legalidade. Mas esta missão ficaria certamente incompleta si, adoptando a Constituição e elegendo os depositarios do poder executivo, não estivesse todavia previamente organizada a Justiça Federal, pois que só assim poderão ficar a um tempo e em definitiva constituidos os três principais órgãos da soberania nacional. Trata-se, portanto, com este acto, de adoptar o processo mais rapido para a execução do programma do Governo Provisorio no seu ponto culminante — a terminação do período dictatorial. (redação no original). (SALLES, 1890)

Em seguida, a Lei n. 221, de 20.11.1894, regulamentada pelo Decreto n. 3.084, de 5.11.1898, organizou e aprovou a Consolidação das Leis referentes à Justiça Federal, que passou a ser chamada de "Justiça Federal da União", composta pelo Supremo Tribunal Federal, pelos juízes seccionais, juízes substitutos e suplentes, além dos tribunais do Júri Federal. (OLIVEIRA, 1996, p. 10)

Com a Constituição de 1934, o STF teve seu nome alterado, passando a ser denominado de Corte Suprema, art. 63. Não obstante, foi mantida a estrutura do Poder Judiciário da União anteriormente existente. A única inovação foi a criação e adição à estrutura federal dos Juízes e Tribunais eleitorais. (ALMEIDA, 1992, p. 17)

Com o advento do Estado Novo, a Justiça Federal de primeiro grau foi extinta pela outorgada Constituição de 1937, art. 185. Todavia, as causas de interesse da União continuaram a ser julgadas em juízos especializados, consistentes nas Varas dos feitos da Fazenda Nacional, pertencentes à estrutura das justiças estaduais, com previsão de recurso diretamente ao STF (foi alterada novamente a denominação), conforme art. 109 da CF/37 (BRASIL, 1937). De igual forma, extinta foi a Justiça Eleitoral.

Com o fim da Justiça Federal de primeiro grau, foi editado o Decreto-lei n. 6, de 16 de novembro de 1937, o qual extinguiu todos os cargos de sua estrutura. Os juízes substitutos foram postos em disponibilidade, pelo tempo restante dos respectivos mandatos. A execução das sentenças proferidas pelas Juntas de Conciliação e Julgamento da Justiça do Trabalho passou para a esfera executiva da Justiça Comum Estadual.

Esse período de retração forçada do Judiciário nacional, imposto pela Constituição de 1937, foi bem focalizado por Maria Teresa Sadek:

> A Constituição de 1937 [...] conferindo ao chefe do Executivo amplos poderes e a faculdade de legislar por meio de decretos-leis, até mesmo sobre assuntos constitucionais, transformou o Legislativo e o Judiciário em poderes claramente subordinados. A "Polaca" instituiu o controle político sobre os membros do Judiciário e atribuiu ao Executivo a nomeação do presidente da mais alta corte de justiça. (SADEK, 2010, p. 07)

Em relação à estrutura do judiciário federal de primeiro grau nada foi alterado com a Constituição de 1946. Não foi recriada pelos constituintes a Justiça Federal de

1º grau no país. Com isso, "malgrado sua origem estadual, os juízes subordinados aos tribunais dos estados-membros ainda faziam as vezes de 'juízes federais'" (ALMEIDA, 1992, p. 21).

Para descongestionar o trabalho do STF, que atuava como corte revisora de segundo grau, a Constituição de 1946 recriou apenas a 2ª instância da Justiça Federal — o Tribunal Federal de Recursos (TFR). Destarte, os recursos cabíveis nas causas de interesse da União passaram para a competência do TFR. Ainda, na Carta de 1946 ressurgiu a Justiça Eleitoral, e a Justiça do Trabalho passou a integrar definitivamente a estrutura do Poder Judiciário.

A recriação da Justiça Federal de 1ª instância, no molde que ela se apresenta hoje, ocorreu na vigência do regime militar instaurado em 1964. Por intermédio do Ato Institucional n. 2, de 27.10.65 (BRASIL, 1965), foram alterados os arts. 94 e 105 da Constituição Federal de 1946 (BRASIL, 1946e), para dispor sobre a Justiça Federal e seus respectivos juízes.

A competência da Justiça Federal de primeiro grau foi estabelecida pelo novo § 3º do citado art. 105. Ela foi definida em razão da pessoa — causas em que a União ou entidade autárquica participasse como autora, ré, assistente ou opoente, exceto as de falência e acidentes de trabalho; em razão da matéria — nas lides que tratassem de direito marítimo, de navegação aérea, direito de greve e os crimes contra a organização do trabalho; ou da natureza da causa — os mandados de segurança e *habeas corpus* contra autoridades federais. (OLIVEIRA, 1996, p. 11)

Recriada a Justiça Federal de 1º grau, restava organizá-la. Através da Lei n. 5.010, de 30 de maio de 1966, ela foi regulamentada e organizada. Em sua estruturação constou que cada um dos Estados, Territórios e o Distrito Federal receberiam uma Seção Judiciária. Inicialmente, foram criadas 40 varas federais em todo o país (BRASIL, 2012a).

Sobre este ressurgimento da Justiça Federal durante o regime ditatorial, Vladimir Passos de Freitas, comentou o que dela se pensava à época: "Havia certa resistência à nova Justiça, por muitos apontada como destinada a servir ao regime militar. Dizia-se que logo seria extinta. No entanto, os fatos demonstraram o contrário". (FREITAS, 1996, p. 46)

De fato, a Constituição de 1988 promoveu profundas modificações na estrutura da Justiça Federal, extinguindo o Tribunal Federal de Recursos, criando, em seu lugar, o Superior Tribunal de Justiça e cinco tribunais regionais federais, assinalando que estes passaram a atuar como instância recursal das causas de competência originária das varas federais.

4.3.1. *A competência da Justiça Federal para as causas previdenciárias*

A previdência social no Brasil até 1966 não era organizada nacionalmente, mas por meio de categorias profissionais. Destarte, cada categoria profissional, estruturada na atividade econômica do empregador, possuía no âmbito nacional um instituto de aposentadorias e pensões.

Durante o regime militar instalado no país em 1964, foram unificados todos os diversos institutos de seguro social em apenas um: o INPS. Este constituiu-se em órgão da administração indireta da União, com personalidade jurídica de natureza autárquica, e desfrutava das regalias, privilégios e imunidades da União, nos termos do art. 2º do Decreto-lei n. 72, de 21.11.1966. (BRASIL, 1966)

Até antes da referida unificação quase não havia contencioso jurisdicional para as questões previdenciárias, haja vista que, na seara administrativa do CRPS, eram resolvidas boa parte de todas as demandas no que toca a prestações e custeio do primígeno sistema de seguro social.

A recriação da Justiça Federal de 1º grau e a criação quase concomitante do INPS em 1966 fez com que àquela fosse outorgada a competência, em razão da pessoa, para processar as causas em que a União ou entidade autárquica participasse como autora, ré, assistente ou opoente, exceto as de falência, eleitoral, acidentes de trabalho e as sujeitas à justiça laboral. Restou então que todas as demandas previdenciárias que eram afeitas ao judiciário estadual de 1º grau passaram para a competência da Justiça Federal. O art. 109, I, da Constituição Federal de 1988 manteve a competência da Justiça Federal de primeiro grau em razão da pessoa.

Em razão disso, Vladimir Souza Carvalho pontua que, "na Justiça Federal, tudo gira em torno do interesse da União, da intervenção da União, a ponto de, inadvertidamente, denominarem a Justiça Federal de juízo privativo da União". (CARVALHO, 2010, p. 37)

4.3.1.1. As ações ordinárias nas Varas Previdenciárias

As ações previdenciárias que seguem o rito ordinário podem ser de concessão ou de revisão de benefícios. No primeiro tipo, o autor pretende a concessão do benefício de aposentadoria, pensão por morte, auxílio-doença etc. No segundo tipo, pretende revisão de um benefício que já percebe do INSS, desejando sua correção ou a aplicação de índices sonegados ou calculados a menor em determinado período. Tais ações são propostas perante a Vara Cível, Previdenciária ou Juizado Especial Federal Previdenciário. (PONCIANO, 2008)

Nas Seções Judiciárias da Justiça Federal em que não instalada Vara especializada em matéria previdenciária, a competência para apreciar as lides referentes à concessão ou não de benefícios pertence a uma de suas varas cíveis.

Ressalte-se que as Varas competentes para a matéria previdenciária apenas o são para análise das prestações devidas pela autarquia do seguro social. As lides respeitantes à matéria de custeio, em rigor, são de competência da Vara de executivos fiscais.

A competência das varas previdenciárias diz respeito à matéria de prestações do Regime Geral da Previdência Social, conforme Lei n. 8.213/91. Trata-se, majoritariamente, de ações que envolvem a concessão e a revisão de benefícios, mas também pedidos de restabelecimento ou de simples declaração de tempo de serviço e, consequentemente, de relação jurídica de filiação, para o efeito de futura obtenção do benefício previdenciário (PONCIANO, 2008, p. 191).

4.3.1.2. A competência dos Juizados Especiais Federais Cíveis

Os juizados especiais foram previstos no art. 98 da CF/88 (BRASIL, 1988), mas foi a Emenda Constitucional n. 22, de 18.3.1999) (BRASIL, 1999b), que introduziu o § 1º no art. 98 da Constituição Federal e determinou a criação de Juizados Especiais na Justiça Federal. Suprimiu-se, assim, a omissão constante da Constituição de 1988, que referira à instalação desses juizados apenas na Justiça Estadual.

Autorizada pela Norma Fundamental, os Juizados Especiais Federais (JEFs), foram criados pela Lei n. 10.259, de 12.7.2001 (BRASIL, 2001), como órgãos integrantes da Justiça Federal de primeiro grau. O objetivo de sua criação foi simplificar o trâmite dos processos de menor expressão econômica, a fim de ampliar o acesso à Justiça e permitir a atuação do Judiciário em relação às partes hipossuficientes nas causas contra a União, autarquias federais, fundações e empresas públicas federais.

Ainda, a lei que criou os JEFS, na linha da Lei n. 9.099/95 que criou os Juizados especiais estaduais, adotou princípios já observados no processo do trabalho, a saber: simplicidade, informalidade, economia processual e celeridade, buscando, sempre que possível, a conciliação ou transação. (PONCIANO, 2008)

Registre-se que a principal diferença entre a competência de uma Vara Cível e a de um Juizado está no valor da causa. Se o valor atribuído à demanda for superior a sessenta salários mínimos, deve-se procurar uma das Varas Cível ou Previdenciária; se for menor, a lide deve ser ajuizada no Juizado Especial Federal Cível ou Previdenciário. Nesta linha, pontua Vladimir Souza Carvalho:

> O legislador norteou a competência do Juizado Especial Federal Cível tendo como escopo os processos de menor expressão econômica. Por consequência, o critério da expressão econômica da lide prepondera sobre a natureza das pessoas no polo passivo na definição da competência do Juizado Especial Federal Cível. (CARVALHO, 2010, p. 156)

O pensamento de José Antônio Savaris é distinto. Para este jurista, o critério do valor da causa não pode ser o único a orientar a fixação da competência. Apoiemo-nos no seu pensar:

> A estrutura dos Juizados Especiais Federais foi edificada sobre uma lógica constitucional de julgamento de causas de menor complexidade (CF/88, art. 98). Ainda que o critério eleito pelo legislador tenha sido o valor da causa, é dado ao juiz reconhecer a incompetência da vara do juizado especial quando, no caso concreto, verificar que a lide é complexa e que

seu processamento perante os Juizados Especiais Federais poderá comprometer a mais adequada cognição ou a celeridade processual. (SAVARIS, 2011, p. 384-385)

Não obstante este dissenso doutrinário, na prática prevalece a primeira corrente, não importando a complexidade da causa, por enquanto, para concretizar a competência do juízo abstratamente competente.

Destaca-se, ainda, que nas varas cíveis ou previdenciárias, o autor paga as custas ao ajuizar a ação. Porém, nos juizados especiais, as custas somente serão quitadas se houver recurso para a Turma Recursal.

Nos Juizados Especiais Cíveis ou Previdenciários, aplica-se a regra que faculta o *jus postulandi* do segurado nas causas de até sessenta salários mínimos. Contudo, nas varas cíveis ou previdenciárias, é indispensável ser a causa patrocinada por um advogado.

Não é toda a matéria que é sujeita à competência dos juizados especiais. Nos termos da lei que criou os referidos juizados, excluem-se de sua competência:

a) as ações populares;
b) mandado de segurança;
c) desapropriação, divisão e demarcação;
d) ações de improbidade administrativa;
e) ações que versem sobre direitos ou interesses difusos, coletivos ou individuais homogêneos;
f) execuções fiscais;
g) ações sobre bens imóveis da União, das autarquias e das fundações públicas federais;
h) ações para anulação ou cancelamento de ato administrativo federal, salvo o de natureza previdenciária e o lançamento fiscal;
i) ações que tenham por objeto a impugnação da pena de demissão imposta a servidores públicos civis ou de sanções aplicadas a militares;
j) as causas ajuizadas por Estado estrangeiro ou organismo internacional, município, ou pessoa domiciliada, ou residente no país;
k) as causas fundadas em tratado ou contrato da União com Estado estrangeiro ou organismo internacional;
l) as causas que envolvam disputas sobre direitos indígenas.

Ressalte-se que, no caso de haver na Seção Judiciária Federal Juizado Especial Cível e Vara Federal comum, a competência de ambos não é concorrente. Neste caso, para as demandas até sessenta salários mínimos a competência é privativa do juizado especial, ressalvadas as exclusões legais específicas, não podendo o autor optar pela Vara Federal comum para propor a sua ação (ROCHA, 2012).

Confere-se aos JEFs, assim, uma espécie de competência híbrida, absoluta, mas condicionada à existência do juizado no foro competente, que se torna relativa, acaso inexistente o juizado nesse local. Aclarando este tema, ensina Vilian Bollmann:

> A competência dos Juizados Especiais Federais é absoluta dentro do foro [...] mas relativa em relação às Varas Federais de regiões geográficas. É que tal fato decorre da intenção do legislador de evitar a opção existente na Lei n. 9.099/1995 [...]. (BOLLMANN, 2004, p. 86)

Pontua-se que, diferentemente do que ocorreu com a competência dos juizados especiais federais, na esfera dos juizados estaduais a Lei n. 9.099/95 permitiu a opção da parte autora pelo ajuizamento das demandas de pequeno valor perante os juizados ou perante a justiça comum. Desse modo, com base no § 3º do art. 3º da digitada lei, existe a possibilidade de a parte escolher entre o procedimento sumaríssimo e o ordinário, dado que a opção pelo procedimento dos juizados especiais importa na renúncia tácita ao valor que exceder ao respectivo limite de alçada. (ROCHA, 2012)

4.3.1.3. Os Juizados Especiais Federais Previdenciários

Os Juizados Especiais Federais foram criados para facilitar o acesso do cidadão à Justiça Federal que recebe, dentre outras, ações previdenciárias. Em algumas subseções judiciárias, há o Juizado Especial Federal Previdenciário que processa e julga apenas ações de segurados em face do INSS. As ditas ações somente podem versar sobre benefícios.

Conforme já visto, entre as vantagens de utilização do juizado está o fato de o autor não precisar de advogado, as soluções dos casos serem mais rápidas e de as ações aceitas serem de até sessenta salários mínimos. O procedimento é o previsto na Lei n. 10.259/01 (BRASIL, 2001), com aplicação supletiva da Lei n. 9.099/95. Podem ingressar no juizado especial previdenciário os segurados do INSS que postularam revisão ou concessão de benefício no INSS, administrativamente, há pelo menos 60 dias, e não obtiveram resposta ou tiveram seu pedido indeferido. (PONCIANO, 2008)

Nas lides sobre revisão de benefícios, desde que já se saiba previamente a posição administrativa do INSS em sentido contrário à postulação do segurado, é dispensável a prova do requerimento e indeferimento administrativo prévio.

Segundo esclarece a Juíza Vera Lúcia F. Ponciano, a criação dos Juizados Especiais Federais previdenciários,

> [...] diferentemente do que se pensava, não esvaziaram a competência das varas previdenciárias. O contrário aconteceu. Isto porque os Juizados levaram informação ao segurado que, conhecedor de seus direitos, passou a reivindicá-los em juízo cada vez mais. Casos que estava à margem da prestação jurisdicional, pequenos ou não, vieram à tona [...] (PONCIANO, 2008, p. 191).

Por este raciocínio, conclui-se que, de igual maneira, o fato de a justiça estadual deter competência concorrente para julgar as demandas que envolvem prestações de benefícios da previdência em nada altera o movimento processual das Varas e Juizados Especiais Federais Previdenciários.

4.4. A COMPETÊNCIA PREVIDENCIÁRIA DELEGADA À JUSTIÇA ESTADUAL

As ações judiciais de natureza previdenciária encartam prestações alimentares, de modo que sua tramitação deve processar-se em tempo razoável a fim de privilegiar a dignidade da pessoa humana. Para tanto, a Constituição Federal faculta aos segurados e beneficiários o ajuizamento das ações de natureza previdenciária tanto na Justiça Federal como na Justiça Estadual, neste caso desde que o domicílio do autor não seja sede de vara do juízo federal. (KAMISKI, 2008)

Todos os Estados da federação possuem uma seção judiciária da Justiça Federal nas respectivas capitais. No entanto, é fato que diminuta é a presença da Justiça Federal nos demais municípios brasileiros. Em razão disso, a Carta de 1988 estabeleceu a competência federal delegada, com o escopo de tornar mais fácil o acesso à justiça, art. 109, § 3º.

Destarte, serão processadas e julgadas na justiça estadual, no foro do domicílio dos segurados ou beneficiários, as causas em que for parte o INSS, sempre que a comarca não seja sede de vara do juízo federal. Todavia, se o município for sede de Vara Federal, a ação deve ser proposta na Justiça Federal.

Por tal razão, "A competência do órgão estadual investido da delegação federal é ditada pelo critério territorial, sendo, por conseguinte, relativa". (MENDES, 2006, p. 138)

Pode-se afirmar que das causas delegadas, a previdenciária foi a de maior importância, visto que mereceu referência expressa do constituinte, de maneira a evidenciar que a delegação foi concebida para dar guarida a tais demandas, em primeiro plano. "É o carro-chefe da delegação". (CARVALHO, 2010, p. 277)

Por este prisma, sempre que uma demanda sobre benefício previdenciário for ajuizada na justiça estadual, o juiz agirá na qualidade de magistrado federal por delegação constitucional, ou seja, a causa continua sendo de competência da Justiça Federal, não se tratando de modificação de competência.

Por força desta qualidade, o recurso contra a decisão que venha a ser proferida pelo juiz estadual no exercício da competência delegada deve ser dirigido ao Tribunal Regional Federal respectivo (art. 109,§ 4º). O mesmo se diga do conflito de competência entre o juiz federal e o juiz estadual no exercício de competência federal delegada. Sendo assim, compete, pois, ao Tribunal Regional Federal dirimir conflito de competência verificado, na respectiva região, entre juiz federal e juiz estadual investido de jurisdição federal, nos termos da Súmula n. 3 do STJ. (PONCIANO, 2008)

Frise-se que a delegação de competência diz respeito a uma possibilidade e não a obrigatoriedade. Por este foco exegético, se o segurado da Previdência Social preferir ajuizar sua ação em Vara Federal situada em município diverso de seu domicílio, não poderá ser o juízo eleito pela parte excepcionado. Nesta linha, ensina Vladimir Souza Carvalho:

> A norma inserida no § 3º do art. 109 retrata um caso de delegação de competência federal objetivando dar ao segurado ou beneficiário a faculdade de no próprio domicílio, no interior do Estado, onde não funciona Vara da Justiça Federal, litigar com o órgão previdenciário. Trata-se apenas de prorrogação de competência atendendo às conveniências dos segurados residentes no interior. (CARVALHO, 2008, p. 284-285)

Importante destacar que, apesar de a norma constitucional ter previsto a delegação de competência relatada, isso não implica dizer que as distintas jurisdições adotarão o mesmo rito processual no processamento das demandas previdenciárias.

Com efeito, existe vedação legal, tanto no art. 3º, § 2º, da Lei n. 9.099/95 (BRASIL, 1995), quanto no art. 20 da Lei n. 10.259/01 (BRASIL, 2001), impedindo que as ações propostas na Justiça Estadual, no caso de competência delegada, sejam ajuizadas nos Juizados Especiais Cíveis Estaduais. Isso porque o rito sumário dos juizados especiais estaduais não se aplica quando for interessada a administração pública, bem como porque o rito sumário, próprio dos juizados especiais federais, não se presta às causas previdenciárias que forem movidas nas comarcas estaduais, em virtude de competência delegada.

Assim, o segurado ou beneficiário que pretenda propor ação em face do INSS, cujo valor seja abaixo de 60 salários mínimos, e que resida em uma cidade onde não haja Vara da Justiça Federal tem duas opções: ajuizar a ação na comarca estadual de seu município e, nesse caso, o processo não poderá seguir o rito dos juizados; ou procurar o juizado especial federal mais próximo de sua cidade (CRUZ, 2011).

Sobre o tema o Superior Tribunal de Justiça (STJ) já se posicionou, conforme excerto de sua jurisprudência:

> RECURSO ESPECIAL. PREVIDENCIÁRIO. APLICAÇÃO DO RITO ESPECIAL DOS JUIZADOS ESPECIAIS FEDERAIS ÀS CAUSAS JULGADAS PELO JUIZ DE DIREITO INVESTIDO DE JURISDIÇÃO FEDERAL. IMPOSSIBILIDADE. VEDAÇÃO EXPRESSA CONTIDA NO ARTIGO 20 DA LEI N. 10.259/2001. 1. Em razão do próprio regramento constitucional e infraconstitucional, não há competência federal delegada no âmbito dos Juizados Especiais Estaduais, nem o Juízo Estadual, investido de competência federal delegada (artigo 109, parágrafo 3º, da Constituição Federal), pode aplicar, em matéria previdenciária, o rito de competência do Juizado Especial Federal, diante da vedação expressa contida no artigo 20 da Lei n. 10.259/2001. 2. Recurso especial provido. (BRASIL, REsp. 661.482/PB, 2009e)

Importante frisar que o mandado de segurança não está incluído na delegação de competência em análise, pois cabe ao juiz federal julgá-lo quando impetrado contra ato de autoridade federal (CF, art. 109, VIII).

4.5. A COMPETÊNCIA RESIDUAL DA JUSTIÇA COMUM ESTADUAL PARA ACIDENTES DO TRABALHO

Por competência remanescente ou residual, entende-se a atribuição jurisdicional derivada do silêncio constitucional. A bem dizer, a Constituição estabelece a competência de cada uma das Justiças da União, comum ou especial, sem nada dispor sobre a competência das Justiças dos Estados. Deste modo, serão da competência das Justiças Estaduais todas as causas em que a Constituição Federal se silenciou, ou seja, que não tenha reservado a nenhum dos órgãos do Judiciário Federal. Por este motivo, denomina-se a competência originária do Judiciário Estadual de remanescente ou residual.

Para que se possa assentar qual é o juízo competente para um caso concreto, o jurista Cléber Lúcio de Almeida ensina que:

> Em primeiro lugar, cumpre verificar se a justiça brasileira é competente para o julgamento da demanda. Reconhecida a competência da Justiça Brasileira, deve-se perquirir qual é a justiça, dentre as dispostas na Constituição Federal, competente para o julgamento da causa. (ALMEIDA, 2011, p. 178)

Pois bem, com base nesta lição, observa-se historicamente que as Constituições brasileiras de 1946 e 1967, além da Emenda n. 1/1969, atribuíram **expressamente** a competência para o julgamento das ações relativas a acidente do trabalho à Justiça Comum Estadual. As Constituições de 1891 e a de 1934 foram omissas no tocante à matéria. Todavia, na época, respectivamente, o Decreto-lei n. 3.724/1919 (BRASIL, 1919) e o Decreto n. 24.637/1934 (BRASIL, 1934b) reservaram à Justiça dos Estados a competência em matéria acidentária.

Diferentemente da Constituição que a precedeu, a de 1988 não repetiu a norma expressa, quanto à competência da Justiça Estadual para o julgamento das ações relativas a acidente do trabalho. A Emenda Constitucional n. 45/2004 (BRASIL, 2004), que reformou o Poder Judiciário, também se quedou silente sobre o tema.

Restou, pois, o art. 109, I, da Lei Fundamental, o qual dispôs que as causas em que a União, entidade autárquica ou empresa pública federal fossem interessadas na condição de autoras, rés, assistentes ou oponentes, compete aos juízes federais delas conhecer e julgar, excetuando-se as que versem sobre falência, acidentes do trabalho e as sujeitas à Justiça Eleitoral e à Justiça do Trabalho.

Constata-se dessa forma, que a norma constitucional acima, no que concerne ao acidente de trabalho, é uma **norma de exceção**, ou seja, trata da competência dos juízes federais e excepciona da competência **destes** as causas de acidente do trabalho, assim como as de falência, as da Justiça Eleitoral e as da Justiça do Trabalho. Isto quer dizer que, em concreto, a Justiça Federal comum não é **competente** para apreciar as **ações derivadas de infortunística**. (BORGES, 2006).

Não sendo a Justiça Federal a competente, restou saber quem seria o órgão do Judiciário competente: A Justiça do Trabalho ou a Justiça dos Estados?

Na doutrina, inexiste consenso. Duas correntes opostas se formaram sobre o tema. Uma advoga a competência da Justiça Comum Estadual, e outra, alicerçada na Emenda Constitucional n. 45/04 (BRASIL, 2004), defende a competência do Judiciário Laboral.

Wagner Giglio e Cláudia Giglio Corrêa defendem a competência da Justiça do Trabalho com os seguintes argumentos:

> A controvérsia fundada em acidente do trabalho, contudo, é sem sombra de dúvida de natureza trabalhista, e não havia, como não há, razão cientificamente válida para excluí-la da competência da Justiça do Trabalho. Somente o interesse escuso das companhias seguradoras explicava essa anomalia, no passado. Hoje, com a integração do seguro social no Instituto de Previdência, nem mesmo essa explicação subsiste. (GIGLIO; CORRÊA, 2007, p. 43)

Na mesma linha, posiciona-se Antônio Álvares da Silva:

> Ninguém nega que a ação de acidente do trabalho é oriunda na relação de trabalho, ou, mais exatamente, da relação de emprego. Se não cabe à Justiça Federal julgá-la, a competência é da Justiça do Trabalho, que julga todas as questões provenientes da relação de trabalho. (SILVA, 2005, p. 289)

Diferente, entretanto, é a interpretação de Sebastião Geraldo de Oliveira:

> Com a ampliação da competência introduzida pela Emenda Constitucional n. 45/2004, alguns operadores jurídicos defendem que também passou para a Justiça do Trabalho a competência para julgar os pedidos de benefícios acidentários em face da previdência social, quando o litígio for decorrente de acidente do trabalho ou doença ocupacional.
> *Data venia*, não entendemos desta forma. Ainda que a ideia seja atraente do ponto de vista operacional e de especialização, a sua mudança depende de outra mudança constitucional [...] Na demanda previdenciária, a relação processual forma-se entre o segurado e a Autarquia Previdenciária, sem a participação do empregador. Não se trata, portanto, de lide entre o trabalhador e o tomador de serviços [...] Essa competência, portanto, continua sendo da Justiça Comum, conforme previsto no art. 109, I, e § 3º, da Constituição de 1988, p. 398. (OLIVEIRA, 2009, p. 397-398)

Outro não é o pensamento de Wladimir Novaes Martinez: "causas acidentárias, entendidas exclusivamente as voltadas à concessão das prestações, competem à Justiça Estadual". (MARTINEZ, 2011, p. 82)

O STF, mesmo após a edição da Emenda Constitucional 45/2004, não alterou o seu posicionamento, consolidando ser a competência acidentária da Justiça Estadual, conforme exemplifica o seguinte julgado:

> **EMENTA:** AGRAVO REGIMENTAL EM RECURSO EXTRAORDINÁRIO. ACIDENTE DO TRABALHO. AÇÃO ACIDENTÁRIA AJUIZADA CONTRA O INSS. COMPETÊNCIA DA JUSTIÇA COMUM ESTADUAL. INCISO I E § 3O DO ARTIGO 109 DA CONSTITUIÇÃO FEDERAL. SÚMULA 501 DO STF. A teor do § 3º c/c inciso I do artigo 109 da Constituição Republicana, compete à Justiça comum dos Estados apreciar e julgar as ações acidentárias, que são aquelas propostas pelo segurado contra o Instituto Nacional do Seguro Social — INSS, visando ao benefício e aos serviços previdenciários correspondentes ao acidente do trabalho. Incidência da Súmula 501 do STF. Agravo regimental desprovido. (BRASIL, RE-Agr n. 478.472/DF, 2007c).

Não obstante este entendimento da primeira turma do STF e de parte da doutrina, não se pode descurar que a Constituição em seu art. 109, I, apenas excluiu a competência da Justiça Federal para apreciar e julgar as lides acidentárias. Em outros termos, disse a norma, que caberia à Justiça do Trabalho ou à Justiça dos Estados tal atribuição, haja vista que neste tema a competência em razão da pessoa, União, cede passo à competência em razão da matéria, acidente do trabalho. Nesta linha, Wagner Giglio e Claudia G. Corrêa sustentam:

> Com a Emenda Constitucional n. 45/2004, a competência para dirimir os conflitos atinentes a acidentes de trabalho e (por força do art. 20 da Lei n. 8.213, de 24-7-1991) aos derivados de doença profissional e de doença do trabalho aparentemente teria passado para a Justiça do Trabalho. (GIGLIO; CORRÊA, 2007, p. 43)

Logo, na medida em que a Justiça competente para processar e julgar as causas acidentárias decorrentes da relação de trabalho e de emprego é a laboral, art. 114, I, da Constituição; e, baseado no fato de que o acidente ou a doença ocupacional somente irá ocorrer no curso de uma relação de trabalho, quem for o competente para apreciar os litígios decorrentes desta, será para as lides que envolvam aquelas, independente de quem esteja no polo passivo da ação[24].

4.6. A COMPETÊNCIA PREVIDENCIÁRIA DA JUSTIÇA DO TRABALHO

Após a edição da Emenda Constitucional n. 45/2004 (BRASIL, 2004), parte da doutrina nacional sustenta que a Justiça do Trabalho detém competência previdenciária não apenas para executar as contribuições previdenciárias, por força do art. 114, VIII, mas, também, para julgar ações acidentárias e concessões de outros benefícios integrantes do Regime Geral de Previdência Social (RGPS). Neste sentido, pontua André Araújo Molina:

---

(24) No mesmo sentido: MELO, 2011.

Em tempos de Emenda Constitucional n. 45 de 2004, afigura-se completamente defensável a competência da Justiça do Trabalho para as lides entre trabalhador ou tomador e o INSS, desde que a controvérsia seja oriunda de uma relação de trabalho [...] (v. g. valores devidos por auxílio-doença acidentário, contagem de tempo de serviço, pleito de concessão de aposentadoria por invalidez, liberação das parcelas do seguro-desemprego etc.). (MOLINA, 2008, p. 952)

Deste posicionamento, não difere a exegese feita por Marco Aurélio Marsiglia Treviso, com base na ampliação da competência da Justiça do Trabalho advinda com a Emenda n. 45/2004:

[...] deverá ser concedida, ao trabalhador, a faculdade de, ao invés de propor ações distintas, ajuizar demanda única, contra o empregador e o INSS, cujo feito, por força da EC n. 45/04, será processado e julgado pela Justiça do Trabalho, já que, no caso específico, a relação previdenciária é decorrente do contrato de emprego havido. (TREVISO, 2010, p. 67)

A despeito dessa vertente vanguardista da doutrina juslaboral, acredita-se que a redação atual do art. 109, I, interpretada de forma sistemática com o art. 114 da Constituição Federal (BRASIL, 1988), não permite se conclua ser a Justiça do Trabalho competente para apreciar todos os conflitos atinentes a benefícios previdenciários do RGPS, mesmo se estes forem conexos à relação de trabalho. Observe-se a redação dos citados dispositivos:

Art. 109. Aos juízes federais compete processar e julgar:
I — as causas em que a União, entidade autárquica ou empresa pública federal forem interessadas na condição de autoras, rés, assistentes ou oponentes, exceto as de falência, as de acidentes de trabalho e as sujeitas à Justiça Eleitoral e à Justiça do Trabalho;
[...]

Art. 114. Compete à Justiça do Trabalho processar e julgar:
I — as ações oriundas da relação de trabalho, abrangidos os entes de direito público externo e da administração pública direta e indireta da União, dos Estados, do Distrito Federal e dos Municípios;
II — as ações que envolvam exercício do direito de greve;
III — as ações sobre representação sindical, entre sindicatos, entre sindicatos e trabalhadores, e entre sindicatos e empregadores;
IV — os mandados de segurança, habeas corpus e habeas data, quando o ato questionado envolver matéria sujeita à sua jurisdição;
V — os conflitos de competência entre órgãos com jurisdição trabalhista, ressalvado o disposto no art. 102, I, o;
VI — as ações de indenização por dano moral ou patrimonial, decorrentes da relação de trabalho;
VII — as ações relativas às penalidades administrativas impostas aos empregadores pelos órgãos de fiscalização das relações de trabalho;

VIII — a execução, de ofício, das contribuições sociais previstas no art. 195, I, a , e II, e seus acréscimos legais, decorrentes das sentenças que proferir;

IX — outras controvérsias decorrentes da relação de trabalho, na forma da lei. (BRASIL, 2004)

A nosso juízo, para definir se a Justiça do Trabalho é ou não competente para processar e julgar os conflitos relacionados a benefícios previdenciários, importa seguir o seguinte caminho: Primeiro, deve-se questionar se a União, autarquia ou empresa pública federal integra um dos polos da lide. Se afirmativa a resposta, dever-se-á passar para uma segunda indagação: Essa ação se refere à falência, acidente de trabalho ou é sujeita à Justiça Eleitoral ou à Justiça do Trabalho. Se negativa a resposta, fixada estará a competência da Justiça Federa Comum. Porém, se positiva, há que verificar se a matéria veiculada na lide está prevista em um dos incisos do art. 114 da Carta Maior.

Observando estritamente a legalidade, em relação a esta última pergunta, o digitado art. 114 responde de forma positiva nos incisos I, VII e VIII. Ou seja, estão expressamente sujeitas à Justiça do Trabalho as causas em que a União, entidade autárquica ou empresa pública federal participem e que envolvam relação de trabalho — inciso I; ações que versem sobre penalidades administrativas impostas aos empregadores, desde que oriundas da relação de trabalho — inciso VII; e as execuções da contribuição previdenciária decorrente das sentenças proferidas pelo judiciário laboral — inciso VIII.

Nenhum dos demais incisos do art. 114 em destaque fez referência à União ou demais entes de sua administração indireta. Logo, não sendo citados, obtém-se que os demais incisos silenciosamente responderam de forma negativa à segunda pergunta, razão pela qual se afirma não ser a Justiça do Trabalho competente para processar e julgar todas as pretensões resistidas dos segurados da previdência social, e sim a Justiça Federal.

No caminho exegético trilhado, constitucionalmente, observa-se que a Justiça do Trabalho não possui competência para julgar toda e qualquer lide concernente à concessão ou não de benefício previdenciário regido pelo RGPS. Sua competência se limita à matéria de custeio, quando executa as contribuições devidas pelos integrantes de um dissídio respeitante à relação de trabalho, e, em esforço exegético, às demandas acidentárias.

Apesar deste fato, jurisprudencialmente havia sido cristalizado o entendimento de que a Justiça do Trabalho era a competente para apreciar os litígios em torno dos benefícios do Regime de Previdência Complementar (RPC), desde que oriundos de uma relação de trabalho. Deste modo, sempre que um tomador de serviços instituísse um regime próprio de previdência complementar privado para atender os seus empregados, complementando ou sucedendo um benefício devido pelo RGPS, competente seria a Justiça Obreira, dado que o direito ou não ao benefício complementar se originou de uma relação contratual de trabalho. Portanto, essa competência decorria da interpretação ampliativa do disposto no art. 114, I, da Constituição Federal.

No dia 20 de fevereiro de 2013, o STF, nos autos do processo RE n. 586.453, definiu que cabe à Justiça Comum, e não à Justiça do Trabalho, processar e julgar as ações movidas por trabalhadores em face das entidades de previdência privada complementar. Para a maioria dos ministros, com base no par. 2º, do art. 202 da Constituição Federal, as causas envolvendo previdência complementar não integram os contratos de trabalho. Por isso, não devem ser tratadas pela justiça trabalhista. Para que as decisões tomadas anteriormente pela justiça trabalhista não fossem anuladas, os ministros do STF modularam os efeitos do julgado, para reconhecer a competência da Justiça do Trabalho para as causas sentenciadas até 20.2.2013.

4.6.1. A Justiça do Trabalho e a execução das contribuições previdenciárias

A Lei n. 7.787/89 foi o marco inicial da execução da contribuição previdenciária na Justiça do Trabalho. O artigo 12 e o parágrafo único deste diploma trataram, pela primeira vez, deste tema estipulando:

> Art. 12. Em caso de extinção de processos trabalhistas de qualquer natureza, inclusive a decorrente de acordo entre as partes, de que resultar pagamento de vencimentos, remuneração, salário e outros ganhos habituais do trabalhador, o recolhimento das contribuições devidas à Previdência Social será efetuado 'in continenti'.
> Parágrafo único. A autoridade judiciária velará pelo fiel cumprimento do disposto neste artigo. (BRASIL, 1989)

Em nosso modo de entender, ao editar essa lei, tentou o legislador ordinário aumentar a arrecadação da contribuição previdenciária, evitando a sonegação fiscal derivada dos pagamentos de natureza salarial realizados nos juízos trabalhistas, fonte de custeio do sistema da seguridade social.

Não obstante o nobre intento do legislador, prevaleceu na jurisprudência que a norma não atribuíra à Justiça do Trabalho a competência para executar dita contribuição. A norma foi interpretada restritivamente, no sentido de que, se o recolhimento das contribuições devidas não fosse voluntário, não poderia o Juiz do Trabalho praticar nenhum ato executório para cobrá-las.

Supervenientemente, a Lei n. 8.212/91 (BRASIL, 1991a), que trata do custeio da seguridade social, disciplinou o tema nos artigos 43 e 44, revogando o art. 12 e parágrafo único da Lei n. 7.787/89 (BRASIL, 1989).

Apesar de nesta nova lei constar expressamente que o juiz determinaria o recolhimento da contribuição previdenciária de forma imediata, o TST, por intermédio da Resolução Administrativa (RA) CGJT 2/93, com o fito de uniformizar o cumprimento dos dispostos nos arts. 43 e 44 da Lei n. 8.212/91 (BRASIL, 1991a), regulamentou o procedimento a ser seguido pelos órgãos da Justiça do Trabalho para o atendimento do comando legal mencionado.

Consta do art. 7º da sobredita resolução que caberia ao reclamado devedor das contribuições previdenciárias efetuar o recolhimento destas, comprovando nos autos. Ao Juiz do Trabalho apenas competiria verificar se tal imposição legal fora devidamente cumprida, nos termos do art. 8º da RA 02/93. Caso o recolhimento não fosse efetuado, ou se pairasse dúvida sobre o exato valor devido ou recolhido, nos termos do § 1º deste art. 8º, nenhum ato seria praticado no processo, exceto expedir ofício à autarquia previdenciária para, em querendo, providenciasse a cobrança judicial na Justiça Federal comum.

Com isso, observa-se que nenhuma discussão sobre o crédito previdenciário poderia ser travada nos autos da reclamatória trabalhista pelo credor do crédito tributário, haja vista a falta de previsão legal que o legitimasse a atuar no feito.

O quadro descrito somente se alterou com a promulgação, pelo Congresso Nacional, da Emenda Constitucional n. 20, de 9.12.1998 (BRASIL, 1998). Essa norma modificou vários artigos da lei de custeio do Regime Geral da Previdência Social, além de ampliar a competência material da Justiça do Trabalho, ao inserir o § 3º no art. 114 da Constituição Federal, nos seguintes termos: "Art. 114 [...] § 3º — Compete ainda à Justiça do Trabalho executar, de ofício, as contribuições sociais previstas no art. 195, I, "a", e II, e seus acréscimos legais, decorrentes das sentenças que proferir" (BRASIL, 1998).

A partir de então, o Juiz do Trabalho passou a atuar, de ofício, para que a arrecadação deste tributo prescindisse do lançamento e constituição pela via administrativa.

Em seguida, foi publicada a Lei n. 10.035/2000, em 26.10.2000 (BRASIL, 2000c), que cuidou dos aspectos processuais e procedimentais para que fosse possível dar fiel cumprimento ao comando constitucional de execução da contribuição previdenciária de ofício.

Ao longo da última década, novas leis vieram a compor ou a alterar o quadro do que é, e de como se executa a contribuição previdenciária na Justiça do Trabalho. Por exemplo, a alteração do § 3º do art. 114 da Constituição Federal, promovida pela Emenda Constitucional 45/2004 (BRASIL, 1988; 2004), o qual passou a ser o inciso VIII, do mesmo artigo; a Lei n. 11.457/2007 (BRASIL, 2007), que alterou parcialmente alguns dos procedimentos criados pela Lei n. 10.035/2000 (BRASIL, 2000c) em relação à execução das contribuições previdenciárias; a Lei n. 11.941/2009 (BRASIL, 2009a) (fruto da conversão da Medida Provisória n. 449/2008), que revogou o parágrafo único do art. 43 da Lei n. 8.212/91 (BRASIL, 1991a), e acrescentou seis parágrafos ao mesmo artigo.

Pode-se afirmar que o legislador constituinte derivado, ao atribuir à Justiça do Trabalho a competência para executar as contribuições previdenciárias decorrentes das sentenças por ela proferidas, agiu com acerto. É inegável que essa alteração legislativa e as atualizações normativas posteriores propiciaram a racionalização e agilidade da cobrança deste tributo. Também, houve aumento significativo da arrecadação em razão e proporção inversa à sonegação que ocorria anteriormente ao advento da Emenda Constitucional 20/98 (BRASIL, 1998).

Lamenta-se apenas o revés que sofreu tal atribuição constitucional com a interpretação dada pelo STF ao disposto no art. 114, VIII, a qual limitou a execução da contribuição às sentenças condenatórias, extraindo da competência laboral a cobrança da contribuição nas ações que declaravam a existência da relação de emprego.

Com efeito, no julgamento do Recurso Extraordinário 569.056/PA, a Suprema Corte reconheceu a repercussão geral e entendeu que a sentença declaratória que admite o vínculo de emprego não é título executivo de crédito previdenciário, razão pela qual inexequível. Eis a ementa da decisão:

> Recurso extraordinário. Repercussão geral reconhecida. Competência da Justiça do Trabalho. Alcance do art. 114 , VIII , da Constituição Federal . 1. A competência da Justiça do Trabalho prevista no art. 114, VIII , da Constituição Federal alcança apenas a execução das contribuições previdenciárias relativas ao objeto da condenação constante das sentenças que proferir. 2. Recurso extraordinário conhecido e desprovido. (BRASIL, RE n. 569.056/PA, 2008).

Desde então, pacificou-se no âmbito da jurisprudência trabalhista que não se determinaria o recolhimento das contribuições previdenciárias em relação aos salários pagos durante o vínculo de emprego, nos termos da Súmula n. 368 do TST.

4.6.2. *Dos benefícios previdenciários do RGPS analisados pela Justiça do Trabalho*

Conforme se verificou no tópico precedente, a Justiça do Trabalho não detém competência constitucional para julgar conflitos de interesse concernentes a benefícios previdenciários. Entretanto, isto não quer dizer que ela não tenha que, de forma reflexa, analisar em seus julgados todas as espécies de benefícios pagos pelo RGPS.

No capítulo dois supra, já se afirmou que vida, saúde e trabalho são fatores indissociáveis para a integralidade e dignidade do ser humano. O direito do trabalho cuida das relações de trabalho e institui normas de proteção à saúde de quem labora. O fruto do trabalho garante a subsistência de vidas, a do trabalhador e de seus dependentes.

Para propiciar meios para que o trabalhador continue manutenindo alimentarmente a si e a sua família quando da inatividade involuntária, surgiu o seguro social. Trata-se de seguro no qual o bem que se visa proteger é a capacidade de trabalho, ou seja, a capacidade laborativa do trabalhador. Estando o trabalhador inapto para o trabalho, por lhe faltar saúde para desempenhar suas atividades, seu salário é sucedido por um benefício da seguridade social, também cognominado de "salário social".

Assim, a rigor, até a segunda geração do trabalhador, as normas trabalhistas e previdenciárias estarão sempre vinculadas a ele ou a seus dependentes, ora atuando concomitantemente, ora em linha sucessória. Nesta esteira, Sully Alves de Souza afirmou que: "Em relação ao direito do trabalho, é de se reconhecer que a previdência social surgiu como uma forma de suprimento salarial no acidente, na maternidade, na doença, na invalidez ou na velhice". (SOUZA, 1976, p. 31)

Por este aspecto é que a Justiça do Trabalho aprecia os benefícios previdenciários, não para concedê-los ou cessá-los, mas para identificar os reflexos e efeitos da sucessão entre o direito previdenciário e o trabalhista, e vice-versa, durante o contrato de trabalho.

Para exemplificar o acima dito, efetuou-se uma pesquisa[25] na jurisprudência do Tribunal Superior do Trabalho (TST) e foram encontrados na fundamentação das decisões desta Corte os seguintes resultados quanto aos benefícios do RGPS:

a) 28.523 acórdãos se referiram à locução auxílio-doença, incluindo o acidentário;

b) 22.202 julgados citaram o termo aposentadoria por tempo de contribuição;

c) 14.657 decisões trataram da aposentadoria por invalidez;

d) 5.901 acórdãos se reportaram à locução auxílio-acidente;

e) 4.784 acórdãos mencionaram a aposentadoria especial;

f) 3.716 mencionaram a licença-maternidade.

g) 3.153 julgados abordaram a matéria aposentadoria por idade;

h) 2.998 decisões cuidaram do salário-família;

i) 2.068 julgados aludiram ao auxílio-reclusão;

j) 1.907 acórdãos versaram sobre a pensão por morte do RGPS;

k) 1.154 trataram especificamente do salário-maternidade;

Ressalte-se que os números citados dizem respeito apenas aos julgados envolvendo benefícios previdenciários do RGPS. No que tange aos benefícios pagos pela previdência complementar instituída pelo empregador, estes serão objeto de análise em separado, abaixo.

Assim, materialmente, o direito do trabalho mantém uma interseção dinâmica com o direito previdenciário, um não prescinde do outro, uma vez que, como observado, entre ambos coexistem relações de coordenação e sucessão entre os seus diversos dispositivos, os quais surgem desde a concepção da vida e perduram até o fim da pensão por morte, depois de cessar o direito do beneficiário dependente do trabalhador segurado que foi a óbito[26].

4.6.3. *Os benefícios previdenciários do Regime de Previdência Complementar*

Ficou demonstrado que, quanto aos benefícios previdenciários do RGPS, a Justiça do Trabalho se limita à análise da relação concomitante ou sucessória entre o direito material do trabalho e previdenciário. Por outro lado, no que tange

---

(25) Pesquisa realizada em 10 abril 2014, utilizando-se o operador "ADJ1 ou ADJ2", que propicia o retorno de dados baseados na proximidade de dois ou mais termos da consulta. (BRASIL, 2012l)

(26) A doutrina é farta no trato desta intersecção, por exemplo: ALLY, 1987; VIANNA, 2006.

aos benefícios previdenciários oriundos do regime de previdência complementar privado subjacente à relação de trabalho, sua competência era incontestável.

De acordo com a previsão inserida no art. 114, IX, da Constituição Federal, esta Justiça Especializada é competente para apreciar outras controvérsias decorrentes da relação de trabalho, entre as quais se inserem as questões concernentes às relações derivadas do contrato de trabalho.

Neste sentido, consolidara-se a jurisprudência turmária do Supremo Tribunal Federal ao considerar que, para processar e julgar os benefícios oriundos de um sistema de previdência complementar privado instituído pela empresa empregadora em favor de seu empregado, a competência é da Justiça do Trabalho, *verbis*:

> AGRAVO REGIMENTAL NO AGRAVO DE INSTRUMENTO. CONSTITUCIONAL. COMPLEMENTAÇÃO DE APOSENTADORIA. COMPETÊNCIA DA JUSTIÇA DO TRABALHO. AGRAVO REGIMENTAL AO QUAL SE NEGA PROVIMENTO. 1. A jurisprudência do Supremo Tribunal Federal firmou-se no sentido de que compete à Justiça do Trabalho o julgamento das questões relativas à complementação de aposentadoria quando decorrentes de contrato de trabalho. 2. As questões sobre ocorrência de prescrição e do direito às diferenças pleiteadas demandariam o exame da legislação infraconstitucional e de cláusulas do regulamento pertinente. 3. Imposição de multa de 5% do valor corrigido a causa. Aplicação do art. 557, § 2º, c/c arts. 14, inc. II e III, e 17, inc. VII, do Código de Processo Civil. (BRASIL, Agravo regimental no agravo de instrumento, n. 702.330/BA, 2009d)

Aponta-se que a competência da Justiça do Trabalho, para as lides sobre previdência complementar, não se limitava à concessão, ou não, da supletividade de benefícios. Toda e qualquer matéria sobre filiação, tempo de contribuição, prescrição, idade mínima, qualidade de segurado e dependentes, relativa à relação jurídica previdenciária privada decorrente de um vínculo laboral, pertencia à sua alçada jurisdicional.

Ressalte-se que a complexidade da matéria do regime de previdência complementar privado é maior do que a disciplina que cuida do regime geral da previdência social pública. Isto porque, enquanto nesta há somente duas leis (8.212 e 8.213/91) (BRASIL, 1991a; 1991b) e um Decreto (3.048/99) (BRASIL, 1999c) tratando de toda a relação jurídica de custeio e benefícios, naquela há uma disparidade de normas, uma para cada instituição criada pelo tomador de serviços. Assim, em cada processo, os juízes do trabalho analisavam diplomas materiais distintos, sempre que a lide retratar uma relação jurídica previdenciária de patrocinador distinto.

Destarte, para a determinação da competência da Justiça do Trabalho não importava que a solução da lide dependesse da análise e interpretação de questões de direito civil, securitário ou previdenciário, mas, sim, que o fundamento da causa de pedir e o pedido assentassem lastro em razão da relação de trabalho subjacente.

Portanto, diante destas linhas, verifica-se que, caso se atribua à Justiça do Trabalho a competência para julgar os dissídios associados a benefícios do RGPS, não será, para ela, novidade. Pelo já exposto, a maior Corte Trabalhista, nas décadas de

30 e 40 do século passado, já julgava todas as matérias previdenciárias, e, atualmente, seus órgãos estão familiarizados com a apreciação de temas da disciplina securitária.

Não obstante a esse arrazoado, inclusive pautado na própria jurisprudência do STF, no dia 20 de fevereiro de 2013, esse tribunal, nos autos do processo RE n. 586.453, definiu que cabe à Justiça Comum, e não à Justiça do Trabalho, processar e julgar as ações movidas por trabalhadores em face das entidades de previdência privada complementar. Para a maioria dos ministros, com base no parágrafo 2º, do art. 202 da Constituição Federal, as causas envolvendo previdência complementar não integram os contratos de trabalho. Por isso, não devem ser mais processadas e julgadas pela justiça trabalhista.

4.7. A JURISPRUDÊNCIA DO STJ E DA TNU EM RELAÇÃO AOS BENEFÍCIOS PREVIDENCIÁRIOS

Criado pela Constituição Federal de 1988, o Superior Tribunal de Justiça — STJ é a Corte responsável por uniformizar a interpretação da lei federal em todo o Brasil. Ele é a última instância da Justiça brasileira para as questões jurídicas infraconstitucionais, não relacionadas diretamente com a Constituição. Como órgão de convergência da Justiça Comum, aprecia causas oriundas de todo o território nacional, em todas as vertentes jurisdicionais não especializadas.

Por este motivo, para ele convergem todos os conflitos dizentes dos benefícios previdenciários que foram apreciadas originalmente pelas Varas da Justiça Federal ou pela Justiça Comum dos Estados, em virtude da competência delegada.

Por força do disposto no art. 14 da Lei n. 10.259/2001 (BRASIL, 2001), das lides julgadas pelos Juizados Especiais Federais não cabe nenhum recurso para o STJ. No caso, a função uniformizadora das decisões proferidas pelos diversos juízos citados, incluindo as previdenciárias, é da Turma Nacional Uniformização da Jurisprudência dos Juizados Especiais Federais (TNU), órgão integrado por juízes dos cinco Tribunais Regionais Federais, que funciona junto ao Conselho da Justiça Federal.

Utilizando o mesmo padrão de pesquisa adotado quando da consulta ao endereço eletrônico do TST, conforme item precedente, foi realizada investigação na jurisprudência do STJ e da TNU para constatar os julgados que albergam termos idênticos aos anteriormente consultados. Ao final, observou-se, em relação aos acórdãos proferidos pelo STJ em matéria de benefícios previdenciários do RGPS, o seguinte resultado[27]:

a) 2.362 acórdãos aludiram à locução auxílio-acidente;

b) 2.157 acórdãos a propósito da pensão por morte do RGPS;

---

(27) Pesquisa realizada em 10 abril 2014, utilizando-se o operador "ADJ", que propicia o retorno de dados baseados na proximidade de dois ou mais termos da consulta. (BRASIL, 2012f)

c) 1.531 julgados abordaram a matéria aposentadoria por idade;

d) 1.221 julgados citaram o termo aposentadoria por tempo de contribuição ou aposentadoria por tempo de serviço;

e) 958 decisões trataram da aposentadoria por invalidez;

f) 594 acórdãos mencionaram a aposentadoria especial;

g) 554 acórdãos se referiram à locução auxílio-doença;

h) 133 trataram especificamente do salário-maternidade;

i) 67 mencionaram a licença-maternidade;

j) 44 decisões dizentes do salário-família;

k) 30 julgados cuidaram do auxílio-reclusão;

No endereço eletrônico de consultas da TNU, foram encontrados os seguintes resultados em termos de benefícios do RGPS que foram objeto de fundamentação nas decisões uniformizadoras[28]:

a) 1.844 julgados abordaram a matéria aposentadoria por idade;

b) 1.825 julgados citaram o termo aposentadoria por tempo de contribuição ou aposentadoria por tempo de serviço;

c) 805 acórdãos trataram da pensão por morte do RGPS;

d) 695 decisões trataram da aposentadoria por invalidez;

e) 678 acórdãos se referiram à locução auxílio-doença;

f) 287 acórdãos cuidaram da aposentadoria especial;

g) 142 fizeram referência ao salário-maternidade;

h) 101 decisões se reportaram ao salário-família;

i) 78 acórdãos aludiram à locução auxílio-acidente;

j) 51 julgados citaram o auxílio-reclusão;

k) 01 mencionou o direito à licença-maternidade.

4.8. AS SÚMULAS DO TST, STJ E TNU SOBRE PREVIDÊNCIA

Para divulgar e tornar pública a jurisprudência, bem como para promover a uniformidade entre as decisões proferidas por seus órgãos internos, os diversos tribunais do país passaram a editar súmulas. Consistem essas em enunciados sucintos que registram a posição pacífica ou majoritária da Corte julgadora sobre temas específicos analisados em diversos processos análogos.

---

(28) Pesquisa realizada em 11 abril. 2014, utilizando-se o operador "ADJ", que propicia o retorno de dados baseados na proximidade de dois ou mais termos da consulta. (CONSELHO DA JUSTIÇA FEDERAL, 2012)

O TST editou 447 (quatrocentos e quarenta e sete)[29] súmulas dizentes do direito material e processual do trabalho e sobre questões conexas a estas disciplinas, tais como custeio e benefícios previdenciários do RGPS e previdência complementar privada. Além disso, este Tribunal já publicou 579 (quinhentos e setenta e nove) orientações jurisprudenciais, por intermédio de sua Seção de Dissídios Individuais, SBDI-1 e 2.

Do total de verbetes sumulares publicados pelo TST, extrai-se que 26 (vinte e seis)[30] se referem expressamente à previdência pública e privada, abrangendo matérias de custeio e benefícios. Ainda, editou esta Corte 24 (vinte e quatro)[31] orientações jurisprudenciais sobre estes temas.

No STJ, das 510 (quinhentos e dez)[32] súmulas editadas, 31 (trinta e uma)[33] versam sobre custeio e benefícios dos sistemas público e privado de previdência social.

Até abril de 2014, a TNU editou 77 (setenta e sete)[34] súmulas. Destas, 53 (cinquenta e três)[35] tratam dos benefícios e custeio do RGPS, não dispondo seus verbetes sobre a previdência privada.

4.9. BREVE COTEJO ENTRE OS NÚMEROS DA JURISPRUDÊNCIA E SÚMULAS DO TST, STJ E TNU

A autonomia conferida ao Direito Previdenciário pela Carta Constitucional de 1988 não retirou a interdependência dessa disciplina com o Direito do Trabalho. Entre ambas existem muitos pontos e conceitos comuns, os quais ainda são pouco explorados pela doutrina pátria. De igual maneira, merecem melhor estudo as implicações que os benefícios concedidos pela Previdência Social trazem à relação de emprego, e vice-versa. (VIANNA, 2006)

Apesar do quase esquecimento doutrinário e acadêmico no trato das interseções das questões que afetam diretamente ao Direito do Trabalho e Previdenciário, sabia-se, quando da elaboração do projeto que antecedeu a este trabalho, que o Poder Judiciário, mais especificamente a Justiça do Trabalho, é quem, mais de perto, enfrenta os conflitos decorrentes das referidas interseções.

---

(29) Até 20 de abril de 2014.
(30) Súmulas do Tribunal Superior do Trabalho ns. 15, 32, 46, 52, 72, 87, 92, 97, 106, 160, 254, 282, 288, 311, 313, 326, 327, 332, 344, 348, 371, 368, 378, 389, 401, 440.
(31) Orientações da SDI1 ns. 18, 26, 41, 44, 129, 224, 230, 250, 276, 289, 346, 361, 363, 368, 375, 376, 398, 399, 414; SDI2 ns. 08, 22, 24, 57, 142.
(32) Até 21 abril 2014.
(33) Súmulas do Superior Tribunal de Justiça ns. 15, 44, 89, 107, 110, 111, 146, 148, 149, 159, 175, 178, 204, 226, 242, 272, 289, 290, 291, 310, 321, 336, 340, 351, 416, 425, 427, 456, 458, 505 e 507.
(34) Até 21 abril 2014.
(35) Súmulas da TNU ns. 01, 02, 03, 04, 05, 06, 08, 09, 10, 14, 18, 19, 20, 21, 22, 24, 25, 30, 31, 32, 33, 34, 36, 37, 41, 44, 45, 46, 47, 49, 50, 51, 52, 53, 54, 55, 57, 60, 61, 62, 63, 64, 65, 66, 67, 68, 69, 70, 71, 72, 73, 75, 76.

Assim, já era esperado que a jurisprudência do TST nos revelasse que a Justiça do Trabalho cuida dos temas comuns entre o Direito do Trabalho e Previdenciário, mormente quando em curso uma relação de trabalho. Todavia, os números da jurisprudência do TST, em comparação com a do STJ, nos surpreendeu positivamente. Em verdade, esperava-se encontrar jurisprudência dos tribunais pesquisados justamente por estes decidirem sobre matérias previdenciárias. O que não se previa era a excepcional diferença entre os números encontrados. Ressalte-se que não se conhece, até o momento, nenhuma emulação comparativa similar na doutrina ou academia.

Com efeito, o STJ apenas possui mais julgados do que o TST em relação ao benefício pensão por morte 2.157 x 1.907. Nos demais benefícios consultados, o TST possui jurisprudência sobre estes em escala muito maior do que a do STJ.

Talvez justifique estes números o fato de que o benefício pensão por morte apenas se torne devido após o fim da relação de trabalho, quando já aposentado o trabalhador, ou, ainda, porque, se não aposentado, o evento morte é uma das causas de extinção do vínculo laboral.

Desse modo, como o beneficiário de tal prestação não é o segurado-trabalhador, mas seus dependentes, normalmente estes ajuízam ação para receber o benefício previdenciário, visto que, em regra, desconhecem os liames práticos vivenciados pelo segurado-trabalhador durante a relação de emprego, fato que, se conhecido, lhes possibilitaria ajuizar ação trabalhista. Logo, a ação será proposta na Justiça Comum, federal ou estadual, e caberá ao STJ a última palavra sobre a questão controversa.

No mesmo sentido, comparando a jurisprudência da TNU com a do TST, verifica-se que a Turma Nacional, apesar de também uniformizar a jurisprudência dos Juizados Especiais Federais Previdenciários, que só analisam processos relativos a benefícios de menor potencial econômico, possui números que não se avizinham dos do TST. Observa-se que, mesmo se forem somadas as jurisprudências da TNU com as do STJ, o resultado será bem inferior às causas apreciadas pelo órgão que integra a cúspide do Judiciário Laboral.

Por nossa experiência de 14 anos na judicatura laboral, nota-se que o trabalhador subordinado ajuíza ação trabalhista geralmente quando cessado o contrato de trabalho. Quando a ação é proposta durante a relação de emprego, é porque subjaz a ela, a rigor, um conflito que envolve o direito do trabalho e o previdenciário. Citam-se a título de exemplo:

a) as ações em que se quer ver reconhecido o afastamento do trabalho por motivo de acidente, mas não por doença comum, para possibilitar, entre outros, estabilidade no emprego ao final do benefício;

b) as ações em que se visa reconhecer vínculos não formalizados na CTPS, para efeitos de suprir carência exigida pelo INSS para pagamento de benefícios;

c) motivos da rescisão contratual, justa causa ou não, para efeito de concessão do benefício de salário-maternidade;

d) causas em que o benefício previdenciário suspende ou interrompe o contrato de trabalho e suas consequências;

e) demandas em que se requer o pagamento de salário do empregador, após a cessação do benefício previdenciário de auxílio-doença, quando o empregador considera o empregado ainda inapto para o trabalho;

f) recolhimento do Fundo de Garantia por Tempo de Serviço (FGTS), quando o empregado está afastado em virtude de acidente do trabalho, percebendo benefício acidentário;

g) aposentadoria e a extinção ou não do contrato de trabalho;

h) percepção do adicional de periculosidade e/ou insalubridade para efeito de contagem do tempo de contribuição para a aposentadoria especial etc.

Tais conflitos justificam a intervenção da Justiça do Trabalho, dado que lhe caberá decidir quando as normas de direito do trabalho sucederão as do direito previdenciário, e vice-versa, enquanto vigente a relação jurídica material entre tomador e prestador de serviços.

Assim, atuando de forma indireta, porquanto não detém competência para julgar demandas que envolvam o pagamento, ou não, de benefícios previdenciários, a Justiça do Trabalho, mesmo assim, é a que mais julga matérias atinentes ao conjunto de direitos que estão na interseção destas duas disciplinas jurídicas. Porém, a eficácia de suas decisões são limitadas, haja vista que, no que toca aos benefícios, suas decisões não vinculam a Previdência Social, mas apenas os sujeitos da relação de trabalho.

No que tange às súmulas do STJ, do TST e da TNU, elas apenas reforçam os números encontrados na jurisprudência.

Somadas as Súmulas e as Orientações Jurisprudenciais do TST, verifica-se que ele sedimentou em diversos verbetes seu entendimento sobre as matérias previdenciárias de sua competência.

Comparando as súmulas do TST, apesar da sua minguada competência em matéria previdenciária, com as do STJ, e a ampla competência deste para julgar a previdência complementar privada, fechada e aberta, bem como para apreciar os recursos das causas originadas nas Varas Federais (exceto juizados) e da Justiça Comum em matéria de benefícios e custeio, pode-se afirmar que, em razão dos números semelhantes, a preocupação do TST em cristalizar seus julgados é maior do que a do STJ.

Dessa preocupação do TST parece compartilhar a TNU. De suas súmulas, decorre que a grande maioria trata de questões concernentes a benefícios previdenciários, justamente porque ela unifica o entendimento distinto das diversas turmas recursais em matéria previdenciária, originada dos Juizados Especiais Federais Previdenciários. Neste ponto, verifica-se que a especialização atua como fator de celeridade e segurança jurídica, na medida em que, tanto os juízes das instâncias inferiores, quantos os operadores jurídicos, saberão, dentre outros motivos, qual matéria será passível de ser revertida via recurso.

Por fim, pode-se concluir que os julgados do TST e da TNU nos revelam que a atribuição de competência, em razão da especialidade de matérias afins, é uma necessidade. Por este sendeiro, há espaço para se estabelecer no país uma Corte única que seja competente para julgar os conflitos decorrentes das causas sociais do trabalho e de seu direito sucessório, o direito previdenciário.

5
COMPETÊNCIA DA JURISDIÇÃO SOCIAL[36] NO DIREITO COMPARADO

A denominação Jurisdição Social, neste trabalho, é designativa dos órgãos que detêm a competência para processar e julgar o contencioso previdenciário e laboral, uma vez que estes ramos jurídicos possuem uma fonte material comum: o direito social.

Neste item, será abordada a estruturação dos diversos modelos de jurisdição trabalhista e previdenciária existentes no direito comparado, com enfoque especial à competência da Jurisdição Social de alguns países da Europa, Oriente Médio e da América Latina.

Não obstante a abalizada doutrina de Vitor Salino de Moura Eça (2006) entender que a locução que melhor espelha o estudo do direito de outros países seja direito estrangeiro, opta-se neste pelo uso da expressão direito comparado, porquanto esta é a que se sedimentou nos manuais da doutrina pátria.

A inserção deste item neste trabalho se justifica por dois motivos:

a) para demonstrar que a proposta de uma Jurisdição Social para a justiça trabalhista brasileira não é novidade em outros ordenamentos do exterior. Pelo contrário, alicerça-se, pouco a pouco, em diversos países, a ampliação da competência da justiça laboral para abarcar questões do seguro social;

b) Ao difundir o conhecimento do direito comparado, "ampliamos nossa compreensão dos sistemas e institutos e, assim, podemos estimular o legislador nacional a produzir inovações para nosso direito positivo". (EÇA, 2006)

---

(36) Por ser a Jurisdição Social o fundamento principal deste trabalho, para maior ênfase, ela foi grafada em letra maiúscula.

5.1. MODELOS DE JURISDIÇÃO SOCIAL

A partir do Estado Social, "tutor dos direitos da personalidade" (BONAVIDES, 1993, p. 200), difundiu-se no mundo a necessidade de se criarem organismos e instituições específicas para tratar dos direitos sociais decorrentes do trabalho, dado que estes começavam a eclodir nas legislações por todo o mundo.

Até então competia aos juízes comuns julgar as questões trabalhistas, os quais "nem sempre mereceram a confiança dos sindicatos" (NASCIMENTO, 1997, p. 1018). Diante dessa desconfiança, as primeiras instituições criadas para a resolução dos conflitos sociais trabalhistas tinham como membros representantes da classe patronal e da classe operária, como exemplo, os *Conseils de Prud'hommes*, na França.

Todavia, como o contexto sociojurídico-cultural se diferencia de um país para outro, dependendo do influxo deste na realidade política de cada nação, observa-se, a rigor, que no mundo foram criados três modelos de organização da Jurisdição Social:

a) a Jurisdição Sociolaboral como ramo especial da Justiça Comum;

b) a Jurisdição como instituição administrativa, e,

c) a Jurisdição Sociolaboral como Justiça Especializada.

Estes citados padrões de organização da Jurisdição Social não são reproduzidos igualitariamente nos diversos países. Eles ainda comportam diferenciações quanto à amplitude da competência, composição de seus órgãos e extensão territorial da jurisdição, seja em função da autonomia de certas províncias ou em razão da integração de alguns países em certas comunidades regionais.

Tal esquadrinhamento disforme desta jurisdição pelos diversos países do mundo é plenamente justificável, na medida em que a legislação material do trabalho e do seguro social, bem como os conflitos decorrentes, varia de um para outro em grau de complexidade, especificidade das atividades econômicas e volume de litigiosidade, entre outros motivos.

5.1.1. A Jurisdição Social como ramo especial da Justiça Comum

A Jurisdição Social como ramo especial da Justiça Comum, ainda é o modelo organizacional mais utilizado no mundo. Por outro lado, dos três padrões organizacionais existentes, também é este que comporta a maior diferenciação dentro próprio modelo, a depender da realidade de cada país que o adota.

Em certos países, a Jurisdição Social como ramo da Justiça Comum aborda tanto o primeiro como o segundo grau de jurisdição. Noutros, como no Paraguai e Itália, a instância especial existe apenas no primeiro grau. Ainda, na instância primária pode haver a divisão de acordo com quem julga, existindo juízo unipessoal e colegiado.

Ao segundo grau que for atribuída a competência especializada, necessariamente o órgão julgador é colegiado, denominado de Tribunal do Trabalho ou do social. Este tribunal pode ser formado por um colegiado togado ou de carreira ou, ainda, por um colegiado misto, composto por um juiz profissional e dois ou mais membros leigos.

Nos países em que o segundo grau não é especializado, ocupa a função de Corte revisora dos julgados as denominadas salas laborais ou sociais. Também, nas nações em que o órgão recursal não é especializado, o segundo grau pode ser um tribunal civil, como o Tribunal Comum de Apelação ou *Corte de Appello* da Itália.

Amauri Mascaro do Nascimento não divisa nenhuma importância na diferenciação entre este modelo e o adotado no Brasil, que preferiu criar uma Justiça do Trabalho como segmento especializado independente. Para ele:

> A diferença entre os dois tipos de organização é meramente de ordem formal e talvez sem maior importância. Tudo se resume a maior ou menor independência da Justiça do Trabalho dentro do Poder Judiciário de um país e em comparação com os demais órgãos judiciais. (NASCIMENTO, 1997, p. 1020)

Com pequenas variações de um para outro país, adotam este paradigma de jurisdição trabalhista os seguintes países, entre outros: Itália, Portugal, Chile, Argentina, Equador, Paraguai, Peru, Uruguai.

5.1.2. *A Jurisdição Social como segmento administrativo*

Alguns países, como México e França, preferiram adotar um modelo alternativo para solucionar os conflitos sociolaborais. Assim, instituíram Juntas, Tribunais ou outras espécies de órgãos administrativos, colegiados e não profissionais, para dirimir os dissídios coletivos e/ou individuais decorrentes da relação de trabalho.

Estes organismos são absolutamente autônomos em relação ao Poder Judiciário.

A rigor, suas decisões são irrecorríveis. Diferentemente da jurisdição civil e da especializada trabalhista, não há, acima dos órgãos administrativos, uma segunda instância revisora de suas decisões. Há, porém, meios impugnativos para aclarar as decisões obscuras e para pedir a revisão de atos de execução. Na esfera judicial apenas se admite discutir as decisões que venham a afrontar direito líquido e certo (NASCIMENTO, 1997).

Conforme já analisado alhures, no Brasil, antes da criação efetiva da Justiça do Trabalho, os conflitos laborais eram resolvidos na instância administrativa. Tanto os dissídios individuais quanto os coletivos eram solucionados, respectivamente, pelas Juntas de Conciliação e Julgamento e pelas Comissões Mistas de Conciliação e Julgamento, órgãos colegiados vinculados ao Ministério do Trabalho.

No México predomina este sistema. As questões trabalhistas são julgadas pelas Juntas Federais ou locais de Conciliação e Arbitragem:

> Com efeito, a Junta Federal de Conciliação e Arbitragem é um órgão autônomo do estado mexicano, vinculado à Secretaria do Trabalho e Previdência Social. Sua composição é tripartite e democrática; sua finalidade ou objeto consiste em conseguir e manter o equilíbrio entre os fatores da produção, mediante as funções de conciliação e distribuição de justiça, nas relações laborais da jurisdição federal. (JUNTA FEDERAL DE CONCILIAÇÃO E ARBITRAGEM, 2012, tradução nossa).[37]

O jurista mexicano Néstor de Buen faz considerável advertência sobre este método de solução de conflitos trabalhistas, ante a possibilidade de influências negativas do Poder Executivo sobre sua atuação:

> É evidente que essas Juntas de Conciliação e Arbitragem dificilmente poderiam escapar das observações de Montesquieu: sendo órgãos administrativos, sua vinculação ao Poder Executivo é óbvia. E o que normalmente é motivo de inquietação se transforma em problema muito mais grave a partir da cada vez mais importante intervenção do Estado mexicano na economia. O risco de que os Tribunais Trabalhistas se convertam em juiz e parte é uma de nossas incômodas realidades. (DE BUEN, 1986, p. 118)

Na França, funcionam como órgãos de primeira instância administrativa os *Conseils de Prud'hommes*. Um dos diferenciais deste, em relação ao paradigma mexicano, está no fato de nenhum representante do governo ou do judiciário integrar o Conselho, mas apenas membros das categorias econômica e profissional, os quais atuam de forma paritária. Em cada grande tribunal do país há um destes órgãos. No caso de empate, um juiz do Tribunal é convocado para desempatar a decisão. Quando há recurso, este é endereçado para a Câmara Social da Corte de Apelação, com efeito suspensivo. (SÜSSEKIND, 1999, p. 1450)

5.1.3. A Jurisdição Social como Justiça Especializada

A Jurisdição Social como justiça especializada autônoma e desvinculada da organização da justiça comum é a realidade no Brasil e em países como a Alemanha, Israel e Grã-Bretanha (Inglaterra, País de Gales e Escócia).

Caracteriza este tipo de jurisdição, além da independência e autonomia jurisdicional, a estruturação vertical de seus órgãos, todos eles com juízes especialistas ou com formação em direitos trabalhistas, humanos e sociais.

---

(37) "En efecto, la Junta Federal de Conciliación y Arbitraje, es un órgano del estado mexicano, su integración es tripartita y democrática; su finalidad u objeto, radica en conseguir y mantener el equilibrio entre los factores de la producción, mediante las funciones de conciliación e impartición de justicia, en las relaciones laborales de jurisdicción federal y esta sectorizada a la Secretaria del Trabajo y Previsión Social, pero tiene un carácter autônomo."

Essa desvinculação da Justiça do Trabalho da Justiça Comum parece ser um modelo aprovado pela sociedade brasileira. Justifica essa assertiva o fato de que, tanto em Israel como no Brasil no final do século precedente, determinados setores da economia neoliberal tentaram acabar com esse formato de jurisdição. A força popular dos sindicatos, associações de juízes, advogados e entidades civis impediram que tal fato ocorresse nestes países.

Assim, tanto no Brasil quanto em Israel não logrou êxito a tentativa de extinção da Justiça do Trabalho. Pelo contrário, o que se verificou em seguida foi justamente o movimento inverso: o fortalecimento dessas instituições em ambos os países. Sobre este fato ocorrido em Israel, Stephen Adler, Presidente do Tribunal Nacional do Trabalho israelense disse que:

> Em 2003, o Ministério da Fazenda, apoiado pelo gabinete do Procurador do Estado, propôs a eliminação dos Tribunais do Trabalho, incorporando-os como departamentos no sistema judicial comum. Isto foi motivado, em minha opinião, pela política neoliberal de reduzir os direitos dos trabalhadores e também o seu acesso aos tribunais [...] Os sindicatos, as organizações não governamentais civis — ONGs, as ONGs defensoras dos direitos dos trabalhadores e das mulheres e acadêmicos de direito se opuseram às propostas para eliminar os Tribunais do Trabalho. Desenvolveu-se um debate público, com a maioria dos comentários favoráveis à permanência dos Tribunais do Trabalho. [...] O sucesso da Justiça do Trabalho em manter a paz social na indústria, ao mesmo tempo em que contribui para que o governo e os sindicatos resolvam as suas controvérsias através de negociações fortaleceu o apoio recebido da opinião pública e mudou as atitudes dos empregadores para a corte. Eles percebem que a Justiça do Trabalho é hoje a única instituição que pode resolver os litígios de trabalho, seja através da mediação ou juízos ou ambos. (ADLER, 2006, tradução nossa)[38]

No mesmo artigo, Stephen Adler afirma (2006) que, na Bélgica e na Alemanha, também surgiram tentativas de suprimir os Tribunais do Trabalho especializados. As sociedades locais opuseram resistência a estes movimentos, resultando na manutenção dos referidos tribunais.

---

(38) In 2003 the Treasury Ministry, supported by the State Attorney's office, proposed to eliminate the Labour Courts by incorporating them as departments in the general court system. This was motivated, in my opinion, by the neo-liberal policy of reducing workers' rights and also their access to the courts. [...] The unions, civil rights NGOs (non-governmental organizations), workers' rights NGOs, women's' rights lobby and academics opposed the proposals to eliminate the Labour Courts. A public debate developed, with most commentaries favoring the Labour Courts. [...]The Labour Court's success in maintaining industrial peace, while assisting the government and unions to settle their disputes through negotiation has strengthened public support and changed employers' attitudes towards to court. They realize that the Labour Court is today the only institution that can settle labour disputes, either through mediation or judgments or both.

Apesar de diversos países adotarem este modelo especializado e independente de jurisdição, observa-se que há variações entre um e outro. Por exemplo, na Alemanha, a Corte especial do Trabalho é tripartite. Lá, "além dos juízes togados, compõem os Tribunais do Trabalho os juízes benévolos (que aqui denominavam-se de classistas)". (SILVA, 2000, p. 14) Ainda, há uma jurisdição especial para as causas previdenciárias. Na Bélgica, a competência dos Tribunais do Trabalho abrange as causas previdenciárias. Em Israel, ademais da competência para julgar o litigioso oriundo do seguro social, compete aos referidos tribunais o julgamento da matéria penal trabalhista. No Brasil, não há mais juízes leigos, apenas togados.

Assim, apesar destas pequenas variações de competência e estruturação, verifica-se que este modelo foi ratificado como o ideal para a solução dos conflitos social-trabalhistas nos países em que se tentou suprimir a jurisdição especializada.

5.2. A JUSTIÇA DO TRABALHO E A JURISDIÇÃO SOCIAL

Sabe-se que os limites da competência de jurisdição para o julgamento das lides laborais variam de um país para outro. O único ponto em comum em todas as jurisdições, não importando para esse fim se a jurisdição trabalhista é exercida pela justiça comum ou pela justiça especializada, é o que considera os julgadores competentes materialmente para processar e julgar os conflitos decorrentes da relação subordinada de trabalho.

No que tange às demais lides decorrentes direta ou indiretamente do trabalho, a jurisdição especial trabalhista ou o órgão da Justiça Comum encarregado de julgar as lides laborais exercem a competência de acordo com o plexo de aspectos jurídicos e culturais característicos de cada país. Nesse sentido, afirmou o professor argentino Júlio Martinez Vivot:

> A organização da Justiça do Trabalho não é suscetível de se conter em padrões universais; é matéria estreitamente dependente das condições próprias de cada país quer no que se refere à economia, à geografia, à demografia, ao nível de instrução e cultura, quer no concernente ao regime político-constitucional e às tradições institucionais. (VIVOT, 1981, p. 37)

Em razão destes aspectos locais, em alguns países a competência material da Justiça do Trabalho é muito ampla, albergando matérias do direito do trabalho autônomo, subordinado, do direito administrativo ao cuidar dos servidores públicos, do direito previdenciário ao tratar de matérias afeitas aos benefícios e custeio, e, ainda, matéria penal decorrente da legislação do trabalho. Noutros, ela é por demais restrita, limitando-se a apreciar a relação subordinada individual ou coletiva de emprego.

Essa diversidade de competência dos Tribunais ou Juízos Especializados do Trabalho se revelou manifesta na XII reunião dos Juízes do Trabalho da Comunidade Europeia e países convidados que ocorreu em Budapeste, setembro de 2004. Do relatório produzido nesta reunião é possível verificar a diversidade de matérias cuja competência é atribuída à jurisdição laboral, notadamente em relação aos países que enviaram participantes ao referido encontro.

Dos treze países que participaram da reunião, em seis[39] deles a Justiça do Trabalho ou a jurisdição especializada laboral da Justiça Comum possuem competência para julgar conflitos trabalhistas e do seguro social, conformando-se em Jurisdição Social autêntica.

Na Espanha e Eslovênia, por exemplo, à nomenclatura destes tribunais ou órgãos julgadores foi adicionado o vocábulo social, para informar a todos que as ditas instituições possuem competência híbrida, dado que solucionam conflitos oriundos do direito social, no caso, envolvendo direito do trabalho e direito previdenciário.

5.2.1. A estrutura da Jurisdição Social em alguns países

Aborda-se a seguir a estruturação da Jurisdição Social de oito países. Foram eles escolhidos por um fator comum: atribuir ao mesmo órgão julgador a competência para apreciar questões que encartem o direito do trabalho e o previdenciário.

De igual maneira, influenciou na escolha destes países o fato de nem todos terem instituído uma Justiça do Trabalho independente e autônoma. Logo, é de notar que, em alguns deles, o exercício da competência social é atribuída a um juiz especializado integrante da Justiça Comum.

O objetivo que se busca com a pesquisa no direito comparado é o de demonstrar que não importa a forma da Jurisdição Social adotada em cada país, se de Justiça Especializada ou de apenas segmento especial da Justiça Comum. O que realmente deve ser considerado é a existência de uma linha cronológica sucessória que ocorre na intersecção entre o direito do trabalho e o direito previdenciário durante o histórico de vida ou a profissiografia de um trabalhador, e os seus reflexos no período da inatividade laboral, fatos que justificam a unificação da competência em uma só Corte.

Destarte, a consideração devida destes fatos nos impele a reconhecer que o modelo de prestação jurisdicional que melhor tutela o trabalhador-segurado é o que aglutina, em um só órgão julgador, ambos os direitos materiais sociais, visto que indissociáveis durante toda e qualquer relação de trabalho.

5.2.1.1. Bélgica

Na Bélgica a Jurisdição Social integra o Poder Judiciário como uma jurisdição autônoma e independente. Até antes de 1970, este conflitos sociais eram solucionados pela Justiça Comum.

Com a entrada em vigor do Código do Judiciário, que foi aprovado em outubro de 1967, mas apenas entrou em vigência em 1º.11.1970, foi criada a Justiça do

---

(39) Os seis países são: Bélgica, Eslovênia, Espanha, Hungria, Israel e Venezuela.

Trabalho, arts. 81 a 83, com tribunais independentes no primeiro e segundo grau de jurisdição.

A criação da Justiça do Trabalho na Bélgica é explicada por Alain Simon, Conselheiro do Tribunal Superior do Trabalho de Liège (segunda instância), nos seguintes termos:

> O raciocínio por trás da criação da jurisdição do trabalho, em novembro de 1970, foi o de unir os litígios trabalhistas e de seguro social como partes que são de uma mesma disciplina, para se julgar o todo de forma coerente. (SIMON, 2004, tradução nossa).[40]

O Poder Judiciário na Bélgica é organizado da seguinte forma: no primeiro grau de jurisdição, há três tribunais distintos: o Tribunal Comercial, o Tribunal do Trabalho e o Tribunal de Primeira Instância (competente para as matérias cíveis, penais e de menores).

No segundo grau de jurisdição, o Judiciário belga é constituído por cinco Tribunais de Recursos e cinco Tribunais Superiores do Trabalho, os quais se encontram sediados nas cidades de Bruxelas, Liège, Mons, Ghent e Antuérpia.

Como órgão de cúpula do Judiciário, existe o Tribunal de Cassação ou Suprema Corte. Sua principal função é apreciar a legalidade das decisões proferidas pelos tribunais de segundo grau. Esta Corte está dividida em três salas: civil, penal e a sala do social. Esta última aprecia a correção legal das decisões proferidas pela Justiça do Trabalho.

No que tange à composição, os Tribunais do Trabalho de primeira instância são divididos em câmaras, espécies de Varas do Trabalho. Cada câmara é composta por três juízes, sendo um profissional, com formação jurídica, e dois leigos, também denominados de juízes sociais[41], representantes dos empregadores e trabalhadores.

As câmaras atuam com a composição plena quando a matéria em julgamento envolver dissídio trabalhista. Todavia, caso o julgamento enfeixe matéria atinente ao custeio ou administração do seguro social, apenas o juiz profissional será competente para proferir o julgamento.

A composição dos cinco Tribunais Superiores do Trabalho segue a mesma estrutura da primeira instância. A única diferença está na designação dos juízes leigos que passam a ser denominados de Conselheiros Sociais[42], nos termos do art. 103 do Código do Judiciário.

---

(40) The reasoning behind the creation of the labour jurisdiction in november 1970, was the unity of judicial litigations in labour and social security, as parts of a same discipline making a coherent whole.
(41) Juges sociaux.
(42) Conseillers Sociaux.

Todos os juízes ou conselheiros sociais são nomeados pelo Rei da Bélgica, a partir da indicação do Ministro do Trabalho, que previamente escolhe o nome do juiz social, a partir da indicação da representação das classes profissional e econômica.

No que tange à composição da Sala do Social da Corte de Cassação, seus membros são indicados pelo Rei. Entretanto, o Código do Judiciário exige que os eleitos tenham integrado pelo menos por cinco anos qualquer dos Tribunais do Trabalho. Tal procedimento faz com que a Sala seja composta apenas por pessoas com conhecimento específico da legislação social decorrente do trabalho e da previdência.

Ainda, a competência material da Justiça do Trabalho é ampla e está disposta em vinte e um incisos do art. 578 do Código do Judiciário. Deste rol dispositivo, consta que o Judiciário laboral é competente para julgar, entre outros:

a) os dissídios individuais decorrentes das relações de trabalho e de emprego;

b) as causas sobre acidentes do trabalho;

c) os dissídios coletivos;

d) o seguro social público correspondente a custeio e benefícios;

e) previdência complementar privada, e,

f) executar multas administrativas.

Diante do exposto, verifica-se que a Justiça do Trabalho na Bélgica, tal como no Brasil, é autônoma e independente da Justiça comum. Entretanto, diferentemente do que ocorre em nosso país, ela possui competência social híbrida, porquanto é competente para processar e julgar os direitos sociais decorrentes do trabalho e previdência social, sem prejuízo de outras atribuições de relevância social para o trabalhador e para o Estado belga.

5.2.1.2. Colômbia

A Justiça do Trabalho foi criada na Colômbia como jurisdição independente e autônoma da Justiça Comum, mediante o Decreto n. 2.350/44.

Os Tribunais Municipais do Trabalho eram os órgãos de primeira instância. No segundo grau foram criados os Tribunais Seccionais do Trabalho. Como órgão máximo da jurisdição laboral, criou-se o Tribunal Supremo do Trabalho.

A composição destes tribunais era tripartite, com um representante do governo e, paritariamente, dois representantes das classes profissional e econômica.

Em 1948, foi editado o Código Processual do Trabalho, mediante o Decreto 2.158/48, o qual, apesar de ter sofrido várias alterações, encontra-se ainda em vigor.

Dentre as modificações por que passou a Jurisdição do Trabalho, merece relevo as implementadas pelos Decretos ns. 1.762/56 e 01/57, os quais, respectivamente, suprimiram o Tribunal Supremo do Trabalho e os Tribunais seccionais, criando em seu lugar, respectivamente, a Sala Laboral da Corte Suprema de Justiça e as Salas Laborais dos Tribunais Superiores de Justiça (CAMARGO, 2001).

Observa-se que, com essas mudanças, a Justiça do Trabalho deixou de ser uma jurisdição especializada, tornando-se segmento especial da Justiça Comum. Por tal motivo, não houve mais espaço para a representação leiga neste ramo do Judiciário.

Ainda, em 2001, mediante a Lei n. 712, foi implementado uma profunda alteração na competência da jurisdição laboral. Tal mudança legislativa alterou, inclusive, a denominação do código processual, o qual passou a denominar-se Código Processual do Trabalho e da Seguridade Social.

Nos termos do art. 4º do referido Código, o segmento laboral do Poder Judiciário colombiano é formado na base por um Juizado Especializado em Matéria Laboral[43]. Nas localidades em que não haja sido instalado este juizado, a competência é delegada para os Juízes Cíveis do Circuito (comarca) ou para os Juízes Cíveis Municipais.

No segundo grau a competência laboral é exercida pelas Salas Laborais[44] dos Tribunais Superiores dos Distritos Judiciais. O número de juízes integrantes de cada sala varia de um distrito para outro, dependendo da organização judiciária local. Também, em alguns tribunais não existe a Sala do Social. Nesta hipótese, a jurisdição laboral é exercida por uma das salas cíveis (FLORES, 2001).

Já quanto à Sala de Cassação Laboral da Corte Suprema de Justiça, ela é integrada por sete magistrados, e sua jurisdição se estende por todo o país.

Em relação à competência, observa-se que o art. 2º do Código Processual do Trabalho e da Seguridade Social, com a redação dada pelas Leis ns. 712/2001 e 1.210/2008, atribuiu ao ramo especializado laboral, entre outras o exercício da jurisdição sobre as seguintes matérias:

a) conflitos jurídicos que se originem direta ou indiretamente do contrato de trabalho;

b) conflitos sindicais, atinentes à dissolução de sindicatos e cancelamento do registro sindical;

c) controvérsias referentes ao sistema da seguridade social quando surgidas entre os seus filiados, beneficiários ou usuários;

d) execução das obrigações administrativas e da seguridade social;

e) execução de multas impostas pela administração do trabalho;

f) conflito relativos a laudos arbitrais em matéria trabalhista, e

g) direito de greve. (BARBOSA, 2012)

---

(43) Juizados de Circuito en lo Laboral.
(44) Sala de lo Laboral.

Assim, denota-se que o legislador colombiano, a despeito de substituir a jurisdição especializada laboral pela jurisdição comum, manteve órgãos julgadores especializados para processar e julgar matéria afeita à Jurisdição Social. Tal mudança introduzida pela Lei n. 712/2011 demonstra quão é atual a preocupação em unificar, em única Corte ou órgão julgador, as matérias previdenciárias e laborais, pois, repisa-se, integram o rol de direitos sociais dos trabalhadores-segurados.

5.2.1.3. Costa Rica

A Constituição da República da Costa Rica estruturou o Poder Judiciário local, nos arts. 9º e 152, atribuindo-lhe três funções distintas, mas convergentes: a função judicial, a de administrar a justiça e a de auxiliar a justiça. Determinou, ainda, que cabe ao órgão de cúpula do Poder Judiciário, a Corte Suprema de Justiça, traçar os contornos de atuação de cada esfera deste Poder.

Cumprindo essa norma constitucional, a Corte Suprema submeteu ao legislativo um anteprojeto de lei, que se convolou na Lei n. 7.333/1993, denominada de Lei Orgânica do Poder Judiciário, a qual organizou a jurisdição e delimitou a competência dos diversos tribunais do país.

A legislação material e processual do trabalho da Costa Rica está, em sua grande maioria, condensada no Código do Trabalho, Lei n. 2/1943. Sensivelmente alterado ao longo do tempo, o referido código ainda contempla as regras do sistema previdenciário e os procedimentos a serem adotados em relação à medicina, segurança e higiene no trabalho.

Independentemente das alterações sofridas, a doutrina laboral costa-riquenha insiste em nova reforma, a fim de que, em termos procedimentais, ele seja mais célere e menos formalista. Nesse sentido, pontua Jorge Mario Soto Álvarez:

> O processo laboral em Costa Rica é predominantemente escrito. Aglutinado a isto, existe um alto nível de litigiosidade na sociedade costarricence, fato que gera um acúmulo de expedientes a serem analisados pelos tribunais. Como efeito do anterior, os processos judiciais demoram vários anos tramitando na via ordinária [...] a tramitação de um processo ordinário laboral, por todas as instâncias, aproximadamente dura 36 meses. (ÁLVARES, 2007, tradução nossa)[45]

Com efeito, desde 2005, está em trâmite na Assembleia Legislativa de Costa Rica um projeto de lei, de iniciativa da Corte Suprema, que busca alterar o sistema processual laboral, com vista a torná-lo mais célere e efetivo.

---

(45) El proceso laboral en Costa Rica es predominante escrito. Aunado a lo anterior existe un gran nivel de litigiosidad em la sociedad costarricence, lo cual ha traído como consecuencia que los tribunales de justicia se encuentren saturados de expedientes. Como efecto del hecho anterior, los procesos judiciales se demoran varios años en su tramitación ordinaria [...] la tramitación de un proceso ordinario laboral, em todas sus instancias, tiene una duración aproximada a los 36 meses.

Quanto à estrutura e organização da Justiça do Trabalho, Costa Rica criou um judiciário laboral integrante da estrutura da Justiça Comum.

A jurisdição laboral nesse país é composta pela seguinte estrutura de 1º grau:

a) Juizados do Trabalho de menor quantia;

b) Tribunais do Trabalho de menor quantia;

c) Juizados do Trabalho de maior quantia e

d) Juizado do Trabalho.

A diferença básica entre um Tribunal do Trabalho de menor quantia e um Juizado de igual quilate está no fato de que, nos tribunais, a decisão é colegiada. Cada Tribunal do Trabalho de menor quantia é composto por três juízes profissionais (não classistas), e, por este motivo, as decisões deste colegiado são irrecorríveis. As decisões monocráticas advindas do Juizado de menor quantia, ao contrário, são recorríveis para o Juizado de maior quantia[46].

As causas cujo valor sejam de até 600.000c (seiscentos mil colones), aproximadamente U$ 1.200 (mil e duzentos dólares), são submetidas ao Juizado ou Tribunal de menor quantia. As causas que ultrapassarem este montante serão obrigatoriamente apreciadas pelo Juizado Laboral de maior quantia.

Nas províncias em que a Corte Suprema entender não haja motivos para criar Juizados ou Tribunais de menor quantia, funcionará apenas o Juizado do Trabalho.

Por outro lado, nas cidades em que não houver sido instalado um juizado laboral, conhecerão desta matéria os juizados cíveis comuns.

Destaque-se ainda que, a critério da Corte Suprema, podem existir nos juizados ou tribunais duas espécies de juízes: os tramitadores e os decisores. Quando isto ocorre, cada órgão contará com um juiz que fará o trâmite processual, até mesmo procedendo à instrução do processo, e outro cuja função é proferir decisões nos processos instruídos pelos tramitadores, os juízes decisores.

Costa Rica está dividida em sete províncias. Cada qual possui um Tribunal para conhecer em grau recursal das demandas trabalhistas sentenciadas por um Juizado do Trabalho ou por um Juizado Laboral de maior quantia. Estes tribunais não são competentes para conhecer dos recursos aviados em face de sentenças proferidas por Juizados ou Tribunais do Trabalho de menor quantia.

Não obstante a existência de quase uma dezena de tribunais, há apenas um com competência laboral específica, o qual se situa na capital do País. Nas demais províncias, o Tribunal é misto, isto é, atuam com competência recursal conjunta para as matérias cíveis e laborais, como o Tribunal de Cartago para causas cíveis e trabalhistas.

---

(46) Art. 116 da Lei Orgânica do Poder Judiciário e art. 26 da Lei n. 7.476/95.

Das decisões em matéria laboral e previdenciária destes tribunais cabe recurso para a Sala Segunda da Corte Suprema de Justiça.

Esta Sala Segunda[47] possui competência delimitada em razão da matéria. Ela se circunscreve a conhecer e apreciar os recursos interpostos em face das decisões dos Tribunais do Trabalho e Cíveis de segunda instância.

A Sala Segunda é a última instância recursal em matéria trabalhista, de seguridade social e civil, sendo esta limitada pelos temas afeitos ao direito de família e sucessões. Se a matéria versar sobre a constitucionalidade ou não de determinada lei aplicada por um tribunal inferior, a competência será da Sala Constitucional da Corte Suprema.

Sobre a competência do ramo laboral da jurisdição comum, nos termos do art. 109 da Lei Orgânica do Poder Judiciário, com a redação dada pela Lei n. 7.728/97, compete aos órgãos judicantes trabalhistas as seguintes matérias:

> a) De todos os conflitos individuais ou coletivos entre trabalhadores e patrões; somente entre patrões ou somente entre empregados, desde que derivados da aplicação do Código do Trabalho, do contrato de trabalho ou de fatos relacionados ao trabalho;
> b) De todos os reclames contra o Estado ou suas instituições, desde que previamente esgotada a via administrativa;
> c) Dos conflitos que se estabeleçam para obter a dissolução de organizações sindicais;
> d) Das questões de caráter contencioso que demandem aplicação da lei do seguro social;
> e) De todas as denúncias e questões de caráter contencioso que ocorram pela aplicação das disposições sobre a reparação por riscos profissionais. (COSTA RICA, 1993)

Conforme se observa deste comando legal, a competência material da Jurisdição Social é ampla e abarca o direito do trabalho, previdenciário e administrativo.

Interessante notar é que a Lei Orgânica do Poder Judiciário atribuiu poderes para a Corte Suprema de Justiça inovar a jurisdição do Poder Judiciário da Costa Rica a qualquer momento. Exemplo desta faculdade legal exercida pela referida Corte ocorreu em 2009, quando foi criado por ela o Juizado de Seguridade Social, o qual está sediado em São José, capital do país, limitando-se a conhecer das causas que envolvam a seguridade social desta localidade.

Assim, sem a necessidade de lei para criar outros órgãos do Judiciário, verifica-se quão dinâmica é a atuação administrativa da Corte Suprema, que, discricionariamente, na medida da conveniência e oportunidade, adequa a sua estrutura jurisdicional de acordo com a demanda do acesso à justiça.

A despeito deste fato, cabe ao Tribunal do Trabalho de São José conhecer dos recursos interpostos contra as decisões proferidas pelos juizados do trabalho ou pelo da seguridade social.

O Brasil poderia também adotar semelhante modelo, conferindo ao Conselho Nacional de Justiça a faculdade de poder alterar a competência de jurisdição dos

---

(47) Art. 55 da Lei Orgânica do Poder Judiciário.

diversos órgãos que compõem o Judiciário, independentemente de lei formal. Com isso, sem maior burocracia, poderia contingenciar melhor a prestação jurisdicional, de acordo com critérios objetivos, tais como a afinidade das matérias em conflito, o volume processual, a taxa de congestionamento processual, as demandas reprimidas.

5.2.1.4. Eslovênia

A República da Eslovênia é um pequeno país do Leste Europeu, tendo conquistado sua independência da antiga Iugoslávia em 1991. Integra a União Europeia desde 2004.

O Poder Judiciário é composto pela Justiça Comum e pela Justiça Social e do Trabalho. No primeiro grau de jurisdição da Justiça Comum, atuam os Tribunais locais e os Tribunais de distrito. Os Tribunais locais conhecem de matérias menos complexas, algumas limitadas pelo valor arbitrado à causa. Os Tribunais de Distritos julgam as matérias cuja competência não foi afeita aos Tribunais locais. Das decisões destes órgãos é cabível recurso para um dos quatro Tribunais superiores existentes no país.

No ápice da jurisdição está o Supremo Tribunal que aprecia, em regra, os recursos extraordinários e, dependendo da matéria, atua como terceira instância. O Supremo Tribunal está dividido em cinco salas/departamentos: Cível, Trabalhista e Social, Criminal, Administrativo e Tributário, cada qual com competência delimitada segundo a matéria objeto do recurso. (REDE JUDICIÁRIA EUROPEIA, 2007)[48]

A Jurisdição Social na Eslovênia é independente e autônoma em relação à Justiça Comum. Ela foi instituída pela Lei n. 19/1994, modificada pela Lei n. 20/1988.

No primeiro grau de jurisdição, existem três Tribunais do Trabalho e um Tribunal Social e do Trabalho. Dois fatores justificam a existência de poucos órgãos jurisdicionais trabalhistas de primeira instância: a) a diminuta extensão territorial do país; b) o fato de os Tribunais não atuarem apenas em sua sede física, mas também por intermédio de atuação itinerante. (REDE JUDICIÁRIA EUROPEIA, 2007)

Os conflitos laborais e sociais — tanto individuais como coletivos — são apreciados, em segunda instância, pelo Tribunal Superior Social e do Trabalho, o qual está sediado em Liubliana, capital da República.

Possível recurso de cassação em relação à decisão proferida por esta Corte Especial será apreciado pela Sala Social e do Trabalho do Supremo Tribunal.

Quanto à composição dos Tribunais, ela é tripartite. Cada composição é denominada de senado, formada por um juiz profissional e dois leigos, representantes classistas dos empregadores e trabalhadores. O senado no segundo grau é constituído por três juízes profissionais.

---

(48) Rede Judiciária Europeia é o sítio oficial da Comissão Europeia que abriga informações jurídicas sobre todos os países da União Europeia, parte integrante do sítio oficial da União Europeia na internet.

O processo trabalhista passou por atualização em 2005. Por intermédio da Lei DSS n. 1/2004, que entrou em vigor em 1º.1.2005, algumas questões trabalhistas passaram a ser julgadas apenas pelo juiz profissional do Senado de primeiro grau. Para as demandas coletivas e sociais reservou-se o julgamento tripartite.

Para o juiz do Supremo Tribunal da Eslovênia, Janez Novak (2004), o objetivo da reforma processual de 2005 foi encurtar procedimentos, mesmo depois de ter havido a redução em 50% da taxa de congestionamento dos Tribunais Sociais e do Trabalho em comparação com a estatística processual do ano de 1993.

O recurso de revisão para a Sala Social e do Trabalho da Suprema Corte é julgado por cinco juízes profissionais. Desta decisão, não cabe recurso algum.

A Jurisdição Social especializada, nos termos dos arts. 5º, 6º e 7º da Lei DSS n. 1/2004, é competente para processar e julgar:

a) os conflitos individuais oriundos da relação de trabalho;

b) os dissídios coletivos;

c) os conflitos envolvendo benefícios do seguro social;

d) a cobrança das contribuições sociais, e,

e) dissídios atinentes a direito sindical.

Pelo que se verificou da organização do Poder Judiciário esloveno, apesar de a sua estrutura organizacional ter pouco mais de vinte anos, ela já nasceu preocupada com a questão social, porquanto preferiu criar uma jurisdição especializada social híbrida para resolver os conflitos oriundos dos direitos sociais laboral e securitário.

Ressalte-se que, tal como se deu no Brasil no final de 2004, as normas eslovenas sobre o procedimento e a competência social-trabalhista foram alteradas, com o intuito de que fosse garantida aos jurisdicionados, dentre outros, a duração célere do processo.

5.2.1.5. Espanha

Após o término da guerra civil espanhola em 1939, no curso do governo do General Franco, a Jurisdição Social foi implantada na Espanha. Segundo Fernando Valdés Dal-Ré, era ela composta por:

> [...] órgãos judiciais de caráter unipessoal, servidos por juízes procedentes da carreira judicial, nomeados pelo Ministro do Trabalho. A jurisdição social se configurou, não obstante, como uma jurisdição especial (não especializada) desvinculada administrativamente da organização judicial e formando seus membros um corpo separado de magistrados. (DAL-RÉ, 2008, tradução nossa)[49]

---

(49) [...] órganos judiciales de carácter unipersonal, servidos por jueces procedentes de La carrera judicial, nombrados por el Ministerio de Trabajo. La jurisdicción social se configuró, no obstante, como una

David Montoya Medina nos esclarece "que o âmbito da Jurisdição Social é o mesmo do Direito do Trabalho e da Seguridade Social". (MEDINA, 2009, p. 160)

A organização da Jurisdição Social, até 1985, era formada no primeiro grau pelos Magistrados do Trabalho, órgãos unipessoais de primeira e única instância. Como órgão recursal, havia o Tribunal Central do Trabalho. O Supremo Tribunal contava com uma sala destinada a apreciar os recursos laborais e previdenciários, a Sala do Social.

As salas são subdivisões de um tribunal para as quais é atribuída a competência sobre um conjunto de assuntos. São órgãos especializados dentro do órgão principal que é o tribunal. A especialização ocorre de acordo com o segmento do direito processual, daí decorre a nomenclatura das salas.

Em 1985, essa estrutura começou a ser modificada com a entrada em vigor da Lei Orgânica do Poder Judiciário. Posteriormente, em 1990, foi editado o Real Decreto n. 521/1990, denominado de Lei do Procedimento Laboral, o qual alterou significativamente a Jurisdição Social. A principal mudança, em nosso entender, foi a que transformou essa jurisdição especializada em um ramo especial da Justiça comum.

Assim, a partir de 1990, nova estrutura jurisdicional passou a vigorar na Espanha. No primeiro grau foram criados os Juizados Sociais[50], os quais passaram a integrar a estrutura da Justiça comum, com a incorporação, nestes, dos magistrados que atuavam no órgão primevo.

Também se suprime o Tribunal Central do Trabalho, criando-se em seu lugar a Sala do Social em cada um dos dezessete Tribunais Superiores de Justiça (TSJ) instalados nas Comunidades Autônomas da Espanha.

A Lei orgânica do Poder Judiciário criou um órgão judicial novo, a Audiência Nacional, a qual, de igual modo, pela Lei do Procedimento Laboral, recebeu uma Sala do Social. Conforme o art. 8º desta lei, a competência da Sala do Social da Audiência Nacional se limita a solucionar os conflitos e convênios coletivos quando as decisões "estendem os seus efeitos a um âmbito territorial superior ao de uma Comunidade Autônoma" (UGUINA, 2006, p. 176, tradução nossa).[51]

Existe, ainda, como parte do ramo especial desta jurisdição, a Sala Quarta ou Sala do Social do Tribunal Supremo. A Sala do Social constitui o último degrau da escala jurisdicional social. Conhece sempre, no âmbito recursal, do recurso de cassação/anulação ordinário contra as resoluções proclamadas em única instância pelas Salas do Social dos TSJ, e pela Sala do Social da Audiência Nacional. Igualmente, do recurso de cassação para uniformização da jurisprudência, somado

---

jurisdicción especial (no especializada), desvinculada administrativamente de la organización judicial y formando, sus miembros un cuerpo separado de magistrados.

(50) Juzgado de lo Social.

(51) Extiendan sus efectos a un ámbito territorial superior al de una Comunidad Autónoma.

a outros recursos extraordinários que estabeleçam a lei em matérias próprias desta ordem jurisdicional. (MEDINA, 2009, p. 167)

Quanto à composição, na primeira instância atua apenas um juiz profissional em cada Juizado Social. Nas Salas Sociais dos Tribunais Superiores de Justiça, a composição varia de um tribunal para outro, dependendo do que dispor a lei da Comunidade Autônoma em que sediada a Corte.

Já a Sala do Social da Audiência Nacional é formada por três magistrados mais um presidente, o qual integra o Conselho Pleno deste Tribunal.

A Sala Quarta ou Sala do Social do Tribunal Supremo é constituída por doze magistrados, mais um presidente. As decisões desta Sala podem ser proferidas por secções, quatro magistrados, ou de forma plenária, composta por todos os integrantes.

No que tange à competência da Jurisdição Social da Espanha, a Lei 36, de 11 de outubro de 2011, denominada Lei de Regulação da Jurisdição Social (LRJS), efetuou a unificação e concentração de competências para que a prestação da Jurisdição Social fosse integral. A LRJS atribuiu integralmente, à Jurisdição Social, todas as matérias trabalhistas e de proteção social. Com isso, visou racionalizar a distribuição de competência entre a jurisdição civil, o contencioso administrativo e o social, concentrando-se neste último, por sua maior especialização, o conhecimento de todas as questões que, diretamente ou por especial conexão, sejam de índole laboral (FLORÉS, 2012).

O art. 1º da LRJS especifica, de forma clara, a competência da ordem social da Espanha ao mencionar:

> Os órgãos jurisdicionais da ordem social conhecerão dos litígios sobre matérias trabalhistas, individuais ou coletivas, bem como das ações que versem sobre os atos de fiscalização das administrações públicas realizadas no exercício de seu poder de polícia em relação a estas matérias. (ESPANHA, 2011b, tradução nossa)[52]

O magistrado da Sala Social do Tribunal Supremo, Fernando Salinas Molina, considera que a unificação da competência de matérias principais e conexas em favor um ramo jurisdicional especializado comportará, derivadamente, maior coerência, qualidade, congruência e coordenação de pronunciamentos. Acresça uma maior efetividade ao se assegurar a tutela judicial em um tempo razoável, respeitando-se, com isso, o princípio da segurança jurídica, ao mesmo tempo em que se evita a "peregrinação jurisdicional". (MOLINA, 2012, p. 336)

---

(52) Los órganos jurisdiccionales del orden social conocerán de los litigios sobre materias laborales, tanto en su vertiente individual como colectiva, y de Seguridad Social, así como lãs impugnaciones de las actuaciones de las Administraciones públicas realizadas en el ejercicio de sus potestades y funciones sobre las anteriores materias.

Com efeito, a nosso sentir, a competência da Justiça do Trabalho brasileira deve ser alterada à luz da Lei Reguladora da Jurisdição Social espanhola, resguardadas as diferenças de organização e estruturação das justiças de cada país.

Acredita-se que é chegado o momento de racionalizar a distribuição da competência no âmbito da relação de trabalho e previdenciária no Brasil. Os trabalhadores, segurados e beneficiários não podem sofrer com os efeitos da fragmentação da proteção jurídica dispensada pelo Estado, na medida em que este problema colide frontalmente com os princípios da razoável duração do processo, segurança jurídica e efetividade da prestação da tutela jurisdicional. O exemplo da Jurisdição Social de outros países é sinal indicativo de que o Brasil precisa modernizar-se, rumo a uma Jurisdição Social híbrida.

5.2.1.6. Guatemala

A Constituição da República da Guatemala estabeleceu, em seu art. 103, que todos os conflitos relativos ao trabalho estão submetidos à jurisdição privativa, regulada em lei.

Atendendo a este comando constitucional, o Código do Trabalho guatemalteco, Decreto n. 1.441/1961, teve alterado o seu art. 103, para dispor que "os conflitos relativos ao trabalho e previdência social estão submetidos à jurisdição privativa dos Tribunais do Trabalho e Previdência Social, a quem compete julgar e executar o julgado". (GUATEMALA, 1961, tradução nossa)[53].

Assim, pode-se afirmar que a Jurisdição Social na Guatemala é exercida por um judiciário autônomo e independente em relação aos demais segmentos da Justiça comum.

A composição e organização da Jurisdição Social guatemalteca está disposta no art. 284 do Código do Trabalho.

Na primeira instância, foram criados os Juizados do Trabalho e Previdência Social[54]. Atuará o juiz deste juizado de forma unipessoal quando o conflito em litígio enfeixar questões de direito individual do trabalho e previdenciário. Quando o litígio envolver direito coletivo, o juizado se transforma em Tribunal Misto de Conciliação e Arbitragem, passando a integrá-lo dois membros indicados pela classe sindical econômica e profissional.

O número de Juizados, de acordo com o art. 288 do Código do Trabalho, deve ser determinado pela Corte Suprema de Justiça, a qual pode aumentá-los ou diminuí-los sempre que estime necessário.

Nas localidades em que não funcionar um Juizado do Trabalho e Previdência Social, a competência deste é delegada para um Juizado de Paz.

---

(53) Art. 103. Los conflictos relativos a trabajo y previsión social, están sometidos a la jurisdicción privativa de los tribunales de trabajo y previsión social, a quienes compete juzgar y ejecutar lo juzgado.
(54) Juzgado de Trabajo y Previsíon Social.

No âmbito do segundo grau de jurisdição existe apenas uma Corte de Apelações no país. Esta ela dividida em trinta salas, entre as quais quatro delas são dedicadas a apreciar, em grau recursal, as matérias julgadas pela Jurisdição Social inferior, são as denominadas "Salas de Trabajo e Previsión Social". Cada Sala é composta por três magistrados titulares e dois suplentes (DERAS, 2004).

No ápice da estrutura judicial, encontra-se a Corte Suprema de Justiça, com atribuições jurisdicionais e administrativas de todo o Poder Judiciário guatemalteco.

A Corte Suprema de Justiça, no âmbito jurisdicional, é integrada por treze magistrados, e está dividida em três salas (civil, penal e de amparo), cada qual composta por quatro juízes. A Sala responsável para julgar o recurso de cassação interposto em face de decisão da Sala Laboral da Corte de Apelações é a Sala de Amparo.

No que tange à competência, o artigo 292 do Código do Trabalho enumera quais são as matérias afeitas à Jurisdição Social:

a) conflitos individuais ou coletivos entre patrões e trabalhadores;

b) conflitos atinetes a direito sindical, incluindo dissolução do sindicato;

c) todas as questões contenciosas que despontem como motivo de aplicação da legislação de seguridade social;

d) aplicação de penalidades em face do descumprimento da legislação laboral e da previdência social.

Assim, demonstra-se que, na América Central, a Jurisdição Social é adotada em mais de um país.

5.2.1.7. Israel

Atendendo a um pedido formal da Federação Geral dos Trabalhadores e da Associação da Indústria de Israel, o Parlamento israelense editou a Lei n. 5.729, de 18 de março de 1969, criando os Tribunais do Trabalho, comumentemente denominados de Tribunais do Trabalho e da Segurança Social. Antes da instituição destes órgãos, competia à Justiça comum julgar os conflitos laborais e previdenciários. (ADLER, 2006, tradução nossa)[55]

A Jurisdição Social em Israel é especializada, autônoma e independente da jurisdição comum. Os Tribunais do Trabalho e da Segurança Social israelenses estão organizados da seguinte forma: na primeira instância, encontram-se os Tribunais Regionais, no total de cinco, os quais estão localizados nas cidades de Jerusalém, Tel-Aviv, Haifa, Beer-Sheba e Nazaré. O segundo grau de jurisdição é exercido pelo

---

(55) The Israeli Labour Courts were founded in 1969 by the Labour Courts Law of 1969, in response to a mutual request by the Histadrut (General Labour Federation) and the Manufacturer's Association. Prior to the creation of the Labour Courts, disputes relating to labour and social security were litigated in the general judicial system and various tribunals.

Tribunal Nacional do Trabalho, localizado em Jerusalém. Nos dissídios coletivos nacionais, este Tribunal atua como instância originária. Ainda, excepcionalmente, em matérias constitucionais, é cabível recurso para o Supremo Tribunal Federal.

Por se tratar de tribunais, conclui-se, por óbvio, que sua composição não é unitária. Com efeito, as seções dos Tribunais Regionais são formadas por três integrantes, sendo um juiz profissional e dois membros leigos, representantes das classes econômicas e profissionais.

Quanto ao Tribunal Nacional, este é formado por sete juízes profissionais, divididos em duas seções, e de dois a quatro membros leigos por seção. A composição de cada seção, em relação aos membros leigos, será dual se as demandas não forem coletivas. Por corolário lógico, tratando-se de conflito coletivo nacional, a composição dos membros leigos é aumentada paritariamente para quatro integrantes.

Em Israel, os Tribunais do Trabalho são altamente informatizados. O objetivo é que, em pouco tempo, eles sejam transformados em "tribunal sem papel"[56]. (ADLER, 2006, tradução nossa)

Quanto à competência, de todos os sistemas jurídicos pesquisados, o de Israel é o mais amplo, abarcando, inclusive, matéria penal decorrente das relações do trabalho e da seguridade social.

Destarte, a competência da Jurisdição Social israelense abrange as seguintes matérias:

a) litígios coletivos do trabalho;

b) dissídios decorrentes do direito individual do trabalho (subordinado e autônomo); c) conflitos da seguridade social;

c) causas relativas ao trabalho dos servidores públicos;

d) matéria penal relacionada com o direito do trabalho, incluindo as causas acidentárias.

Segundo artigo de Stephen Adler e Ariel Avgar divulgado pela OIT, de todas as demandas julgadas pelos Tribunais Regionais do Trabalho de Israel, aproximadamente 30% destas dizem respeito à segurança social. (ADLER; AVGAR, 2011)

A nosso ver, esse seria outro modelo de Jurisdição Social que poderia ser pensado para o Brasil, no que tange à competência, dado que, além desta jurisdição dirimir as questões sociais decorrentes do trabalho e da seguridade social, possui a competência penal para julgar os conflitos oriundos da relação de trabalho e da previdência social.

---

(56) Paperless tribunal.

5.2.1.8. Venezuela

A Constituição venezuelana de 1999 estabeleceu, no art. 4º de suas disposições transitórias, que deveria ser aprovada nova Lei Orgânica Processual do Trabalho. Tal comando normativo visou pôr fim aos reclames lançados à antiga Lei Orgânica de Tribunais e Procedimento do Trabalho de 1940, a qual, além de não garantir uma tutela efetiva do processo, tornava-o lento e obsoleto.

Essa nova Lei Orgânica Processual do Trabalho (LOPT) foi publicada no dia 13 de agosto de 2002, na Gazeta Oficial n. 37.504, entrando em vigor um ano depois.

Sobre essa nova Lei, o professor Efrén Córdova teceu os seguintes comentários:

> É um texto sério e ambicioso [...] criador da moderna jurisdição especial do trabalho, a LOPT dá cumprimento parcial ao artigo 96 da Constituição e complementa o disposto no art. 4º da Lei Orgânica do Trabalho de 1990. Sua ampla cobertura e detalhada regulação a converte em uma das leis mais importantes de seu gênero da América Latina. (CÓRDOVA, 2004, p. 6, tradução nossa)[57]

Com efeito, a reestruturação trazida por esta nova norma já é notada logo em seu art. 1º, ao estabelecer que a Jurisdição laboral é autônoma, imparcial e especializada. Deste modo, abandona-se a antiga estrutura jurisdicional, na qual a competência trabalhista era majoritariamente exercida por juízes não especializados. (MARTÍNES; ALVAREZ, 2000)

Os arts. 13 e 14 da LOPT tratam da estrutura da Jurisdição Social, dispondo que ela será exercida em primeira instância pelos Tribunais do Trabalho; no segundo grau pelos Tribunais Superiores do Trabalho e, ainda, pela Sala de Cassação Social do Tribunal Supremo de Justiça.

Merece destaque a forma de organização dos Tribunais do Trabalho de primeira instância, bem como o modo pelo qual os conflitos laborais são neles solucionados.

No primeiro grau de jurisdição, o processo laboral é dividido em duas fases. A primeira é a fase de substanciação, mediação e execução. A segunda é a fase denominada de "Juicio". Essas fases foram analisadas pelo desembargador do Tribunal Regional da 10ª Região, Brasilino Santos Ramos, que assim as resumiu:

> O processo trabalhista venezuelano se realiza em duas fases distintas. A audiência preliminar (1ª fase), perante o Juiz onde se começa a demanda (juiz de "sustanciación; mediación e ejecución"), e que é encarregado de

---

(57) Es um texto serio y ambicioso [...] Creadora de la moderna jurisdicción especial del trabajo, la LOPT da cumplimiento parcial al artículo 96 de la Constitución y complementa lo dispuesto em el artículo 4 de la Ley Orgánica del Trabajo de 1990. Su amplia cobertura y detallada regulación la convierten en una de las leyes más importantes em su gênero de América Latina.

resolver a controvérsia por meio da conciliação. Na Audiência preliminar, há a presença apenas do Juiz, das partes, seus representantes e advogados, com utilização de mesa redonda para discussão sobre a possibilidade de composição do litígio, com um índice de conciliação superior a 75% (setenta e cinco por cento) das demandas. Não havendo conciliação, os autos são enviados a uma instância judicial (2ª fase) de primeiro grau, a quem compete colher provas e proferir sentença, na denominada audiência judicial. (RAMOS, 2012, p. 243)

No que respeita ao segundo grau de jurisdição, os Tribunais Superiores do Trabalho poderão ser colegiados, quando serão compostos por três juízes profissionais, ou unipessoais, formados por somente um magistrado. "Entretanto, na prática, esses Tribunais funcionam apenas com um juiz e um secretário (com formação jurídica), de forma singular" (RAMOS, 2012, p. 243).

A Sala de Cassação do Tribunal Supremo de Justiça é a instância final da jurisdição laboral, e sua competência se restringe a julgar os recursos de cassação interpostos em face das decisões proferidas pelos Tribunais Superiores do Trabalho.

Nos termos do art. 29 da LOPT, compete aos Tribunais do Trabalho processar e julgar as seguintes matérias:

a) litígios decorrentes do trabalho autônomo ou subordinado;

b) conflitos concernentes aos servidores públicos;

c) demandas dizentes da seguridade social, e,

d) ações que reflitam direitos coletivos ou difusos.

Se não bastasse a própria norma processual trabalhista atribuir a competência da Justiça do Trabalho para julgar os conflitos previdenciários, também a Lei do Seguro Social, em seu artigo 84, acentua que as controvérsias defluentes desta lei sejam decididas pelos Tribunais do Trabalho.

Quanto à competência para processar e julgar os servidores públicos, é pressuposto processual obrigatório a prévia tentativa de conciliação administrativa antes de se ingressar com a demanda na Justiça do Trabalho, conforme exige a Lei Orgânica da Procuradoria Geral da República. Para os trabalhadores das empresas privadas, este requisito extrínseco da ação é inexigível.

Destarte, denota-se que o Estado venezuelano, há menos de 10 anos, instituiu a Jurisdição Social especializada em seu país, desvinculada da Justiça comum. Os traços de modernidade desta jurisdição, em relação à anterior, são alardeados pela doutrina e jurisprudência do país, mormente no que toca à adoção de princípios que privilegiam a oralidade e a celeridade do processo, ademais de condensar nesta mesma jurisdição a competência social híbrida.

6
POR UMA JURISDIÇÃO SOCIAL NO BRASIL. ORGANICIDADE UNITÁRIA COM INCLUSÃO SOCIAL

6.1. FATORES E VÍTIMAS DA ATUAL DISTRIBUIÇÃO DA JURISDIÇÃO PREVIDENCIÁRIA

Vários são os fatores que impedem que a jurisdição previdenciária seja prestada a contento no Brasil. José Antônio Savaris (2011) identificou alguns deles, entre os quais se destacam:

a) o comportamento negativo da administração previdenciária que, no mais das vezes, indefere benefício sem qualquer fundamentação legal, o que faz com que haja a multiplicação de processos judiciais;

b) a posição refratária da União em conciliar-se judicialmente, mesmo quando a matéria da lide já se encontra pacificada nos tribunais superiores;

c) a irracional repartição da competência jurisdicional previdenciária.

O primeiro item deste capítulo se propõe a demonstrar alguns dos problemas gerados pela irracional distribuição da competência previdenciária. Da forma em que está (des)organizada, provoca prejuízos socioeconômico e jurídicos a todos os integrantes da relação jurídica material e processual previdenciária. A União, o Poder Judiciário, o INSS, o segurado-trabalhador e até o tomador de serviços são vítimas deste regramento constitucional insensato.

Após, apresenta-se uma plêiade de fatores positivos que, somados, justificam a unificação da competência trabalhista e previdenciária em Corte única.

Em seguida, nos diversos itens que se seguem, a abordagem objetiva demonstrar alguns dos benefícios que cada um dos integrantes da relação jurídica citada alcançará com a unificação da competência previdenciária em Corte única.

6.1.1. A ilógica distribuição da competência jurisdicional previdenciária

Sobre a distribuição formal da competência previdenciária entre os diversos segmentos do Poder Judiciário, remete-se o leitor ao que já foi evidenciado no item 4, alhures. Aborda-se, neste tópico, um dos problemas desta distribuição: a potencial peregrinação que um beneficiário da Previdência Social terá que fazer para assegurar um direito social fundamental, diante das regras hoje vigentes.

A solução de uma lide previdenciária em que se busca o pagamento ou revisão de um benefício poderia ser muito simples. Bastaria a norma constitucional atribuir a competência a órgão jurisdicional único com capilaridade e abrangência em todo o âmbito nacional. Todavia, não é o que se tem no Brasil.

O entrelaçamento de preceitos constitucionais com os de leis ordinárias criou, em nosso país, um embaraçoso *novelo* processual no que tange à competência para o julgamento das lides previdenciárias. Juízes federais, do trabalho e estaduais algumas vezes atuam jurisdicionalmente para decidir uma mesma situação fática, fato que confirma o caos da irracional repartição da digitada competência. Citam-se, a seguir, algumas das incongruências deste atual e intrincado *novelo* normativo.

Verifica-se a primeira delas quando se nota que não é incomum uma sentença trabalhista reconhecer e declarar o vínculo de emprego entre um trabalhador e uma empresa, e esta decisão ser utilizada na Justiça Federal como início de prova material para comprovação do tempo de contribuição junto à previdência social. Provado este tempo de contribuição, o trabalhador será inscrito, e este tempo trabalhado será averbado no INSS, por força da decisão da Justiça Federal.

Caso este mesmo trabalhador queira postular um benefício previdenciário decorrente de uma doença ocupacional, não poderá mais recorrer à Justiça do Trabalho ou à Federal. Deverá, por força do art. 109, I, da Constituição Federal, ajuizar a ação na Justiça Comum estadual.

Com isso, observa-se que três esferas do Judiciário foram acionadas. Todavia, pela racionalidade lógica, vamos observar que apenas uma seria o suficiente para resolver a pretensão resistida deste trabalhador-segurado.

A segunda se extrai da constatação de que, cotidianamente, os juízes do trabalho deparam com lides em que o INSS, acolhendo laudo de seu perito, considera certo trabalhador apto para retornar ao trabalho. No mesmo caso, o médico do trabalho da empresa o considera inapto. Ao se ver constrangido e desamparado de sua verba alimentar, o trabalhador passa a viver em um limbo econômico, já que não recebe benefício da previdência, nem salário de seu empregador.

Sem saber ao certo a quem recorrer, o trabalhador invariavelmente ajuiza duas ações, uma em face do empregador, outra em razão do INSS. Àquela na Justiça do

Trabalho, esta na Justiça Federal ou Estadual, dependendo se a incapacidade é ou não decorrente de infortunística.

Duas ações sobre o mesmo fato que podem ter decisões distintas, as quais redundariam na negação da própria tutela pretendida. O ideal e o esperado é que as duas decisões apontem na mesma direção, qual seja, que considerem que o trabalhador está apto para ativar-se ou não. Se as duas o considerarem apto, a decisão da Justiça do Trabalho determinará que o empregador o reintegre em seus quadros, e a da Justiça Federal ou Estadual julgará improcedente a pretensão em face do INSS. Porém, se ambas entenderem que ele está inapto, a decisão trabalhista isentará o empregador de qualquer prestação, ao passo que a outra decisão determinará que o INSS pague o benefício, inclusive retroativamente.

No entanto, pode suceder que estes julgados não coincidam. Imagine-se que a prova na ação trabalhista foi negativa, no sentido de que o autor não está apto para retornar ao trabalho, e, diferentemente, a prova na outra esfera do Judiciário entenda que o autor se encontra apto. Nem a primeira decisão vincula o INSS, nem a segunda o empregador. Diante deste impasse, continuará o empregado sem salário ou benefício.

Sobre essa anomalia do sistema, Emerson Odilon Sandim adverte: "Qualquer jurisdicionado não conseguiria entender esse paradoxo, se numa das justiças competentes para acidente do trabalho for considerado como vitimado e na outra não tiver sofrido qualquer sinistro". (SANDIM, 2007)

Ainda, possível é que as duas ações sejam julgadas procedentes. A da Justiça do Trabalho entender que o reclamante está apto para retornar ao trabalho e a da Justiça Federal ou Estadual julgar que ele está inapto. Neste caso, tanto o empregador quanto o INSS deverão arcar cada qual, concomitante e respectivamente, com o pagamento de salário e benefício, o que é, também, um contrassenso, uma total insegurança jurídica.

Uma terceira incongruência do sistema processual previdenciário se verifica quando o INSS aceita somente em parte uma decisão trabalhista, desprezando a integralidade de seu comando. Cite-se, por exemplo, o caso de um trabalhador que, laborando sem carteira assinada, e com salários em atraso, sofre acidente do trabalho. Na esfera trabalhista a sentença condena o empregador a assinar a CTPS e a recolher a contribuição sobre os salários objeto da condenação. Entretanto, para efeitos previdenciários, o INSS apenas reconhece a contribuição recolhida por força do art. 114, inciso VIII, da Constituição Federal, mas a desconhece em relação ao pagamento de benefício. Neste caso, a rigor, o trabalhador terá que peregrinar até a Justiça Federal para ajuizar nova ação, na qual se postulará o reconhecimento do tempo de contribuição, incluindo o recolhido em virtude da decisão trabalhista, para somente então ter sua inscrição deferida no INSS com a consequente averbação. Mas, para receber o benefício acidentário, deverá recorrer à Justiça comum, visto que essa é a competente quando a lide versa sobre prestação decorrente de infortunística, hipótese já consagrada nas Súmulas ns. 501 do STF e 15 do STJ.

Uma quarta hipótese desta teratologia processual pode ser retirada do mesmo exemplo anterior. No caso de este trabalhador ir a óbito em virtude do acidente do trabalho, além da ação trabalhista que seus sucessores poderão ajuizar em face do empregador, poderão requerer judicialmente pensão por morte no INSS.

Entretanto, estes herdeiros pensionistas não saberão ao certo em qual juízo intentar a ação em face do INSS. Tal afirmação tem por base a própria jurisprudência do STJ e do STF, haja vista que estas Cortes superiores possuem entendimento diferente sobre qual o juízo competente para processar as causas em que os herdeiros postulam benefício decorrente de acidente do trabalho. Observem-se as citadas jurisprudências. A do STJ entende que a competência é da Justiça Federal:

> Conflito negativo de competência entre juízo estadual e juízo federal. Revisão de pensão por morte decorrente de acidente do trabalho. Natureza previdenciária do benefício. Não-incidência das Súmulas ns. 15/STJ e 501/STF. Competência do Juízo Federal.
> I. Na esteira dos precedentes desta Corte, a pensão por morte é benefício eminentemente previdenciário, independentemente das circunstâncias que cercaram o falecimento do segurado.
> II. Portanto, ainda que a morte decorra de acidente do trabalho, a pensão possui origem unicamente na condição que o cônjuge tinha de dependente do de cujus, mas não no motivo do falecimento, constituindo-se, portanto, em benefício previdenciário, e não acidentário. Precedentes.
> III. Competência da Justiça Federal. (BRASIL, 2007b)

Diferentemente, o STF, na ementa a seguir, interpreta que a competência, quando a lide trata de pensão por morte decorrente de acidente de trabalho, é da Justiça Comum estadual, *verbis*:

> EMENTA: AGRAVO REGIMENTAL NO AGRAVO DE INSTRUMENTO. CONSTITUCIONAL E PREVIDENCIÁRIO. **PENSÃO POR MORTE DECORRENTE DE ACIDENTE DE TRABALHO. COMPETÊNCIA DA JUSTIÇA COMUM ESTADUAL PARA PROCESSAR E JULGAR A CAUSA.** PRECEDENTES. INCIDÊNCIA DA SÚMULA 501 DO SUPREMO TRIBUNAL FEDERAL. AGRAVO REGIMENTAL AO QUAL SE NEGA PROVIMENTO. (BRASIL, 2009b, grifo do autor)

Na seara da competência delegada pelo § 3º do art. 109 da Constituição Federal, observam-se duas outras incongruências processuais. Conforme já visto no item 4.4 antes, a rigor, são processadas e julgadas na Justiça estadual as causas em que o INSS é parte, sempre que a comarca não seja sede de Vara Federal.

Entretanto, quando a ação a ser ajuizada for um mandado de segurança em face de decisão de autoridade administrativa do INSS, a delegação supra deixa de existir, por força do disposto no art. 109, VIII, da Constituição Federal. Destarte, essa é a quinta insensatez respeitante ao aspecto processual das causas previdenciárias. Assim, para cobrar judicialmente qualquer benefício previdenciário, pode o segurado utilizar-se da competência delegada à Justiça Estadual e ajuizar a ação no foro de seu domicílio. Porém, se o mesmo fato exigir o ajuizamento de mandado de segurança, a ação apenas será admitida na Vara da Justiça Federal da localidade mais próxima do domicílio do segurado.

A sexta causa negativa referente à irracionalidade das regras do processo previdenciário, no que tange à competência originária, encontra-se nas vedações legais insculpidas no art. 3º, § 2º, da Lei n. 9.099/95 e no art. 20 da Lei n. 10.259/01. Os referidos dispositivos impedem que ações previdenciárias tramitem nos juizados especiais cíveis estaduais, bem como vedam que se utilize o rito sumário próprio dos juizados especiais federais na competência delegada.

Desse modo, se uma ação previdenciária for ajuizada na Justiça Estadual, com valor da causa, por exemplo, de um salário mínimo, os citados dispositivos exigem que ela tramite pelo rito ordinário previsto no código de processo civil. Caso se pretenda um procedimento mais célere para o feito, ou seja, que a ação tramite por um rito sumário, deverá ela ser proposta em um Juizado Especial Federal mais próximo do domicílio do segurado. Nesse sentido, está o excerto do seguinte julgado: "[...] optando o segurado em ajuizar a demanda no Juízo estadual do seu domicílio, o feito deverá seguir o procedimento do processo civil comum". (Rio Grande do Sul, 2004)

A doutrina de José Antônio Savaris (2011), preocupada com o tempo do processo, orienta aos intérpretes da norma sobre a competência previdenciária que prezem a efetividade. A lide previdenciária é diferenciada, tal qual a trabalhista, dado que em ambas a subsistência de um trabalhador-segurado e de sua família pode estar em jogo. Observe-se a propriedade de seu ensinamento:

> [...] no atual momento que vivenciamos, a interpretação que afasta a possibilidade de célere solução [...] e lança a causa à espera indefinida do rito ordinário da Justiça Estadual deve ser empregada com redobrado cuidado, de modo que, na existência de dúvida sobre a competência, não pode deixar de se levar em conta a atual estrutura do Poder Judiciário, a forma como disposta e o modo como, de maneira mais adequada, será tratada a causa que versa sobre direito alimentar [...] Afinal, em matéria previdenciária, o essencial é cobrir riscos de subsistência. (SAVARIS, 2011, p. 376)

A nosso ver, a partir desses apontamentos, nota-se que é necessário repensar a competência para as causas previdenciárias. O exercício de um direito se garante com mecanismos processuais racionais e aptos a entregar o bem da vida de forma célere. Assim, as incongruências citadas nos demonstram que de quase nada adianta a Constituição Federal de um lado garantir os direitos sociais fundamentais, se, do outro lado, não propiciar o cabedal de instrumentos processuais adequados para efetivar tais direitos.

Por estes exemplos, torna-se fácil concluir que é imperioso unificar a competência de matérias principais e conexas em favor um mesmo ramo jurisdicional.

O Direito do Trabalho e o Previdenciário, como direitos sociais fundamentais indissociáveis, posto que um é fato gerador ou dependente do outro, devem ser objeto de análise por uma Corte especializada única. Tal providência se impõe para que os julgados possam transmitir melhor coerência, qualidade, congruência e coordenação, além de visualizar maior efetividade ao se assegurar a tutela judicial em um tempo razoável. Respeita-se, com isso, o princípio da segurança jurídica, ao mesmo tempo em que se evita a indesejável e prejudicial peregrinação jurisdicional para obter o direito à subsistência de vidas.

6.2. A COMPETÊNCIA TRABALHISTA E PREVIDENCIÁRIA EM CORTE ÚNICA — JURISDIÇÃO SOCIAL

No item anterior, foi apresentada a ilógica e irracional distribuição da competência previdenciária no Brasil. Ao final, concluiu-se que é necessária a organização da distribuição da supradita competência em Corte única.

Este tópico é destinado a apresentar uma plêiade de fatores positivos que, somados, justificam a unificação da competência trabalhista e previdenciária em Corte única, tal como já existiu no Brasil, quando da criação da Justiça do Trabalho na década de 40 do século anterior.

Buscou-se, nos subitens a seguir, apontar elementos jurídico-processuais, bem assim sociojurídicos e econômicos que fundamentam a (re)criação de uma Jurisdição Social inclusiva. Neles se verificará que todas as pessoas diretamente vinculadas à relação jurídica material/processual trabalhista e previdenciária (União, Poder Judiciário, segurado-trabalhador e empresas) tendem a ganhar com a pretendida unificação.

6.2.1. Dos fatores jurídico-processuais que propiciam a unificação de competências em favor da Jurisdição Social em Corte única

Dentre os diversos elementos jurídico-processuais que poderiam ser suscitados para justificar o tema proposto, optou-se por ressaltar aqueles que, de imediato, propiciariam maior impacto a custo operacional-logístico-financeiro mínimo. Em nosso ver, a adoção do processo judicial eletrônico, do processo previdenciário *per formulas*, a aplicação do princípio da unidade de convicção, a efetivação da segurança jurídica, a economia de atos processuais e a facilitação da coordenação do CNJ com o fim da competência delegada, por si só, já justificam a unificação da competência trabalhista e previdenciária em Corte única.

6.2.1.1. O Processo Judicial Eletrônico — PJe

O Processo Judicial Eletrônico (PJe) é um sistema de informática desenvolvido pelo CNJ, em parceria com todos os tribunais brasileiros, para a automação do Judiciário. Foi lançado oficialmente em 21 de junho de 2011 pelo então ministro Cesar Peluso, presidente do CNJ. (CONSELHO NACIONAL DE JUSTIÇA, 2011c)

Com a implantação do PJe em todos os tribunais brasileiros, objetiva o CNJ manter um sistema de processo judicial eletrônico capaz de permitir a prática de atos processuais pelos magistrados, servidores e demais participantes da relação processual diretamente no sistema, assim como o acompanhamento desse processo judicial, independentemente de o processo tramitar na Justiça Federal, na Justiça dos Estados, na Justiça Militar dos Estados e na Justiça do Trabalho (CONSELHO NACIONAL DE JUSTIÇA, 2011c).

A implantação do PJe evita que cada tribunal crie seu próprio sistema processual eletrônico. Com isso, os esforços dos diversos tribunais tendem a convergir para uma solução única, gratuita para os próprios tribunais e atenta para requisitos importantes de segurança e de interoperabilidade do sistema. O intento é racionalizar gastos com elaboração e aquisição de softwares, permitindo o emprego desses valores financeiros e de pessoal na atividade fim do Poder Judiciário, que é o de resolver conflitos de interesse.

Segundo o ex-ministro Cezar Peluso, "o sistema (PJe) também desvela novo capítulo do Judiciário [...] (é) uma revolução na atuação do Judiciário" (PELUSO, 2011)[1].

A revolução na atuação do judiciário com o PJe, é nosso ver, passa por se repensar e revisitar toda a teoria geral do processo. Institutos, pressupostos e princípios consagrados como a jurisdição, competência, conexão, continência, publicidade, identidade física do juiz, feriados, horário de prática do ato processual pelo advogado, prazo de funcionamento do protocolo, entre outros, não mais poderão existir da forma atual, uma vez que pensados sob a ótica do processo físico, mas não virtual.

No mercado editorial já existem doutrinas tratando da teoria geral do processo eletrônico, como (CHAVES JÚNIOR, 2010; ALMEIDA FILHO, 2011).

Essa mudança já é visível. Basta observar-se que, no processo físico atual, seria impensável uma notícia como esta, em que uma sentença de mérito foi prolatada após cinco horas do ajuizamento da ação:

> Cinco horas e 14 minutos. Este foi o tempo decorrido entre o ajuizamento de um pedido de alvará de liberação de depósitos fundiários e a publicação da sentença via Processo Judicial Eletrônico da Justiça do Trabalho (PJe-JT) no Tribunal Regional do Trabalho da 23ª Região (MT). A decisão, dada pela juíza Leda Borges, em atuação na 8ª Vara do Trabalho de Cuiabá, na tarde desta quinta-feira (04/10), demonstra a celeridade trazida pela implantação do sistema eletrônico na Justiça do Trabalho em Mato Grosso.
> Conforme os dados do PJe-JT, o requerimento do alvará foi ajuizado às 10h49, sendo distribuído para a 8ª Vara da capital. Às 16h03, a juíza lançou sua decisão no sistema eletrônico, a qual ficou disponível no mesmo instante na internet. Na manhã desta sexta-feira (05/10), a Vara do Trabalho expediu o alvará para cumprimento da decisão da magistrada. (CONSELHO SUPERIOR DA JUSTIÇA DO TRABALHO, 2012)

Sérgio Tejada, ex-Secretário-Geral do CNJ, com a autoridade de quem esteve à frente desta radical mudança de paradigma processual, afirmou:

> Em torno de 70%, o tempo de processo é perdido com atos meramente ordinatórios. São certidões, protocolos, juntadas, registros, costuras, carimbos e uma infinidade de proce-

---

(1) Pronunciamento do Min. Cezar Peluso, no lançamento do PJe. 129ª Sessão Ordinária do Conselho Nacional de Justiça. (PELUSO, 2011)

dimentos burocráticos. Pois o processo eletrônico automatiza e realiza esses atos em frações de segundos, quando não os abole integralmente. Assim, o processo se transforma todo ele em tempo nobre, em atividade típica.

Quem ganha com isso é o cidadão, que tem uma prestação jurisdicional mais ágil e transparente, já que os autos podem ser visualizados na internet, em tempo real, de qualquer lugar do mundo. Os operadores do direito igualmente são beneficiados. Eles também passam a ter acesso à Justiça 24 horas por dia e sete dias por semana. Não há mais horário de funcionamento. Não há mais portas fechadas para o jurisdicionado.

A economia para os cofres públicos também impressiona. Em breve, não haverá mais necessidade de prédios imensos e de uma infinidade de armários só para guarda de papéis. Os servidores hoje dedicados a atividades meramente de estiva poderão ser deslocados para outras atividades mais gratificantes. (TEJADA, 2007)

De todas essas alterações por que passará o processo e o Poder Judiciário, existe uma sem a qual esta proposta de unificação da competência não seria possível. Trata-se da que propiciará a mudança do perfil do servidor do Judiciário, mormente da atual Justiça do Trabalho. É certo que atividades mecânicas devem desaparecer, enquanto outras vão surgir. Dentre essas, preponderarão as atividades intelectuais em detrimento das repetitivas (SIMÕES, 2010).

Por este ângulo de visada, na medida em que com o PJe haverá a eliminação de tarefas burocráticas tais como protocolar, autuar, encapar, colar etiqueta, perfurar, grampear, carimbar, juntar e organizar documentos, os servidores estarão disponíveis para as atividades ligadas diretamente à essência dos processos, auxiliando diretamente o juiz na conciliação, confecção de cálculos, pesquisas jurisprudenciais e elaboração de minutas de despachos e decisões.

Com o PJe, o Poder Judiciário está escrevendo digitalmente novo capítulo na sua história. Portanto, histórico será também que, ao revisitar toda a teoria e legislação que sustenta sua jurisdição e competências, sejam elas adequadas ao novo texto constitucional, o qual elegeu, conforme visto no Capítulo dois, o cidadão — portador de direitos fundamentais — como o destinatário final de todo o arcabouço legislativo.

Destarte, com a implantação do PJe, e com as inúmeras vantagens trazidas por este novel sistema, as lides previdenciárias e trabalhistas poderão passar a ser julgadas por apenas um segmento do Judiciário, o da Jurisdição Social.

6.2.1.2. A adoção do procedimento per formulas para as lides previdenciárias

A nosso sentir, a adoção do procedimento *per formulas*, ou processo formulário, é outro fator jurídico que propicia a unificação das competências trabalhista e previdenciária em favor de uma Jurisdição Social em única Corte.

Não se nega, conforme visto no item precedente, que as facilidades decorrentes da era virtual trarão melhoria às rotinas judiciais. Todavia, ferramentas da própria era digital, tais como o recurso copia e cola, acabaram gerando uma preocupante distorção na seara forense, qual seja, a adoção de longas petições e sentenças pelo uso indiscriminado desta ferramenta que economiza digitação.

Essa prática comum tem o efeito nocivo de retardar o curso do processo, na medida em que uma petição inicial em que se requer benefício previdenciário, a qual invariavelmente contém um só pedido, poderia ser pequena, concisa, clara e objetiva. Entretanto, pelo uso do recurso mencionado, invariavelmente ela é confeccionada em extenso arrazoado, o qual gera dificuldade na análise do direito controvertido, prejudicando a celeridade processual, com significativo impacto ambiental, pela utilização desnecessária de grande quantidade de papel e tinta.

Se não bastasse, constata-se, com Wagner Balera (2012) e Jefferson Luis Kravchychyn (2012), que, em sentido restrito, as ações atinentes a prestações de benefícios previdenciários pouco passam do total de treze[2] situações fáticas distintas. Assim, milhares de ações que, mensalmente, aportam ao Judiciário nacional envolvem apenas poucas relações fático-jurídicas e seus consectários, cada qual com apenas um pedido, em regra o requerimento da prestação do seguro social.

Assim, para aperfeiçoar o processo, contribuir com a celeridade processual, com o meio ambiente sustentável, e para facilitar o trabalho do magistrado e servidores que atuarão no processo submetido sob a Jurisdição Social, entende-se que o estabelecimento de uma parâmetro para as petições (inicial, contestação e recurso), com a adoção de formulários previamente confeccionados, pode ser uma solução jurídica eficaz para evitar o congestionamento processual da Jurisdição Social na fase de conhecimento.

Destaca-se que o processo formulário possui como paradigma análogo o processo *per formulas* do direito romano. A história deste registra que a sua adoção se deu com a expansão do império romano. Na medida em que este se agigantou, novas lides relativas aos peregrinos surgiram, e, a formalidade excessiva do procedimento até então utilizado, as ações da lei, não conseguia atender e dar vazão à quantidade de litígios novos. Observe-se o registro feito por Cristina Koehler Zanella:

> A nova dinâmica político-econômica de Roma, com as crescentes conquistas territoriais e a consequente intensificação do fluxo de mercadorias e pessoas, não se coadunava com as limitações e o formalismo das ações da lei, de modo que estas foram paulatinamente sendo substituídas pelo procedimento formulário [...] Com o tempo, os pretores perceberam que muitos dos problemas que deveriam apreciar eram bastante parecidos e

---

(2) São elas as ações que envolvem: pedido de aposentadorias por idade, tempo de contribuição, decorrente de invalidez e especial, auxílio-doença, auxílio-doença-acidentário, auxílio-acidente, salário-maternidade, pensão por morte, auxílio-reclusão, reabilitação profissional, serviço social e reconhecimento de tempo de contribuição.

que uma fórmula poderia servir para todos os casos que fossem semelhantes. Os pretores começaram, então, a publicar nos seus editos as fórmulas que concederiam durante o ano em que estivessem no cargo. (ZANELLA, 2004, p. 139-140)

Sobre os benefícios da adoção do processo *per formulas* no direto romano, Antônio Álvares da Silva (2004) ensina:

> As fórmulas deram ao processo uma aptidão maior para compor a lide, pois significava segurança e certeza às partes. Por isso, até hoje, um mínimo de formalidade, por mais oral que seja o processo, permanece em todos os países, em nome da certeza jurídica.

O notável tino jurídico dos romanos trazia contribuição definitiva para o aperfeiçoamento do processo. (SILVA, 2004, p. 21-22)

No direito comparado, a recente lei que alterou a regulação da Jurisdição Social da Espanha, Lei n. 36/2011, prevê expressamente, em seu art. 80, I, a possibilidade do uso de formulários para a postulação em juízo, *verbis*:

> Artigo 80. Forma e conteúdo da demanda.
> 1. A demanda se formulará por escrito, podendo utilizar formulários e procedimentos disponíveis no cartório judicial, local em que deve ser apresentada, e deverá conter os seguintes requisitos gerais [...]. (ESPANHA, 2011b, tradução nossa)[3].

Ainda, em Costa Rica, na página do Poder Judiciário na internet[4], é possível o acesso aos formulários para todos os tipos de demanda, não importando a matéria que se queira litigar.

Nos Estados Unidos, a Suprema Corte americana não adotou o formulário como padrão, mas algo similar, ao estabelecer regras (ESTADOS UNIDOS, 2010) que limitam as petições a conter de 3.000 a 15.000 caracteres, conforme o tipo de pedido.

Assim, tal como no modelo romano, nos formulários a serem disponibilizados para as partes em ambiente virtual, devem constar "a *demonstratio* (narração do fato), *intentio* (pretensão), *adjudicatio* (pedido para atribuir a coisa a um dos litigantes) e finalmente a *condemnatio*". (SILVA, 2004, p. 21)

---

(3) Artículo 80. Forma y contenido de la demanda.
1. La demanda se formulará por escrito, pudiendo utilizar los formularios y procedimientos facilitados al efecto en la oficina judicial donde deba presentarse, y habrá de contener los siguientes requisitos generales (grifo do autor).
(4) (COSTA RICA, 2012).

Destarte, com a unificação das competências, a Jurisdição Social deve ser aperfeiçoada para atender à grande demanda de lides previdenciárias. Como o processo já será eletrônico, o trabalho das partes e de todo o Poder Judiciário será facilitado se, para as pretensões em que se busca o pagamento de qualquer um dos treze benefícios previdenciários, seja facultado ao advogado preencher os dados da lide em um modelo de formulário que já contenha os requisitos básicos em software intuitivo para seu preenchimento, a ser disponibilizado no próprio ambiente virtual do PJe.

6.2.1.3. A capilaridade da atual Justiça do Trabalho. Estatística de 2011

Na definição do jornalista Maurício Cardoso "a Justiça do Trabalho é a cara do Brasil". (CARDOSO, 2012, p. 16)

Justifica ele essa afirmativa assim discorrendo:

> Com presença em todo o país e com amplo acesso ao jurisdicionado, ela reflete os avanços e recuos da vida nacional. É o único ramo da Justiça realmente de âmbito nacional, bem distribuída por todo o território nacional e com unidade orgânica [...] É uma Justiça de resultados: funciona. (CARDOSO, 2012, p. 16)

Constatando a realidade dos dados estatísticos apresentados pelo TST, Márcio Chaer pontua que a Justiça do Trabalho "está presente em todo país — quase tanto quanto a Justiça Estadual. Mas nem a Justiça Federal tem sua unidade e abrangência nacional". (CHAER, 2012, p. 3)

Com efeito, a Justiça do Trabalho é o ramo mais eficiente do sistema judiciário brasileiro. A taxa de congestionamento é a menor de todos os tribunais brasileiros, tanto na 1ª quanto na 2ª instância. O tempo médio para julgar um processo no 2º grau trabalhista não chega a quatro meses. Diferentemente, "Na Justiça comum o entupimento de artérias beira a casa dos 80%" (CHAER, 2012, p. 3).

Em termos de capilaridade, nenhum segmento do Judiciário da União se faz tão presente em diversos municípios espalhados pelo Brasil como a Justiça laboral. Ela atua diretamente em todos os estados da federação, inclusive no Distrito Federal. Ainda, está constituída por 1.518 Varas do Trabalho, das quais 1.413 já estão instaladas e distribuídas por 609 municípios, que cobrem todos os 5.565 municípios brasileiros (alguns tribunais utilizam Varas itinerantes), com 3.867 cargos de juízes e 40.860 de servidores. Destes, estão em atividade, na 1ª instância, 2.779 juízes e 21.802 servidores (BRASIL, 2012b).

Além do TST, com 27 ministros, a Justiça do Trabalho está constituída por 24 Tribunais Regionais — com 473 desembargadores no total —, um em cada unidade da Federação, à exceção do Acre, Amapá, Roraima e Tocantins, os quais são jurisdicionados pelos Tribunais do Trabalho de Rondônia, Pará, Amazonas e do Distrito Federal, respectivamente. Também, no Estado de São Paulo encontram-se instalados dois tribunais regionais, o da 2ª e 15ª Regiões.

Essa estrutura orgânica, unitária e sem paradigmas no Poder Judiciário nacional propiciou que, no ano de 2011, fosse moderada a carga de trabalho por magistrado nas varas, quando comparada à carga de trabalho dos magistrados da Justiça Federal e da Justiça Comum. Segundo os dados estatísticos do TST, na primeira instância, foram propostas 1.097 ações novas a cada 100.000 habitantes. Em relação ao quantitativo de casos novos por magistrado, os dados apontam que foram ajuizados 745 ações/magistrado. Nas varas, cada juiz em atividade recebeu distribuição média de 768 processos no ano e de 64 por mês (BRASIL, 2012b).

Por esses dados é possível perceber que a Justiça do Trabalho possui capilaridade ímpar, porquanto sua abrangência jurisdicional alberga todo o país, quer atendendo diretamente todos os municípios da Federação, quer indiretamente quando o jurisdicionado procura a sede da vara mais próxima, e quer transitoriamente, com a utilização de Varas itinerantes nos municípios que não são sede de varas.

Diante deste e de outros dados que serão apresentados no próximo capítulo, verificar-se-á que, para convolar-se em Jurisdição Social, a estrutura física e de pessoal da atual da Justiça do Trabalho em quase nada necessitará ser alterada para receber o contingente de trabalho/processos concernente à matéria previdenciária.

6.2.1.4. A Jurisdição Social e os princípios da unidade de convicção e segurança jurídica

Para que seja possível a adoção da Jurisdição Social no país, necessário se faz que o planejamento da unificação das competências previdenciária e trabalhista em um só segmento do Poder Judiciário seja norteado pelos princípios da unidade de convicção e da segurança jurídica.

O princípio da unidade de convicção é utilizado quando se pretende resolver conflitos de competência entre juízos distintos. Segundo pronunciou o ex-ministro César Peluso, quando de seu voto nos autos do processo CC n. 7.204-1, "não convém que causas, com pedidos e qualificações jurídicos diversos, mas fundadas no mesmo fato histórico, sejam decididas por juízes diferentes" (PELUSO, 2005).

Por tal razão, o principio em tela deve ser utilizado sempre que determinado fato houver de ser julgado mais de uma vez. Nesse caso, é conveniente que ele o seja por um mesmo ramo do Poder Judiciário, a fim de evitar decisões conflitantes.

Não por outro motivo, o Des. do TRT da 3ª Região, Sebastião Geraldo de Oliveira (2004), atuando como *amicus curiae* nos autos do processo CC. n. 7.204-1, convenceu a todos os ministros do STF que o princípio da unidade de convicção era o que melhor resolveria o referido conflito de competência, no qual se discutia se cabia à Justiça do Trabalho ou à Justiça dos estados a competência para julgar as causas de reparação acidentária promovidas em face do empregador:

> A rigor a unidade de convicção está direcionada para a Justiça do Trabalho porque o Juiz do Trabalho já julga:
> 1. Ação para discutir o auto de infração lavrado por Auditor Fiscal referente ao descumprimento de normas de segurança no local de trabalho;

2. Ação para pleitear adicional de insalubridade ou periculosidade;

3. Ação relativa aos descumprimentos de normas sobre segurança, higiene e saúde dos trabalhadores, conforme a Súmula n. 736 do STF;

4. Ação para exigir a instalação ou regularização da Comissão Interna de Prevenção de Acidentes — CIPA;

5. Ação para discutir a justa causa do empregado que se recusou a utilizar os equipamentos de proteção, conforme parágrafo único do art. 158 da CLT;

6. Ação para garantir o direito à estabilidade do acidentado, conforme art. 118 da Lei n. 8.213/91;

7. Ação para garantir a estabilidade dos membros da CIPA;

8. Ação para discutir o vínculo de emprego do trabalhador que estava prestando serviço sem anotação de carteira, quando sofreu o acidente. (OLIVEIRA, 2004, p. 114-115)

Assim, ao invocar a aplicação do princípio da unidade de convicção, Sebastião Geraldo de Oliveira fez com que os ministros do STF mudassem o entendimento consolidado há décadas e fixassem a competência da Justiça do Trabalho para julgar as ações a respeito das reparações de danos morais e patrimoniais decorrentes dos acidentes do trabalho ou doenças ocupacionais. Neste sentido, afirmou o Min. César Peluso:

> Recebi, depois, um trabalho muito bem fundamentado e muito bem documentado de um juiz do TRT de Minas Gerais, Dr. Sebastião Geraldo de Oliveira, cujas considerações levaram-me a rever aquela posição. E tal posição que teve modesta influência no teor do acórdão, baseou-se no princípio fundamental da chamada unidade de convicção [...] O princípio, a meu ver, é irretocável e ainda é o que deve presidir à solução da questão da competência neste caso. (PELUSO, 2005, grifo nosso).

Desse modo, é salutar que a aplicação do princípio da unidade de convicção se imponha no planejamento e na própria resolução de questões envolvendo conflito de competência entre as matérias previdenciária e trabalhista.

Sendo assim, a nosso sentir, a seta do princípio da unidade de convicção aponta que as ditas matérias devem ser processadas e julgadas pela Justiça do Trabalho atuando em uma Jurisdição Social. Tal conclusão se deve ao fato de que:

a) O direito social fundamental do trabalho julgado pela Justiça do Trabalho é o núcleo básico dos demais direitos sociais, incluindo o previdenciário;

b) A relação jurídica processual previdenciária apenas existe em razão de uma relação jurídica material trabalhista que lhe é anterior, uma vez que só é segurado obrigatório da previdência quem trabalha;

c) A Justiça do Trabalho é a Jurisdição Social por natureza, haja vista que, em regra, julga as questões trabalhistas à luz dos princípios constitucionais que valorizam a dignidade da pessoa humana do trabalhador e segurado da previdência;

d) A Justiça do Trabalho já julga reflexamente os benefícios previdenciários devidos durante a relação de trabalho e emprego (ver itens 4.6.2 e 4.9);

e) A Justiça do Trabalho é a que mais tem precedentes jurisprudenciais sobre os benefícios da previdência social (ver item 4.6.2);

f) O TST é o tribunal superior que mais sumulou sobre matéria previdenciária (ver item 4.9);

g) A Justiça do Trabalho é competente para julgar as relações de trabalho e de emprego, envolvendo os segurados obrigatórios avulsos, contribuinte individual, trabalhador doméstico e empregados urbanos e rurais;

h) A Justiça do Trabalho já executa as contribuições sociais e determina seu recolhimento;

i) A Justiça do Trabalho julga as ações acidentárias propostas em face do empregador;

j) A Justiça do Trabalho é o ramo do Judiciário da União com maior capilaridade no Brasil e é a única que possui unidade nacional orgânica;

k) Historicamente, ela já exerceu a Jurisdição Social quando julgava as causas trabalhistas e previdenciárias.

De outro banda, na esfera legislativa, o princípio da unidade de convicção deve guiar o legislador ao elaborar normas que atraiam para um mesmo ramo do judiciário matérias conexas ou acessórias. O escopo é o de evitar, no futuro, decisões contraditórias e, com tais, o descrédito do Poder Judiciário em meio aos jurisdicionados.

Por outro lado, há de ter em mente que o legislador ou julgador, ao se utilizar do princípio da unidade de convicção em determinada norma ou caso, por corolário, estará aplicando, também, o princípio da segurança jurídica.

O princípio da segurança jurídica é aqui retratado a partir da ótica de que ele é o garante primordial da estabilidade e da certeza das relações jurídicas, na medida em que permite que os indivíduos prevejam os efeitos de sua conduta, os quais não poderão ser atingidos por possível mudança legislativa ou judicial futura.

Destarte, é incontroverso que diferentes decisões judiciais sobre uma mesma realidade fática provocam incerteza e insegurança jurídica. Desse modo, assim pontua Arruda Alvim:

> A diversidade de interpretações implica que um dos valores funcionais do Direito, a certeza, seja abalado. E quanto mais variadas forem as correntes de pensamento a respeito de uma mesma lei, tanto mais seriamente ficará despida de certeza aquela lei e, consequentemente, nessa escala, essa circunstância contribui para que o direito não tenha o grau de certeza desejável, pois, como se sabe, a linguagem do direito é a lei. Assim, é, igualmente,

de todos os tempos a preocupação dos sistemas jurídicos em encontrar técnicas conducentes a se conseguir, o quanto isto seja possível, um só entendimento a respeito de um mesmo texto de lei. Pode-se dizer que a lei é vocacionada a ter um só entendimento, dentro de uma mesma situação histórica. A diversidade de entendimentos, na mesma conjuntura histórica, compromete o valor da certeza (do Direito). (ALVIM, 1998, p. 39)

Nesta linha, para Emerson Odilon Sandim, o princípio da unidade de convicção e o da segurança jurídica são: "[...] nortes que jamais devem ser olvidados pelos operadores do Direito sob pena de se ter a jurisdição, em bastas vezes, não como o ápice de resultados e, sim, marcada de indelével ficção". (SANDIM, 2007)

Portanto, em síntese, para que se tenha uma Jurisdição Social em uma só Corte, a unificação da competência das matérias previdenciária e trabalhista não pode prescindir de considerar, em sua formulação, os princípios da unidade de convicção e o da segurança jurídica.

6.2.1.5. A economia dos atos processuais

O resultado esperado imediato com a unificação das competências trabalhistas e previdenciária é a economia de atos processuais.

Da forma como hoje está esgarçada a competência previdenciária, às vezes múltiplos processos, envolvendo os mesmos fatos, são necessários para que o jurisdicionado alcance a tutela de seus direitos, conforme foi já abordado neste capítulo, no item 6.1.1.

Com a unificação proposta, diante da possibilidade de cumulação de lides distintas em únicos autos, o primeiro ato que terá fim será o da peregrinação judicial. Não mais será necessário bater às portas da Justiça Federal e/ou Justiça Comum e/ou Justiça do Trabalho para conseguir uma só determinada prestação jurisdicional. Em uma só, na Jurisdição Social, o segurado-trabalhador conseguirá alcançar o bem da vida pretendido.

Ainda, na medida em que em apenas um processo será possível obter a tutela jurisdicional, o efeito lógico decorrente será que diversos atos processuais que eram praticados em duplicidade deixarão de sê-lo. Assim, em vez de duas ou mais petições iniciais, citações, contestações, audiências, perícias, sentenças, recursos, apenas um destes atos poderá ser necessário para resolver as pretensões resistidas, trabalhista e previdenciária.

Tal economia de atos do processo vai ao encontro dos princípios constitucionais da razoável duração do processo e da celeridade de sua tramitação, aliado ao da segurança jurídica e efetividade.

Com efeito, na medida em que se unificar a competência na forma proposta, é possível divisar que com menos atos exigíveis no processo ele terá uma tramitação mais célere, e, de conseguinte, do ajuizamento da ação até a decisão meritória, a tutela jurisdicional será entregue no menor tempo possível. Mais do que isso.

Considerando que apenas uma jurisdição atuará na solução dos fatos controversos da lide, não se terá a incerteza e a insegurança jurídica de possíveis julgados conflitantes, caso a jurisdição fosse distribuída como nos dias atuais. Também, a tutela prestada seria efetiva, uma vez que, com mesmos atos em um só processo, a chance de que defesas dilatórias e processuais sejam minimamente utilizadas, propiciando, assim, o julgamento de mérito da norma material sem maiores dilações.

6.2.1.6. Da falta de organicidade unitária para a formação de jurisprudência nacional uniforme

Por causa da variedade de órgãos do Poder Judiciário competentes para apreciar as demandas previdenciárias, o CNJ não consegue promover mutirões ou ações coletivas em todo território nacional para tentar diminuir o espólio de processos previdenciários pendentes da entrega efetiva da prestação jurisdicional.

O CNJ, apesar de todos os esforços, no máximo, tem conseguido coordenar estabelecer parcerias e grupos de trabalhos bilaterais para o referido intento, sem, todavia, alcançar conjuntamente, em um só ato, todos os tribunais estaduais e federais competentes para a matéria do seguro social público.

Prova disto é a criação, em 2011, de um grupo de trabalho fruto, da parceria entre o CNJ e a Corregedoria-Geral da Justiça Federal, para enfrentar os gargalos dos juizados especiais federais (JEFs). Durante reunião deste grupo no dia 29 de setembro de 2011, na sede do Conselho da Justiça Federal (CJF), o Ministro do STJ e Corregedor-Geral da Justiça Federal, João Otávio Noronha, enfatizou que "não basta realizar mutirões de julgamentos nos juizados especiais se não houver ações semelhantes nas varas estaduais com competência delegada e na Turma Nacional de Uniformização (TNU)". (NORONHA, 2011)

Também realça a falta de coordenação nacional, para o implemento de ações unificadas em matéria previdenciária, o acordo bilateral entre o Tribunal Regional Federal da 3ª Região (SP/MS) e o Tribunal de Justiça do Estado de São Paulo. Estes firmaram um acordo de cooperação, em julho de 2008, para a adoção de medidas administrativas que acelerassem o trâmite das ações previdenciárias e assistenciais processadas pela justiça estadual de São Paulo.

Constou dessa parceria o oferecimento de cursos de aperfeiçoamento em matéria previdenciária para os juízes estaduais, fornecimento da metodologia de cálculo à Justiça Estadual, acesso à jurisprudência especial, pagamento de perícias médicas e assistenciais, interação entre os sistemas processuais da Justiça Estadual e da Justiça Federal, bem assim intercâmbio de informações entre os sistemas eletrônicos do INSS e da Justiça Estadual (CONSELHO NACIONAL DE JUSTIÇA, 2008).

Se não bastasse essa falta de coordenação unitária e conjunta para a solução das ações previdenciárias, milita em desfavor do atual sistema constitucional de distribuição desta competência dois outros fatores. O primeiro deles reside na constatação de que alguns tribunais e juízes estaduais não querem mais exercer a competência delegada. O segundo fator foi suscitado pelo presidente do Tribunal de Justiça de São Paulo que pretende cobrar valores pecuniários da União pelo exercício da competência delegada previdenciária.

Sobre o primeiro fato, está judicializado no Supremo Tribunal Federal uma cizânia entre a Associação dos Juízes Federais (AJUFE) e a Associação Nacional dos Magistrados Estaduais (ANAMAGES). No mandado de segurança 27.838/PR se discute a validade ou não do Provimento n. 153/2008, editado pela Corregedoria-Geral de Justiça do Paraná. O referido ato dispôs que os foros regionais da comarca da Região Metropolitana de Curitiba não são autônomos e não podem julgar os feitos federais previstos no art. 109, § 3º (causas previdenciárias), da Constituição Federal. Essa medida ocasionou a remessa imediata de 20 mil processos redistribuídos à Justiça Federal. Em face deste provimento e desta remessa, iniciou-se a discussão objeto do mandado de Segurança 27.838/PR, ainda pendente de solução. (BRASIL, 2009c)

Ressalte-se que, enquanto o STF não decidir a questão, os 20 mil processos dos segurados hipossuficientes estarão sobrestados, até que se defina qual será a jurisdição competente para apreciar a matéria, a federal ou a estadual. Ainda, fica impossibilitado o ajuizamento de novas ações previdenciárias na Justiça Estadual, dado que o provimento mencionado ainda se encontra em vigor.

A doutrina tem notado, ainda que de forma incipiente, que a competência delegada previdenciária não tem encontrado, nos judiciários federal e estadual, a volição necessária para resolver essa questão afeta a um direito social fundamental. Neste sentido, Bruno Takahashi aponta que:

> [...] os Juízes de Direito, assoberbados de processos das mais diferentes matérias, e até por uma justificável questão de prioridade, acabam por relegar as demandas previdenciárias a um segundo plano. Ademais, como regra, os concursos para ingresso na magistratura estadual nem sequer exigem conhecimento do Direito Previdenciário. O termo "competência delegada" é entendido em sua literalidade, ou seja, como uma atribuição da Justiça Federal apenas provisoriamente exercido pela Justiça Estadual.

Por sua vez, o fato de haver uma competência constitucionalmente estabelecida e que ampara a opção do segurado pela Justiça Estadual, faz com que normalmente não haja uma grande preocupação por parte da Justiça Federal. O art. 109, § 3º, da CF, é entendido como competência absoluta em favor da Justiça Estadual.

> Desse modo, cria-se um "limbo jurídico". Embora ambos os lados tenham parcela de razão, entende-se que não irá haver avanço significativo na matéria sem que se reconheça que, ao menos até que haja uma emenda constitucional, o problema é comum, devendo ser resolvido em conjunto pela Justiça Federal e Estadual. (TAKAHASHI, 2011)

Pelo que se verifica, tanto nos tribunais quanto na doutrina, parte considerável da Justiça Federal e da Estadual não querem para si a competência previdenciária.

O segundo fator que, por linha indireta, afeta a forma de distribuição da competência previdenciária, foi provocado pelo Presidente do Tribunal de Justiça de São Paulo — TJSP, Ivan Sartori. Em entrevista, afirmou:

> [...] pretende cobrar a fatura da União por gastos com cerca de 1,5 milhão de processos em tramitação nas varas do estado — 10% do movimento do primeiro grau [...] para exercer a competência delegada, a Justiça estadual precisa de mais estrutura e pessoal [...] (SARTORI apud CRISTO 2012).

Diante deste fato, a tendência natural é que os demais tribunais estaduais do país façam coro com esta irresignação do presidente do TJSP, e cobrem da União pela prestação jurisdicional previdenciária levada a efeito, hoje, a custo zero para o erário federal.

Assim, se já não bastasse a irracional distribuição da competência previdenciária, viu-se que, na prática, seu exercício deixa a desejar, haja vista que o CNJ, diante da autonomia jurisdicional de cada tribunal, não possui atribuição legal de coordenar atividades judicantes de judiciários de esferas distintas. Ainda, a insatisfação dos tribunais estaduais com a competência delegada que era latente, agora, pelos exemplos mencionados, começa a se tornar manifesta.

Todos estes problemas poderiam ser resolvidos de imediato com a unificação da competência trabalhista e previdenciária em Corte única. Com a implantação da Jurisdição Social, todos os tribunais e juízes a ela vinculados teriam uma mesma corregedoria nacional, um conselho de justiça próprio, nos moldes do Conselho Superior da Justiça do Trabalho (CSJT). Bem assim um tribunal superior especializado para as questões sociais do trabalho e da previdência, o qual editaria súmulas e orientações jurisprudenciais a serem observadas pelas instâncias inferiores da Jurisdição Social.

A Jurisdição Social em Corte única poderia coordenar e impor de forma sistemática mutirões em causas trabalhistas e previdenciárias em todo o território nacional. Com isso, deixariam de existir os grupos de trabalho e parcerias bilaterias entre diversos tribunais distintos, e o CNJ poderia se dedicar a outras questões do Judiciário tão importantes quanto esta. Teriam fim os conflitos de competência entre a Justiça estadual e a federal, e, a União economizará, porquanto não terá que reservar parte do orçamento para cobrir despesas com a competência delegada ao Judiciário dos estados.

Por fim, ressalte-se que o maior beneficiário desta proposição é o segurado-trabalhador-que-vive-do-trabalho, quer ele se encontre em atividade ou na inatividade. Desta organicidade unitária piramidal da Jurisdição Social, em que na cúpula se terá um tribunal superior e na base uma plêiade de varas sociais, será possível formar uma jurisprudência nacional uniforme que oriente as decisões das instâncias inferiores, privilegiando-se, assim, entre outros, os princípios da segurança jurídica e da celeridade processual.

6.2.2. Dos fatores sociojurídico-econômicos que favorecem a implantação da Jurisdição Social

Verificaram-se, nas linhas precedentes, algumas situações fáticas jurídico-processuais que justificam a unificação das competências trabalhista e previdenciária em uma Jurisdição Social unitária.

Agora serão expostos os motivos sociojurídico-econômicos favoráveis aos integrantes da relação material do seguro social público do regime geral de previdência, União, trabalhador-segurado e empregador-patrocinador, caso seja implementada a unificação proposta.

6.2.2.1. Dos fatores sociojurídico-econômicos favoráveis à União

Os fatores sociojurídico-econômicos favoráveis à União consistem em medidas processuais e procedimentais que propiciarão o aumento da arrecadação tributária. Essa receita também será ampliada com a adoção de semelhantes mecanismos que contribuam para a redução das despesas do custeio das jurisdições previdenciária e trabalhista prestadas pelo Poder Judiciário da União.

6.2.2.1.1. Aumento da arrecadação tributária por intermédio da execução das contribuições previdenciárias sobre o vínculo de emprego reconhecido e sobre os riscos ambientais do trabalho. Inclusão previdenciária

Em um curto período da primeira década deste século, mais precisamente entre 2004 e 2008, a Justiça do Trabalho, por força da interpretação extensiva atribuída ao art. 114, inciso VIII, da Constituição Federal (BRASIL, 1988), se declarou competente para executar as contribuições sociais decorrentes das ações declaratórias de vínculo de emprego. Nesses casos, o juiz do trabalho, ao constatar a não formalização do contrato de trabalho, determinava o recolhimento das contribuições previdenciárias sonegadas e as apropriadas indevidamente durante a relação jurídica trabalhista informal.

Na prática, essa interpretação gerou um aumento considerável da receita proveniente deste tributo. Basta uma análise perfunctória dos dados estatísticos econômicos do Ministério da Previdência Social para se verificar que houve um acréscimo de mais de 100% da arrecadação da União estabelecida nos anos de 2004 e 2008, em comparação com a arrecadação dos anos anteriores. Incontestável que esse aumento foi proveniente das sentenças que determinavam a formalização do contrato e a quitação do pretérito passivo tributário devido.

Esse incremento financeiro foi objeto de reconhecimento pela Associação Nacional dos Procuradores Federais da Previdência Social (ANPPREV). Em nota, ela destacou a importância da Justiça do Trabalho para a recuperação de créditos tributários ao assim afirmar:

As receitas previdenciárias oriundas da Justiça do Trabalho vêm crescendo ano após ano. Isso confirma a capacidade estrutural e a competência em matéria previdenciária dessa via judicial [...] Analisando os dados pertinentes, verifica-se que as receitas previdenciárias cresceram 128,36% no período considerado, passando de R$ 670 milhões em 2003 para R$ 1,53 bilhão em 2007. (JUSTIÇA..., 2008).

Não obstante este aumento da receita da União proveniente das sentenças trabalhistas, o STF, nos autos do processo RE 569.056, entendeu que a regra vigente do art. 114, VIII, da Constituição Federal não autoriza que a Justiça do Trabalho execute a contribuição em tela, ao argumento de que a sentença declaratória de relação de emprego não constitui título executivo, *verbis*:

> RECURSO EXTRAORDINÁRIO. REPERCUSSÃO GERAL RECONHECIDA. COMPETÊNCIA DA JUSTIÇA DO TRABALHO. ALCANCE DO ART. 114, VIII, DA CONSTITUIÇÃO FEDERAL. 1. A competência da Justiça do Trabalho prevista no art. 114, VIII, da Constituição Federal alcança apenas a execução das contribuições previdenciárias relativas ao objeto da condenação constante das sentenças que proferir. 2. Recurso extraordinário conhecido e desprovido. (BRASIL, 2008a).

A consequência imediata deste julgamento foi o decréscimo da arrecadação da contribuição previdenciária derivada do contencioso judicial trabalhista. Conforme consta do capítulo 38.2 do Anuário Estatístico da Previdência Social de 2011, a arrecadação previdenciária, em 2008, atingiu a expressiva marca de 2,657 bilhões. Já em 2009 ela despencou para R$ 765 milhões, e, em 2010, ela foi de pouco mais de 871 milhões de reais (BRASIL, 2011a). Com isso, a União voltou a arrecadar cifras idênticas às auferidas em 2003.

Deste julgado ainda se revelou ferido o princípio da unidade de convicção. Agora, para a execução da contribuição social decorrente desta relação trabalhista reconhecida na Justiça do Trabalho, haverá dois juízos competentes para a referida execução. Para os créditos salariais deferidos na sentença trabalhista, a Justiça do Trabalho continuará com a competência executiva. Todavia, para o lapso em que ela apenas declarou o liame empregatício, sem condenar ao pagamento de qualquer parcela salarial, a cobrança judicial das contribuições sociais sonegadas e apropriadas indevidamente serão da alçada da Justiça Federal, mediante ação de execução fiscal.

Uma Jurisdição Social com competência unificada resolveria estes dois problemas. Basta que conste, no texto da emenda constitucional que (re)criá-la, um dispositivo que determine a execução das contribuições sociais que foram sonegadas e/ou apropriadas indevidamente pelo empregador durante a relação emprego. Ainda, no mesmo comando normativo, deve constar, por igual, a competência para a execução das contribuições sociais decorrentes dos riscos ambientais do trabalho (RAT e adicional de RAT).

Tais dispositivos legais, além de serem favoráveis à União, uma vez que aumentarão a receita previdenciária, propiciarão a inclusão social previdenciária, na medida em que o trabalhador que não tinha o vínculo formalizado e que, portanto, não estava inscrito na previdência, com a sentença da Jurisdição Social passa a deter a condição de filiado do sistema do regime geral do seguro social. Para tanto, basta que o juiz da Jurisdição Social oficie ao INSS, para que este proceda à inscrição do trabalhador como segurado do sistema.

A referida inclusão previdenciária convolará o trabalhador, que estava à margem das garantias dos direitos sociais decorrentes do trabalho prestado, em cidadão de direitos. Ele não mais necessitará peregrinar por diversos foros judiciais para fazer prevalecer direitos trabalhistas e previdenciários decorrentes de um relação laboral antes não formalizada.

6.2.2.1.2. Aumento da arrecadação pelo ajuizamento de ações regressivas acidentárias na Jurisdição Social

Em casos de acidentes do trabalho ou doenças ocupacionais, a União-INSS se utiliza da ação regressiva, prevista no art. 120 da Lei n. 8.213/91[5], para obter o ressarcimento das despesas com os benefícios pagos em virtude da infortunística, sempre que provada a culpa do empregador.

Com efeito, desde que ocorra um acidente do trabalho por culpa do empregador, representado pelo descumprimento de algum preceito normativo tutelar da saúde e da segurança do trabalho, e uma vez que sobrevenha a implementação de alguma prestação social em pecúnia por parte do INSS, este poderá voltar-se regressivamente contra o verdadeiro causador do dano, cobrando-lhe a integralidade dos gastos suportados (MACIEL, 2010).

Por algum tempo reinou, na doutrina, acalorada discussão sobre quem seria o juízo competente para conhecer das ações regressivas. Alguns doutrinadores advogavam a tese de que competente seria a Justiça do Trabalho[6]. Outros de que seria a Justiça Federal[7]. Poucos entendiam fosse a Justiça Comum estadual (PAULINO, 1996).

Prevaleceu, ao final, a tese de que a Justiça competente para conhecer e julgar a ação regressiva seria a Federal, conforme os seguintes argumentos de Wladimir Novaes Martinez:

> [...] não há qualquer conflito entre empregado e empresa, não se justificando a presença da Justiça do Trabalho [...] ainda que a ação seja tida como indenizatória, admitida "ad argumentandum tantum", a inequívoca presença da União, representada pelo INSS, arreda de plano a competência da Justiça Estadual. (MARTINEZ, 2011, p. 118)

Diante da solidificação desta competência na Justiça Federal, a Corregedoria e a Presidência do TST publicaram a Recomendação Conjunta GP/CGJT n. 2/2011,

---

(5) Art. 120 da Lei n. 8.213/91: "nos casos de negligência quanto às normas-padrão de segurança e higiene do trabalho indicados para a proteção individual e coletiva, a Previdência Social proporá ação regressiva contra os responsáveis". (BRASIL, 1991b)
(6) Neste sentido estão: CHAVES, 2001; MACIEL, 2010.
(7) Defendem essa competência: MARTINEZ, 2011; CASTRO; LAZZARI, 2012.

que orienta a todos os magistrados da Justiça do Trabalho que encaminhem cópia de sentenças e acórdãos que reconheçam conduta culposa do empregador em acidente de trabalho para a respectiva unidade da Procuradoria-Geral Federal (PGF), a fim de que esta possa ajuizar a competente ação regressiva em face do empregador na Justiça Federal.

A nosso ver, tal medida seria descabida caso se (re)institua a Jurisdição Social. Nos mesmos autos em que apurada a culpa do empregador, já poderia ser proposta a execução em face deste para que a União fosse ressarcida deste prejuízo causado.

Tal medida teria um impacto positivo na recuperação de créditos da União, na medida em que, em 2011, segundo dados do Anuário Estatístico da Previdência Social, foram pagos mais de R$ 564 milhões de **novos** benefícios decorrentes de infortunística na modalidade aposentadoria por invalidez, auxílio-doença acidentário, auxílio-acidente e pensão por morte. O valor anual total **acumulado** de benefícios previdenciários pagos, decorrentes de acidentes do trabalho e doenças ocupacionais, chega ao montante de R$ 7,3 bilhões em 2011 (BRASIL, 2011b).

Acredita-se que boa parte destes valores poderiam ser recuperados em uma Jurisdição Social, mormente se se considerar que muitas das ações trabalhistas em que se discute o acidente do trabalho terminam em acordo entre as partes, caso em que é dispensada a intimação da PGF, mas não se isenta a previdência de pagar o benefício acidentário, que pode ter sido gerado por culpa do empregador.

Ademais, além de a Jurisdição Social poder contribuir efetivamente para o aumento da arrecadação da União, recuperando créditos previdenciários pagos em virtude de infortunística culposa gerada pelo empregador, tal medida poderá abrigar caráter pedagógico benéfico, também, para o trabalhador-potencial-vítima.

Tal dimensão das ações regressivas foi bem divisada por Adriana Carla Morais Ignácio que acentuou com propriedade serem as ações regressivas "instrumento de prevenção de novos acidentes, quando afasta a impunidade daqueles que, desprezando seu dever, neglicenciam a vida e a integridade física do trabalhador" (IGNÁCIO, 2007, p. 570).

Desse modo, considerando a importância das ações regressivas acidentárias como meio de ressarcimento da União pelos gastos das prestações sociais decorrentes de acidente de trabalho e, ainda, como instrumento pedagógico e de prevenção de novos infortúnios, imperioso se torna que, para sua completa efetividade, seja essa lide e a ação trabalhista, que reconhecer o acidente e a culpa do empregador, julgada por uma só Corte. Neste caso, a Jurisdição Social atende plenamente a este desiderato.

6.2.2.1.3. *Aumento da arrecadação em virtude do cumprimento espontâneo das obrigações tributárias*

Outro fator relevante que contribuirá indiretamente para a ampliação da arrecadação de tributos previdenciários pela União se verificará com o cumprimento espontâneo das obrigações tributárias.

Em bem da verdade, pela ótica atual de boa parte dos tomadores de serviço, o custo econômico do processo judicial trabalhista compensa os riscos que se corre quando se descumprem, durante a relação trabalho e de emprego, as normas tutelares de direito do trabalho e as leis tributárias a ele conexas.

Por este viés, os tomadores de serviço — que contratam mediante relação de emprego ou prestação de serviços de natureza civil que adotam este expediente levam em conta as seguintes premissas:

a) que nem todos os trabalhadores ajuizam ação trabalhista;

b) os que ajuizam a ação, o fazem após o fim do contrato de trabalho;

c) a possibilidade de parte dos direitos estarem prescritos;

d) a possibilidade de acordo judicial por valor muito inferior ao pedido/devido;

e) a possibilidade de, antes do trânsito em julgado da sentença, haver a conciliação sobre a natureza das parcelas quitadas;

f) a viabilidade de se esgotar toda a via recursal na fase de conhecimento e execução, o que retardaria em vários anos a solução final do processo;

g) o valor ínfimo cobrado de juros na Justiça do Trabalho.

Diante deste plexo de possibilidade de lucro indireto com a relação de trabalho, para os que assim comungam, compensa o descumprimento das normas trabalhistas e previdenciárias, tais como não formalizar o contrato de trabalho, sonegar informações de contratos de prestações de serviços, pagar salário "não contabilizado", atribuir natureza indenizatória para algumas parcelas salariais, não pagar horas extras, adicionais, repousos semanais, gratificação natalina, férias, entre outros.

Nota-se que contribui para a perpetuação desta prática a quase certeza da impunidade. Com efeito, na medida em que a Justiça do Trabalho não tem competência para aplicar nenhuma penalidade administrativa pelo descumprimento das normas legais citadas, limitando-se apenas a condenar a reparação da lesão, o contratante, em tese, prefere correr este pequeno risco a ter que cumprir com sua obrigação legal.

Por este viés, acredita-se que com a implantação da Jurisdição Social é possível lhe atribuir as seguintes atribuições:

a) executar as contribuições sociais previdenciárias decorrentes das ações declaratórias de vínculo de emprego,

b) competência em matéria penal para aplicar o art. 297, § 4º, do Código Penal pela omissão da anotação do contrato de trabalho na CTPS, e os arts. 168-A e 337-A do mesmo código pela apropriação indébita e sonegação da contribuição previdenciária;

c) competência para, de ofício, aplicar e executar todas as penalidades administrativas prevista na CLT;

d) competência para executar as ações regressivas acidentárias.

Com isso, passa o Poder Judiciário a contribuir de forma efetiva para que haja o cumprimento espontâneo pelo empregador das normas tuitivas trabalhistas e tributárias da previdência social.

Este plexo de competências da Jurisdição Social fará com que o custo econômico do processo judicial trabalhista-social não mais compense. Melhor será para o contratante da mão de obra cumprir espontaneamente os comandos normativos tuitivos sociais que garantem a subsistência da vida, saúde e trabalho do empregado, do que arriscar participar de uma relação jurídico-processual cuja efetividade da jurisdição lhe possa causar prejuízo financeiro maior.

Como corolário, tende a União a ser beneficiária direta desta atuação jurisdicional, na medida em que, com o cumprimento espontâneo pelo empregador das normas trabalhistas, a arrecadação da previdência social durante a relação de trabalho será ampliada, haja vista que pouco ou quase nenhum espaço haverá para a informalidade nas relações de trabalho.

Por outro lado, indiretamente, ainda lucra a União e o Poder Judiciário, porquanto, cumprindo o empregador com as normas legais, a tendência é que diminua o número de ações ajuizadas na esfera da Jurisdição Social.

6.2.2.1.4. *Da redução do custeio dos encargos da prestação jurisdicional*

A majoração de qualquer receita não advém apenas do aporte de mais recursos financeiros. A diminuição do custo operacional de qualquer atividade também é fator que contribui positivamente para a saúde financeira de qualquer setor da economia.

No aspecto da prestação jurisdicional trabalhista e previdenciária, diante da irracional distribuição das competências destas matérias por distintos órgãos do Poder Judiciário, evidencia-se que a unificação destas competências em apenas uma Corte contribuiria para reduzir o custeio operacional desta tutela judicial.

Da forma em que estão compartidas estas competências hoje, observam-se casos em que, para se decidir uma mesma situação fática, são necessárias até três perícias médicas, em geral custeadas pela União. Uma na seara da Justiça Federal ou Estadual, outra na jurisdição laboral e a terceira no âmbito administrativo do INSS.

Com a Jurisdição Social e a unificação da competência destas duas matérias, bastaria uma ou, no máximo, duas perícias para solucionar a mesma lide no âmbito judicial e administrativo. Ainda, caso o empregador seja sucumbente no objeto da perícia, cabe a ele remunerar o perito, nos termos do art. 790-B da CLT[8].

---

(8) Art. 790-B. A responsabilidade pelo pagamento dos honorários periciais é da parte sucumbente na pretensão objeto da perícia, salvo se beneficiária de justiça gratuita. (BRASIL, 1943c)

De igual maneira, com o sincretismo processual proposto, torna-se desnecessária a atuação de vários procuradores autárquicos em distintas jurisdições. Com isso, na forma atual, há a necessidade de, pelo menos, dois procuradores da União para defendê-la judicialmente: um na jurisdição trabalhista, outro na seara federal/estadual. Com a unificação, denota-se a possibilidade da atuação de apenas um.

Ainda, se para a Jurisdição Social for atribuída a competência para a execução das contribuições previdenciárias das ações declaratórias de vínculo de emprego, bem como a que possibilita a execução, de ofício, das penalidades administrativas previstas na CLT, potencialmente haverá a diminuição dos trabalhos dos auditores fiscais da Receita Federal (na parte da receita previdenciária), bem como dos auditores fiscais do Ministério do Trabalho.

Diante dessa possibilidade, haverá a otimização do trabalho destes servidores, além do que a União poderá retardar o quanto possível a realização de novos concursos públicos para estas áreas, o que implica economia de recursos públicos.

6.2.2.2. Dos fatores sociojurídicos favoráveis ao trabalhador-segurado

Já se verificaram neste capítulo algumas situações fáticas jurídico-processuais que justificam a unificação e a implantação da Jurisdição Social em Corte única.

No tópico precedente, foram expostos alguns dos motivos sociojurídico-econômicos favoráveis à União, caso seja criada a referida jurisdição.

O fim da peregrinação em busca do prestação jurisdicional, associado à inclusão social de trabalhadores, segurados e beneficiários será tratado nos subitens que se seguem. A nosso ver, estes elementos sociojurídicos devem estar disponíveis ao trabalhador-segurado-que-vive-do-trabalho em uma Jurisdição Social inclusiva.

6.2.2.2.1. Pelo fim da peregrinação jurisdicional. Acesso à justiça ou exclusão social?

As ações judiciais de natureza previdenciária envolvem prestações alimentares, de modo que sua tramitação deve processar-se em tempo razoável a fim de privilegiar a dignidade da pessoa humana (KAMINSKI, 2008, p. 80).

Para facilitar o acesso à justiça, a Constituição Federal faculta aos segurados e beneficiários o ajuizamento das ações de natureza previdenciária, tanto na Justiça federal como na Justiça estadual (KAMINSKI, 2008, p. 81). De igual forma, estabeleceu que cabe à Justiça do Trabalho conhecer e julgar as controvérsias decorrentes da relação de trabalho.

Entretanto, a despeito da boa intenção contida nessas regras constitucionais, verificou-se ao longo deste trabalho que, na prática, essa distribuição de competências por três segmentos distintos do Judiciário nacional ao invés de favorecer, prejudica o acesso à justiça, permitindo se amplie a exclusão social de quem, para a subsistência própria e da família, necessita da prestação jurisdicional (KAMINSKI, 2008, p. 81).

O prejuízo supradito consiste no fato de que o segurado-trabalhador, com base em uma mesma relação material fática, muitas vezes necessita percorrer estas três esferas distintas do Poder Judiciário para fazer afirmar um direito social fundamental, cuja garantia se encontra na própria Constituição.

A isso inclua-se o fato de que, além da peregrinação pelos diversos órgãos jurisdicionais citados, dele, em regra, é exigido que administrativamente também submeta sua pretensão ao crivo da autarquia previdenciária.

Conforme pondera Thiago Baldani Gomes Filippo (2009), "A jurisdição, dependendo da forma como for prestada, pode ser fator de exclusão social ou de inclusão".

Ao modo como está a ilógica distribuição da competência em matéria previdenciária, pode-se afirmar que ela se presta mais a promover a exclusão social (FILIPPO, 2009). Não se mostra razoável exigir que um trabalhador, em geral hipossuficiente financeira e culturamente, para tornar efetivo um direito fundamental, tenha que percorrer por diversas cidades, ruas, prédios, corredores e portas, mormente se existe a possibilidade de ele conseguir sua pretensão em um só local, na Jurisdição Social.

Essa exclusão social se materializa quando o cidadão-necessitado-da-prestação-jurisdicional não obtém do Poder Judiciário a efetividade de seu direito fundamental em tempo razoável, mediante um só processo célere e ao menor custo. Isso, a nosso ver, se traduz na própria inacessibilidade à justiça.

Não foi por outro motivo que a Espanha reformulou a legislação processual editando a Lei 36/2011, denominada de Lei Reguladora da Jurisdição Social (LRJS). Essa norma efetuou a concentração de competências para que a prestação da tutela da Jurisdição Social espanhola fosse integral.

Ressalte-se que, na exposição de motivos da Lei n. 36/2011, constou que a unificação de competências visava pôr termo final à peregrinação por diversas jurisdições. Observe:

> Até agora, os tribunais que integram a ordem social, apesar de funcionarem de forma razoável, não estavam sempre em condições de assegurar a tutela judicial efetiva em tempo razoável e com respeito ao princípio da segurança jurídica. Isto se deve fundamentalmente à desagregação do conhecimento de determinadas e essenciais matérias sociais entre diversas jurisdições distintas da social, como a do contencioso administrativo ou a civil. E aqui estão as dificuldades que geraram a denominada **"peregrinagem de jurisdições"** que provocava até agora graves disfunções e uma diminuição na efetiva proteção dos direitos das pessoas. (ESPANHA, 2011a, tradução e grifo nossos)[9].

---

(9) Hasta ahora, los tribunales que integran el orden social, a pesar de su razonable funcionamiento, no estaban siempre en condiciones de asegurar la tutela judicial efectiva en un tiempo razonable y con respeto del principio de seguridad jurídica. Esto se ha debido fundamentalmente a La disgregación del conocimiento de determinadas y esenciales materias sociales entre diversas jurisdicciones distintas de la social, como la contencioso-administrativa o la civil. He aquí lãs dificultades que han generado el denominado "peregrinaje de jurisdicciones", que provocaba hasta ahora graves disfunciones y una merma en la efectiva protección de los derechos de lãs personas.

Destarte, para que no Brasil se acabe com este tipo de exclusão social, necessário se faz que seja modernizada a prestação jurisdicional. Para que as pessoas sejam consideradas efetivamente cidadãs de direitos, não basta assegurá-los subjetivamente. É imperioso se propiciem meios de materializar a subjetividade destes direitos para que o cidadão se afirme como tal. Que eles passem de mera ficção jurídica à realidade material de subsistência.

Assim, acredita-se que racionalização da distribuição das competências trabalhista e previdenciária em uma só jurisdição, tal como na Espanha, e em outros países do mundo (conforme capítulo 5), porá fim às barreiras processuais que impedem o efetivo acesso à justiça, e a consequente exclusão social. Ao mesmo tempo, contribuirá para a afirmação do direitos sociais, por intermédio do acesso formal e efetivo à jurisdição que tutela o social essencial à manutenção da vida.

6.2.2.2.2. A jurisdição trabalhista e previdenciária em Corte única como fator de inclusão social

Antes de se tratar da jurisdição como fator de inclusão social, importa aclarar com qual acepção a locução inclusão social é empregada neste texto. Para tanto, parte-se do conceito de exclusão social para buscar seu reverso, a designação do que se entende por inclusão social.

Destaca-se, de plano, que os vocábulos exclusão e inclusão não devem ser vistos neste apenas em seus aspectos denotativos de eliminação ou de inserção, mas como um processo continuativo em que um ser humano se torna ou não, se mantém ou não parte integrante de algo coletivo maior, o seio social.

Portanto, ante essas considerações, define-se exclusão social como:

> um processo, posto que excluir não significa apenas "eliminar" ou "marginalizar" dos benefícios do sistema político-econômico; mas também manter "eliminado" ou "marginalizado" dos benefícios do sistema político-econômico. (PAULA, 2002, p. 91)

A partir deste conceito, chega-se à definição de que a inclusão social "é um processo que visa eliminar a manutenção de pessoas ou grupos sociais à margem dos benefícios do sistema político-econômico". (PAULA, 2002)

Feita essa digressão necessária, passam a ser focalizados os contornos da jurisdição em sua forma inclusiva.

A visão tradicional da doutrina é que toda e qualquer jurisdição se materializa por intermédio do processo, o qual tem caráter instrumental e atua com o escopo de efetivar direitos. Este modo de olhar a jurisdição, a nosso ver, carece de atualização.

Em tempos de sociedade pós-moderna, em que constitucionalmente há o predomínio do ser humano como centro de toda positivação jurídica, essa concepção merece avançar para considerar que, além de instrumento de efetivação do direito, a jurisdição também deve ser inclusiva.

Por este ângulo de visada, a jurisdição inclusiva importa em tutelar pessoas, e não somente direitos. Ao assim atuar, converte-se em uma ferramenta fundamental de construção da cidadania na medida em que garante, valida e concretiza direitos sociais fundamentais.

Nesse sentido, sustenta Paulo Afonso Garrido de Paula (2003) que a jurisdição será inclusiva no sentido de ter:

> [...] como razão primeira a consolidação do Estado social, do Estado da Justiça distributiva, interpretando as leis de modo a colocar o homem como único destinatário dos avanços da ciência, alargando a proteção ao ser humano. Mas também inclusiva [...] como atividade de validação dos direitos sociais insertos na Constituição e nas leis. [...] não importa a criação do direito como fenômeno jurídico, mas o fenômeno social através da criação de uma situação de cidadania mediante a inclusão, porquanto neste último está a pessoa e no primeiro apenas a ficção. (PAULA, 2003)

Por este prisma, de nada adiante ser um sujeito de direitos e de benefícios do sistema político-econômico se o próprio sistema, por intermédio de seu corpo normativo, cria barreiras processuais que impedem o exercício destas garantias. Em outros termos, será letra morta a garantia de direitos sociais fundamentais assegurados na Constituição se, quando violados, a jurisdição não der concretude material a essa, então, ficção jurídica.

A forma de a Jurisdição concretizar os direitos sociais fundamentais passa pela axiologia de sua interpretação. Conforme enfatizou José Eduardo Faria, "no plano da aplicabilidade das normas constitucionais [...] não é difícil verificar que os dogmas e os princípios essenciais do ordenamento jurídico aparecem como fundamentais no texto, e como secundários na aplicação". (FARIA, 1993, p. 79)

Conforme já exposto no capítulo 3, a Justiça do Trabalho foi criada no Brasil para tutelar a pessoa do trabalhador. Naquele momento histórico, verificou-se que, no plano do direito material, esse ser humano que-vive-do-trabalho necessitava de uma jurisdição especializada, que tivesse consciência de que o direito substantivo o tratava desigualmente em relação ao empregador, porquanto sua vontade estava jungida à volição e ordens deste.

Assim, muito antes de a Constituição de 1988 eleger a pessoa humana como centro de toda normatividade jurídica, o direito e o processo do trabalho do trabalho já o faziam. A vocação de tutelar a pessoa hipossuficiente do trabalhador era corolário lógico do direito material do trabalho. Assim, no Brasil, o direito e a jurisdição trabalhista nasceram com estofo social, com este viés inclusivo.

Entretanto, conforme visto, a inclusão é processo. Como tal, a inclusão social proporcionada pela Justiça do Trabalho pode e merece ser aperfeiçoada, a fim de atender o plexo dos direitos sociais fundamentais da sociedade pós-moderna.

Por outro lado, vivendo em situação de hipossuficiência material jurídica, encontra-se o trabalhador-segurado da Previdência Social. Isto ocorre porque a relação jurídica entre ele e a Previdência Social se insere no regime tutelado pelo direito público. Por tal razão, a volição do trabalhador-segurado se revela mitigada neste regime, em face aos princípios e normas que regulam o interesse público sobre o interesse individual privado.

Essa mitigação está patente ao se notar que a vinculação do segurado ao sistema de previdência pública independe de sua vontade. No caso, formalmente, quando se trabalha de forma remunerada, a filiação é obrigatória e opera *ex lege*. Assim, observa-se que fato gerador da relação material previdenciária é o trabalho oneroso.

Se não bastasse estar a pessoa-que-vive-do-trabalho vinculada de forma obrigatória ao regime geral da Previdência Social pelo simples fato de trabalhar, verifica-se que sua vontade também não impera no momento de exigir uma prestação do sistema ao qual se uniu compulsoriamente.

Conforme sustenta José Antônio Savaris (2011), a Previdência Social presta ao segurado serviços de péssima qualidade: longas filas, espera indefinida nos serviços de agendamento e a negativa de concessão de benefícios sem nenhuma fundamentação são exemplos do descaso do órgão gestor da Previdência Social para com os direitos fundamentais do segurado obrigatório.

Já se enfatizou neste trabalho que é ficção jurídica assegurar uma plêiade de direitos, sem que o destinatário deles possa usufruir. No caso das relações materiais previdenciária e trabalhista, observa-se que a pessoa-que-vive-do-trabalho está em posição de desigualdade em relação ao outro sujeito integrante da relação, dado que não pode impor sua vontade. Em verdade, na relação de trabalho ele está jungido à volição do empregador; na relação previdenciária, à do Estado.

Essa desigualdade no plano fático e material do direito pode ser exemplificada quando o empregador descumpre as normas tuitivas trabalhistas, ao preferir assumir os riscos do custo econômico de um processo judicial. Ainda, quando o Estado nega uma prestação social devida, retarda sem fundamento legal ou cria barreiras processuais para a não concessão do benefício devido.

Esses exemplos estão a patentear fatores de exclusão social. Se, no plano material, o direito previdenciário e o do trabalho são inclusivos, a negação de qualquer dos preceitos desses colabora para a promoção da exclusão social do trabalhador-segurado.

Note-se que esse processo de exclusão social, iniciado quando do descumprimento voluntário das normas tuitivas destes direitos pelo empregador e/ou pelo Estado, tende a se ampliar no momento de maior infortúnio, que é quando a pessoa-que-vive-do-trabalho se vê tolhida do mínimo existencial para sua sobrevivência: o desemprego ou a incapacidade laborativa.

Para atenuar os efeitos desta exclusão forçada, o trabalhador-desempregado reivindica seus pretensos direitos trabalhistas no Judiciário laboral. Acometido por uma adversidade que o impede de trabalhar, o segurado-trabalhador busca seus direitos no órgão gestor da Previdência estatal e/ou na jurisdição federal/estadual. Mais do que direitos, nos dois casos essa pessoa reivindica a manutenção de sua condição de cidadão de direitos, e, de conseguinte, a reinclusão social própria e de sua família, que lhes proporciona o direito do trabalho e o seu sucessor, o direito previdenciário.

Neste instante de infortúnio e exclusão social é que se denota que a prestação da tutela jurisdicional destes direitos sociais fundamentais deixa a desejar.

Da forma em que está estruturada a competência jurisdicional para conhecer e processar os casos de violação dos direitos sociais decorrentes do trabalho, nega-se valor à dignidade humana do inativo (desempregado ou portador de uma adversidade). No momento do infortúnio, as normas processuais em vigor exigem uma autêntica peregrinação por diversos foros distintos, a fim de fazer cumprir os direitos sociais fundamentais que a Constituição reuniu de forma tuitiva no art. 6º. Essa irracional distribuição de competências garante o acesso formal à Justiça, mas não o acesso efetivo à justiça social.

Para que a Jurisdição seja inclusiva, o direito de acesso à Justiça há de ser efetivo. Destarte, é de capital importância que os direitos sociais encontrem, no direito fundamental de acesso à Justiça, o mais básico dos direitos humanos, um sistema de compartilhamento de competências moderno e igualitário que garanta a substanciação dos direitos subjetivos constitucionais proclamados. (CAPELLETTI; GARTH, 1988)

A jurisdição inclusiva não se limita a propiciar o acesso à Justiça efetiva. Indispensável se faz ainda que a prestação jurisdicional não seja fragmentada, antes seja entregue em tempo razoável, que sejam céleres os trâmites do processo sem descurar da segurança jurídica. É vital ainda que essa atividade seja prestada com um custo zero tanto para os hipossuficientes financeiros quanto para os hiperssuficientes de infortúnios.

Essa jurisdição será inclusiva também quando, por sua atuação, provocar o cumprimento espontâneo das normas de direito material. Com efeito, um procedimento eficaz na concessão imediata da tutela ao infortunado pode tornar antieconômico o descumprimento rotineiro, massificado e reiterado do direito do trabalho e previdenciário. Cumprindo o empregador e o órgão estatal previdenciário, de modo voluntário, os preceitos legais, eles deixam de marginalizar a família-que-vive-do-trabalho. Com isso, de forma pedagógica, se dissemina a relevância socioeconômica de se manter o trabalhador-segurado e sua família incluídos socialmente.

Portanto, em nosso ver, para o trabalhador-segurado é benéfico que se (re)crie no país uma Jurisdição Social. Uma jurisdição com organicidade unitária que una as competências de matérias conexas derivadas de um mesmo fato gerador, o trabalho.

A experiência do direito processual comparado nos conforta quanto a essa afirmação. Segundo Fernando Salinas (2011) a Jurisdição Social tende a produzir uma maior coerência, qualidade, congruência e coordenação de pronunciamentos. Acrescente-se a isso que, ao lado de sua atividade judicante ímpar, se observa uma atividade transformadora da atual realidade social. Ela promove a justiça social ao distribuir renda originária do trabalho desde a concepção até a pensão.

6.2.2.3. Dos fatores socioeconômicos favoráveis ao empregador

No tópico precedente foram expostos fatores sociojurídicos favoráveis ao trabalhador-segurado caso se unifiquem as competências trabalhista e previdenciária em favor de uma Jurisdição que denominou-se de Social. Neste, abordam-se alguns benefícios que a dita jurisdição trará ao empregador.

6.2.2.3.1. Da possibilidade de livrar-se da concorrência desleal — dumping social

Atualmente, ser um empresário, e de sucesso, não é nada fácil. A alta competitividade assusta a quem se aventura nesta empreitada. Se, até alguns anos atrás, a competição ocorria entre as empresas nacionais, atualmente há concorrentes estrangeiros em praticamente todos os setores em que se pensa atuar. Com isso, conseguir manter-se no mercado, com as leis do mercado, é um desafio. Em geral, cotidianamente as empresas lutam para encontrar maneiras de se tornar mais e mais competitivas. Quando se fala em competitividade, o foco principal se circunscreve à redução dos custos do empreendimento.

A rigor, uma empresa reduz custos negociando o preço de compra da matéria-prima, investindo em tecnologia de ponta, diminuindo a carga tributária e a folha de pagamento de seus empregados/prestadores de serviços.

A forma como ela reduz estes custos, notadamente quanto à folha de pagamento e tributos previdenciários, é o que nos interessa neste.

O ordenamento jurídico atual permite que, em algumas situações, o empregador, mediante negociação coletiva, diminua o custo de sua mão de obra. Pode ele compensar jornada extra de trabalho, implantar banco de horas, contratar a tempo parcial, suspender a prestação dos serviços para qualificação profissional de seus empregados (art. 476-A da CLT) (BRASIL, 1943c), entre outros.

Entretanto, alguns empresários preferem aumentar os lucros e prejudicar os concorrentes pelo caminho do descumprimento das normas trabalhistas e previdenciárias. Com isso, conseguem obter redução significativa dos custos de produção, mediante concorrência desleal e sonegação de direitos sociais fundamentais. Em suma, uma competitividade nociva.

Quando essa prática se torna reiterada e atinge uma coletividade ampla de trabalhadores caracteriza-se o dumping social.

Sobre o que é dumping social na seara laboral, utiliza-se o conceito do Des. do TRT da 18ª Região, Elvécio Moura dos Santos, que, nos autos do processo TRT — RO — 0001646-67.2010.5.18.0002, relatou voto no qual assim o definiu:

> No campo laboral o dumping social caracteriza-se pela ocorrência de transgressão deliberada, consciente e reiterada dos direitos sociais dos trabalhadores, provocando danos não só aos interesses individuais, como também aos interesses metaindividuais, isto é, aqueles pertencentes a toda a sociedade, pois tais práticas visam favorecer as empresas que delas lançam mão, em acintoso desrespeito à ordem jurídica trabalhista, afrontando os princípios da livre concorrência e da busca do pleno emprego, em detrimento das empresas cumpridoras da lei. (GOIÁS, 2011)

Partindo deste conceito, apontam-se algumas práticas fraudulentas que podem caracterizar o dumping social e a concorrência desleal nas relações de trabalho:

a) falta de formalização do contrato de trabalho;

b) contratação de trabalhadores mediante "pejotização";

c) terceirização da atividade fim;

d) contratação de (pseudo) estagiários em substituição a empregados;

e) ausência de concessão de intervalos regulares na jornada de trabalho;

f) supressão ou pagamento incorreto das horas extras;

g) elastecimento da jornada de trabalho além do limite legal previsto;

h) descumprimento das normas de higiene e segurança do trabalho;

i) sonegação de contribuição previdenciária;

j) apropriação indébita de contribuição previdenciária;

k) não pagamento de adicionais salariais, entre outros.

A empresa que pratica o dumping é vista como fraudadora não apenas dos direitos sociais dos trabalhadores e do erário. Na proporção direta em que ela lesa esses direitos, também reduz seu custo e, consequentemente, os preços determinados pelo mercado. Tal fato prejudica os empregadores que cumprem suas obrigações trabalhistas e previdenciárias e que, ao final, acabam sofrendo perda decorrente desta concorrência desleal.

Acredita-se que uma Jurisdição Social com competência para, de ofício, aplicar e executar penalidades pecuniárias administrativas, sem prejuízo da responsabilização penal, contribuirá para desestimular este tipo de fraude. Ao mesmo tempo, com a redução da concorrência desleal, propiciará às empresas cumpridoras do conjunto normativo citado a segurança necessária para que invistam rumo à prosperidade econômica que todo empreendimento almeja, sem descuidar-se de sua responsabilidade social.

6.2.2.3.2. Redução dos custos do processo pela unificação de competências

A (re)criação da Jurisdição Social, com a unificação de competências distintas em apenas uma Corte, contribuirá para redução do custo do processo para o empregador-patrocinador.

Na atual forma de distribuição das competências previdenciárias e trabalhista, há casos em que o empregador tenha de custear os honorários de seu advogado e os de sucumbência. Ainda, se o seu comparecimento em juízo foi motivado por um acidente do trabalho, somem-se ao custo do processo os honorários de pelo menos dois peritos médicos. Em acréscimo, pode ser condenado em custas e outros encargos processuais em cada lide de que participar.

Com a pretendida unificação, apenas arcará com o custeio dos honorários de seu advogado, na medida em que, a rigor, na Jurisdição Social proposta não haverá, tal como no atual processo do trabalho, condenação em honorários sucumbenciais. Ainda, por participar de apenas uma lide, na qual se discutirá toda a matéria trabalhista e previdenciária, economizará nos honorários, visto que seu advogado apenas atuará neste processo, e não em vários como sói ocorrer atualmente.

No mesmo sentido, hodiernamente, casos há em que, para decidir uma mesma situação fática, são necessárias até duas perícias médicas, quando não até mais duas perícias técnicas, ao se tratar de averiguar os riscos ambientais do trabalho, em geral uma na Justiça Federal ou Estadual, outra na Jurisdição laboral.

Com a Jurisdição Social e a unificação das competências, somente uma ou, no máximo, duas perícias seriam suficientes para solucionar a lide no âmbito judicial. E se o empregador for sucumbente no objeto da(s) perícia(s), deverá remunerar o perito. Neste caso, a economia resultou da diminuição do número de perícias.

Será econômico também arcar com as custas e emolumentos do processo, haja vista que, diante da possibilidade de ser condenado a pagar estes encargos em até três processos, distribuídos que foram em jurisdições distintas, custeará apenas um, o que tramitar pela Jurisdição Social.

DA PROPOSIÇÃO DE (RE)CRIAÇÃO DA JURISDIÇÃO SOCIAL NO BRASIL

7.1. DA AUSÊNCIA DE PRODUÇÃO ACADÊMICA E DOUTRINÁRIA

Não se conhece nenhum escrito existente na doutrina, nem mesmo qualquer produção acadêmica, que trate sobre a unificação das competências trabalhistas e previdenciárias em jurisdição única. Realizadas exaustivas pesquisas em diversas bibliotecas e sítios eletrônicos, não foi encontrada linha alguma que versasse sobre este tema.

Apesar da importância da questão, que aflige diariamente milhares de trabalhadores que necessitam peregrinar por diversos foros judiciais para ver afirmados seus direitos sociais, certo é que, em seu aspecto macro, ela não despertou interesse da doutrina nem da academia.

Por aspecto macro do problema, entenda-se o que compreende toda a competência que envolve a matéria previdenciária, atinente aos benefícios, e o custeio decorrente da folha de salários.

Existem doutrinadores que defendem a unificação da competência de um ou outro tema, como a questão dos acidentes do trabalho (MELO, 2011) ou o fim da competência delegada previdenciária à Justiça Estadual (SPIZZIRI, 2012). Entretanto, nenhum enfoca a questão por uma ótica mais ampla, tal como a proposta nesta (obra), razão pela qual não se farão citações doutrinárias ao longo deste capítulo, por inexistirem.

Apenas para registro, foram encontrados dois artigos (FREITAS, 2012) e (SILVA, 2011), recentemente publicados na internet, os quais apontam a necessidade de unificação da Justiça Federal e do Trabalho. Não cuidam eles da unificação das competências previdenciárias e trabalhista, mas da fusão de ambas as jurisdições.

7.2. PROJETOS DE LEI E PROPOSTAS DE EMENDA À CONSTITUIÇÃO EM TRÂMITE NO CONGRESSO NACIONAL

Para a (re)criação da Jurisdição Social no Brasil, em molde semelhante à existente quando da criação da Justiça do Trabalho, necessária se faz a alteração do texto constitucional vigente.

Neste tópico se observará que, no Congresso Nacional, já existem projetos de lei e propostas de emenda à Constituição que, de alguma forma, visam alterar as competências trabalhista e previdenciárias. Entretanto, ver-se-á que, em nenhum deles, consta a previsão de (re)criação/instituição de uma Jurisdição Social da forma como aqui entreaberta.

Não obstante essa falta de previsão, nota-se que, também no âmbito legislativo, já se tem a consciência de que algo deve ser alterado no trato das competências trabalhista e previdenciárias. Ao menos, já é um começo.

7.2.1. Projeto de Lei n. 308/2012 e a competência da Justiça do Trabalho para julgar as ações regressivas

O senador Paulo Paim apresentou ao Senado Federal o Projeto de Lei n. 308/2012, com o qual pretende acrescentar dois novos parágrafos à redação do art. 120 da Lei n. 8.213/91, hábil a fixar a competência da Justiça do Trabalho para julgar as ações regressivas previdenciárias. Transcreve-se o teor do texto que se pretende acrescentar:

> Art. 1º O art. 120 da Lei n. 8.213, de 24 de julho de 1991, passa a vigorar acrescido dos seguintes parágrafos:
> Art. 120.
> **§ 1º Compete à Justiça do Trabalho o julgamento da ação regressiva, a que se refere o *caput* deste artigo, promovida pela Previdência Social.**
> § 2º A pretensão ressarcitória corresponderá à integralidade da despesa previdenciária, abrangendo as prestações adimplidas nos cinco anos que antecedem ao ajuizamento da ação regressiva, bem como as parcelas vincendas a serem implementadas até a extinção dos benefícios de prestação continuada. (PAIM, 2012, grifos do autor)

Não obstante a ação regressiva possuir previsão expressa na Lei n. 8.213 desde o ano de 1991, verificou-se, acima, que existia uma anomia acerca do juízo competente para julgá-la.

Demonstrando ser conhecedor das divergências jurisprudenciais em relação à competência da questão acidentária, o senador Paulo Paim justificou assim a propositura desta alteração legislativa:

> No que tange à competência para o julgamento das ações indenizatórias por acidentes do trabalho, o panorama atual evidencia existir dois posicionamentos, tudo a depender de quem figure no polo ativo da relação processual. Se a ação for promovida pelo trabalhador ou então por seus herdeiros a competência será da Justiça do Trabalho, ao passo que se a

ação for promovida pelo INSS a jurisprudência vem inclinando-se pela competência da Justiça Federal comum. [...] Com efeito, sendo a ação regressiva do INSS uma espécie do gênero ação indenizatória por acidente do trabalho, não há outra conclusão a ser alcançada senão reconhecer a competência da Justiça do Trabalho para o seu julgamento. (PAIM, 2012)

Há de ressaltar que as citadas ações indenizatórias, que podem ser movidas tanto pelo trabalhador como pelo INSS, estão lastreadas em uma mesma realidade fática, o acidente do trabalho. Todavia, conforme já afirmado neste, muitas vezes o julgamento destas ações por tribunais distintos acaba por ensejar decisões contraditórias, circunstância que afronta o princípio da unidade de convicção, bem como provoca extremada insegurança jurídica aos jurisdicionados e, de conseguinte, desprestígio do Poder Judiciário.

A nosso ver, essa proposta legislativa, apesar de ir ao encontro de nosso pensamento, resolve apenas parte dos problemas por que passa a questão da competência previdenciária. Da forma em que apresentada, ela atende e elide a questão pela ótica da União, já que essa medida tem impacto direto na recuperação de créditos tributários decorrentes dos acidentes de trabalho culposos. Entretanto, não para o trabalhador, que, para perceber benefício previdenciário, terá de recorrer, ainda, à Justiça Comum estadual, e, para cobrar indenização pela infortunística, deverá procurar a Justiça do Trabalho.

7.2.2. *Projeto de Lei n. 3.451/2008 e a vinculação do INSS às decisões da Justiça do Trabalho*

Encontra-se parado na Câmara dos Deputados, à espera de designação de relator na Comissão de Seguridade Social e Família o Projeto de Lei n. 3.451/2008, de autoria do Poder Executivo da União.

O projeto em apreço dispõe sobre os efeitos das decisões proferidas pela Justiça do Trabalho perante o Regime Geral de Previdência Social quanto à comprovação do tempo de serviço ou de pagamento de contribuição previdenciária, ao acrescentar os §§ 5º, 6º e 7º ao art. 55 da Lei n. 8.213/1991.

Se o projeto for convertido em lei, esta terá a seguinte redação:

Art. 1º O art. 55 da Lei n. 8.213, de 24 de julho de 1991, passa a vigorar acrescido dos seguintes §§ 5º, 6º e 7º:
"§ 5º As decisões proferidas pela Justiça do Trabalho, resultantes de condenação ou homologação de acordo, inclusive as referentes a reconhecimento de período contratual, poderão ser aceitas como início de prova material, desde que tenham sido proferidas com base em prova documental, contemporânea aos fatos a comprovar.
§ 6º As decisões a que se refere o § 5º, não proferidas com base em prova documental, terão sua eficácia perante o Regime Geral de Previdência Social limitada ao período não abrangido pela prescrição trabalhista e desde que tenha havido recolhimento de contribuições previdenciárias no curso do período laboral.

§ 7º Na hipótese de não ter havido o recolhimento a que se refere o § 6º, a eficácia da decisão fica condicionada à comprovação, ao INSS, do efetivo recolhimento das contribuições previdenciárias correspondentes ao respectivo período. (BRASIL, 2008b)

Em nosso ver, este projeto de lei perdeu seu objeto. Após quatro anos de sua apresentação, nem sequer foi nomeado o relator na primeira comissão da Câmara dos Deputados que deveria apreciá-lo. Esse desinteresse se deve ao fato de que, com a decisão do STF nos autos do processo RE n. 569.056/PA, a referida norma seria declarada inconstitucional. Isso porque não se poderia mais determinar o recolhimento das contribuições previdenciárias nas ações declaratórias de vínculo de emprego.

Porém, o dito projeto demonstra que o Poder Executivo reconhece que o sistema de distribuição das competências trabalhista e previdenciárias não é o ideal. Tanto é que, na proposta, há a previsão da ampliação da força vinculante das decisões trabalhistas a fim de que a coisa julgada em um processo laboral, que determinasse o recolhimento das contribuições sociais devidas durante o vínculo, fosse o suficiente para a inscrição e averbação do tempo de serviço no INSS.

Tal projeto do executivo vai ao encontro de nossa proposição de (re)criação da Jurisdição Social, na medida em que esta contém integralmente aquela.

7.2.3. PEC 327/2009 e a competência penal da Justiça do Trabalho

Tramita na Câmara dos deputados a Proposta de Emenda à Constituição Federal — PEC n. 327/2009, de autoria do deputado federal por Mato Grosso, Valtenir Pereira.

A referida proposição modifica o inciso IX e acrescenta os incisos X a XIII ao art. 114, além de revogar parcialmente o inciso VI do art. 109 da Constituição da República, para conferir a competência penal à Justiça do Trabalho. E o faz especialmente em relação aos crimes contra a organização do trabalho, os decorrentes das relações de trabalho, sindicais ou do exercício do direito de greve, a redução do trabalhador à condição análoga à de escravo, aos crimes praticados contra a administração da Justiça do Trabalho e a outros delitos que envolvam o trabalho humano.

O texto da proposta está assim redigido:

Art. 1º Os arts. 109, VI, e 114, da Constituição Federal, passam a vigorar com as seguintes alterações:
"Art. 109 [...]
VI — nos casos determinados por lei, os crimes contra o sistema financeiro e a ordem econômico-financeira; (NR)
Art. 114 [...]
IX — as ações trabalhistas e penais que envolvam submissão de trabalhadores à condição análoga à de escravo ou trabalho degradante;
X — as infrações penais praticadas contra a organização do trabalho e aquelas decorrentes das relações de trabalho, sindicais ou do exercício do direito de greve;

XI — os crimes contra a administração da Justiça, quando afetos à sua jurisdição, e aqueles decorrentes de atos praticados no curso de processo ou de investigação trabalhista, ou no âmbito das inspeções de trabalho;

XII — quaisquer delitos que envolvam o trabalho humano, bem como as infrações penais e de improbidade administrativa praticadas por agentes públicos em detrimento do valor social do trabalho;

XIII — outras controvérsias decorrentes da relação de trabalho, na forma da lei. (BRASIL, 2008b)

Sobre a necessidade desta alteração constitucional, o deputado Valtenir Pereira justificou essa proposta afirmando:

> Atualmente, tal competência se insere no rol da Justiça Estadual e Federal, pretendendo-se o deslocamento por afinidade e pertinência de matéria, já que a permanência do inciso VI no art. 109 é resquício autoritário da ordem jurídica constitucional anterior.
>
> A Justiça do Trabalho tem se consagrado na confiança do constituinte, tendo a primeira parte da Reforma do Judiciário contemplado as diversas situações em que o trabalho humano está em discussão (Emenda Constitucional n. 45/2004, art. 114), seja no aspecto cível, seja no administrativo (art. 114, VII).
>
> Todavia, tal qual acontece com os demais ramos especializados do Judiciário (eleitoral, federal), é necessário que a Justiça do Trabalho possa ter sua jurisdição aperfeiçoada para o enfoque tridimensional cível, administrativo e penal, permitindo uma visão holística do fenômeno trabalho humano.
>
> Não há razão que justifique, nos dias de hoje, que justamente o ramo que trata do direito social seja o único desprovido de competência penal e, portanto, suscetível a ataques à sua jurisdição sem os meios necessários para a repulsa da agressão. (PEREIRA, 2009)

Caso seja aprovada esta PEC, acredita-se que existirão sensíveis ganhos para o trabalhador e para a própria União. O caráter pedagógico das sentenças que reconhecerem o trabalho degradante ou a condição análoga à de escravo e condenarem o infrator a reparar o dano social, e também a cumprir pena por estes crimes, evitará que se perpetue essa condição nociva no âmbito das relações sociais do trabalho. Com isso, ganha o trabalhador que passará da condição de mão de obra invisível para a de cidadão detentor de direitos sociais, gerador de contribuições que ajudarão a recuperar o regime financeiro previdenciário da União e que garantirão possíveis benefícios estatais.

Por outro lado, a Justiça do Trabalho estará resgatando uma competência que, histórica ou ontologicamente, cabe-lhe por direito, lógica ou tradição, com ecos no direito comparado. Por outro lado, até que essa competência seja absorvida, o Direito Penal do Trabalho continuará sendo uma tênue aspiração dos aficionados pelos híbridos desdobramentos da *"questio iuris"* penal-trabalhista. (FELICIANO, 2009)

7.2.4. As PECs 66/2011, 278/2008 e 49/2012 e a unificação de competências das causas acidentárias

Tramita no Senado Federal a Proposta de Emenda à Constituição — PEC n. 66/2011, de autoria da Senadora Ana Rita, representante do Espírito Santo.

A referida PEC atribui nova redação ao inciso I do art. 109 da Constituição Federal, a fim de deslocar das justiças estaduais para a Justiça Federal comum a competência para o julgamento das causas relativas a acidentes de trabalho em que forem interessadas a União, entidade autárquica ou empresa pública federal.

Na Câmara dos Deputados também tramita, com igual temática, a PEC n. 278/2008, de autoria do deputado federal por São Paulo, Marcelo Ortiz.

Trata desta mesma matéria, com igual proposição e fundamento, porém com abrangência de outros assuntos, a PEC n. 49/2012, cujo autor é o senador Tomás Correia, de Rondônia.

O fato comum em todas essas propostas de emenda à Constituição é que elas pretendem alterar o art. 109, I, da atual Carta Magna para fazer constar o seguinte:

> Art. 1º O art. 109 da Constituição Federal passa a vigorar com a seguinte redação:
> Art. 109. Aos juízes federais compete processar e julgar:
> I — as causas em que a União, entidade autárquica ou empresa pública federal forem interessadas na condição de autoras, rés, assistentes ou oponentes, exceto as de falência e as sujeitas à Justiça Eleitoral e à Justiça do Trabalho (RITA, 2011b).

A redação do art. 109, I, da Constituição ainda em vigor traz como exceção, além das já citadas no texto legal, as causas que envolvem acidentes do trabalho. Assim, a alteração pretendida pelos legisladores consiste em apenas extrair do texto legal a locução acidentes do trabalho. Excepcionando-se tal fato, a Justiça Federal passaria a deter a competência, de acordo com a jurisprudência dominante.

Nesse sentido, o deputado Marcelo Ortiz justificou a alteração pretendida:

> A alteração do artigo 109, I, possibilitará o deslocamento das ações acidentárias fundadas na lei 8.213/91, para a Justiça Federal, em razão da natureza jurídica do INSS, autarquia federal, centralizando-se todas as demandas relativas a concessão e/ou revisão de benefícios previdenciários perante a Justiça Federal Comum.
>
> Diante da unificação no campo do direito material, não se justifica tratamento diferenciado, no campo processual, para as demandas acidentárias fundadas no direito especial [...] Colocar-se-á fim nas dificuldades de padronização do direito previdenciário decorrentes dos entendimentos proferidos pelos vinte e seis Tribunais de Justiça estaduais.
>
> Concentrar-se-á apenas em cinco Tribunais Regionais toda a matéria previdenciária, neste incluída ações de acidente do trabalho, que são regidos pelos mesmos princípios norteadores. (ORTIZ, 2008)

Na mesma linha de unificação de competências, posicionou-se o senador Tomás Correia ao justificar que:

> O que se pretende é a eliminação da exceção imposta pelo inciso I do art. 109 quanto à competência da Justiça Federal de 1º grau, relativamente às causas envolvendo acidentes do trabalho. Essa providência visa a unificar o julgamento de causas acidentárias e previdenciárias, harmonizando o texto constitucional vigente com a sólida construção jurisprudencial que se vinha tendo sobre o tema. (CORREIA, 2012)

Destacando a peregrinação jurisdicional do segurado, a senadora Ana Rita assim justificou a medida propositiva:

> A presente proposta de emenda à Constituição tem por objetivo reparar grave injustiça social, principalmente contra os mais pobres, que, quando são acometidos por doença ou acidente de trabalho, e tendo o correspondente benefício negado pela Previdência Social, devem enfrentar — antes mesmo de discutir o direito material — longas discussões processuais acerca do juízo competente para julgar o processo, o que retarda a prestação jurisdicional. (RITA, 2011a)

Merece ainda destaque a visão social da senadora Ana Rita, que, tal como consta neste trabalho, observou que a anômala distribuição da competência previdenciária causa prejuízos a todos, mormente para o trabalhador-segurado-que-vive-do-trabalho:

> A situação descrita causa incompreensível prejuízo ao segurado, que passa por várias necessidades, dependendo, geralmente, da caridade alheia de parentes e vizinhos — da mesma forma hipossuficientes economicamente — ou de igrejas, isto porque o doente não tem mais como garantir o sustento básico de sua família, já que a força do trabalho era a sua única fonte de subsistência.
>
> Perde também o empregador, que não pode demitir o segurado, tampouco ter a mão de obra para produzir; perde o INSS, que, em quatro ou cinco anos, é condenado na ação a pagar todos os valores retroativos à data do requerimento, com correção monetária e juros de mora. Mas, até chegar a esse ponto, já terá ocorrido enorme desgaste para o segurado e seus dependentes.
>
> Nesse compasso, são inúmeras as divergências dos tribunais sobre o assunto, sujeitando o segurado à insegurança jurídica de não saber qual o juízo competente para o ajuizamento de sua ação. Por isso mesmo, esta proposta de emenda à Constituição é de elevada importância para sanar de uma vez por todas essa anomalia processual [...]. (RITA, 2011a)

Com a devida vênia, em que pese o olhar social presente na unicidade das proposições mencionadas, elas ainda não resolverão, de forma integral, o problema da má distribuição das competências previdenciárias. Sobre a mesma relação fática, ainda poderá haver julgamentos distintos na Justiça do Trabalho e na Justiça Federal. Logo, salutar seria que essas propostas fossem agrupadas em uma mais ampla que abarcasse a instituição de uma Jurisdição Social com competência híbrida para as causas trabalhistas e previdenciárias.

7.2.5. O anteprojeto de PEC da ANPPREV

Em 2008, a Associação Nacional dos Procuradores Federais da Previdência Social — ANPPREV encaminhou ao Congresso Nacional um anteprojeto de emenda constitucional que propunha a expansão da competência da Justiça do Trabalho em matéria previdenciária. (JUSTIÇA..., 2008)

Em nota, a associação justificou os motivos que ensejaram a apresentação deste anteprojeto:

O que se almeja é que este país reduza, paulatinamente, suas acentuadas diferenças econômicas e sociais. Que os anseios da classe trabalhadora brasileira, pedra fundamental nas relações de cunho previdenciário, sejam alcançados de maneira menos traumática, e que a expressão dos valores da comunidade seja afiançada na uniformidade da prestação de serviço jurisdicional. Para tanto, é preciso que a solução satisfatória dos conflitos seja garantida pela via jurídica especializada e mais adequada ao tipo de matéria aqui tratada.

> O presente [...] pretende comprovar a coerência do deslocamento da matéria previdenciária para o âmbito da competência da Justiça Trabalhista em razão da similitude de seu instituto básico, qual seja a relação de emprego, sem prejuízo da autonomia de seus ramos normativos específicos que continuam a compor o sistema científico do Direito Previdenciário e do Direito do Trabalho. (JUSTIÇA..., 2008)

Não obstante os relevantes motivos socioeconômicos que justificaram a apresentação desta proposição de alteração do texto constitucional, não se tem notícia de que ele tenha sido convertido em PEC, haja vista que não consta, na atividade legislativa do Congresso Nacional[10], nenhuma proposição normativa neste sentido.

7.3. DADOS ESTATÍSTICOS COMPARATIVOS ENTRE A JUSTIÇA FEDERAL E A DO TRABALHO

Pretende-se demonstrar neste tópico que a Justiça do Trabalho, além de possuir capilaridade maior do que a Justiça Federal, possui condições de melhor albergar a unificação das competências do que a Justiça Federal.

Tal ponto merece destaque porque uma proposta inversa já foi objeto de análise pelo CNJ. No caso, nos autos do Pedido de Providências n. 004245-35.2010.2.00.0000 foi requerida a incorporação da Justiça do Trabalho pela Justiça Federal.

A decisão do CNJ que refutou a pretensão afirmou que o "dimensionamento das duas Justiças já revela o despropósito da medida, haja vista que a Justiça

---

(10) Pesquisas realizadas em: BRASIL, 2012d; 2012e.

Federal incorporaria a Justiça do Trabalho que, em termos estruturais é, no mínimo, o dobro daquela". (CONSELHO NACIONAL DE JUSTIÇA, 2011b)

Para melhor conhecer este dimensionamento citado pelo CNJ, optou-se por colher alguns dados estatísticos destas duas jurisdições, a fim de que se possa consolidar em números a viabilidade da unificação das competências tratadas neste.

7.3.1. *As estruturas das Justiças do Trabalho e Federal*

A Justiça do Trabalho possui estrutura orgânica unitária. Em termos de capilaridade, atua em todos os Estados da federação e no Distrito Federal. Integram-na 1.518 Varas do Trabalho, das quais 1.413 já estão instaladas e distribuídas por 609 municípios, cujas jurisdições cobrem todos os 5.565 municípios brasileiros. Em adendo, alguns tribunais atendem aos jurisdicionados mediante a utilização de varas itinerantes.

A Justiça do Trabalho está constituída também por 24 Tribunais Regionais. Ainda, conta com um órgão de cúpula, o TST.

Por outra banda, a Justiça Federal está integrada por 834 Varas Federais, registrando que 163 destas são Juizados Especiais Federais autônomos e 671 Varas de 1º grau, as quais estão dispersas por 241 municípios brasileiros (CONSELHO NACIONAL DE JUSTIÇA, 2012).

No segundo grau de jurisdição, a Justiça Federal possui cinco tribunais regionais federais cujas jurisdições cobrem todos os 26 Estados brasileiros, mais o Distrito Federal.

GRÁFICO 1 — TRIBUNAIS X ESTADOS

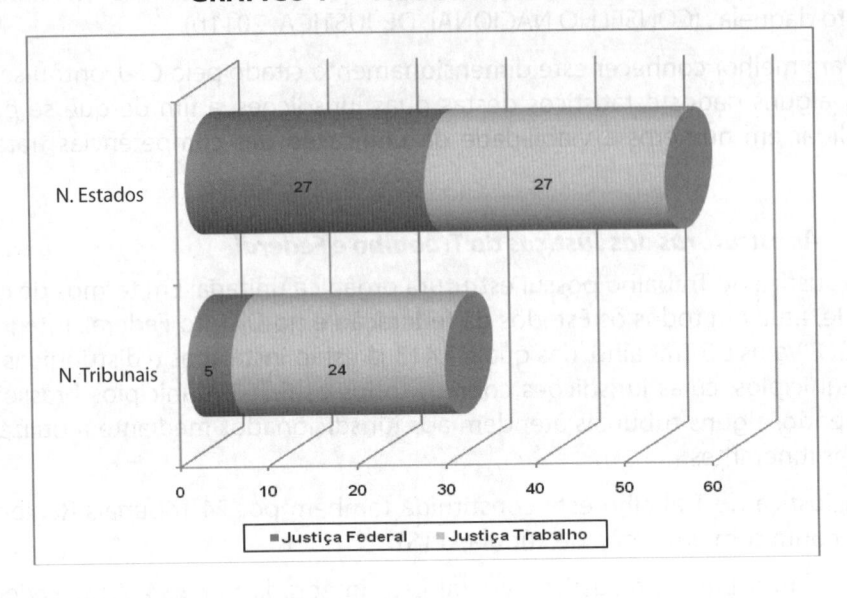

N. Estados: Justiça Federal 27 | Justiça Trabalho 27
N. Tribunais: Justiça Federal 5 | Justiça Trabalho 24

Fonte: Conselho Nacional de Justiça, 2012.

GRÁFICO 2 — ESTRUTURAS DO 1º GRAU DE JURISDIÇÃO

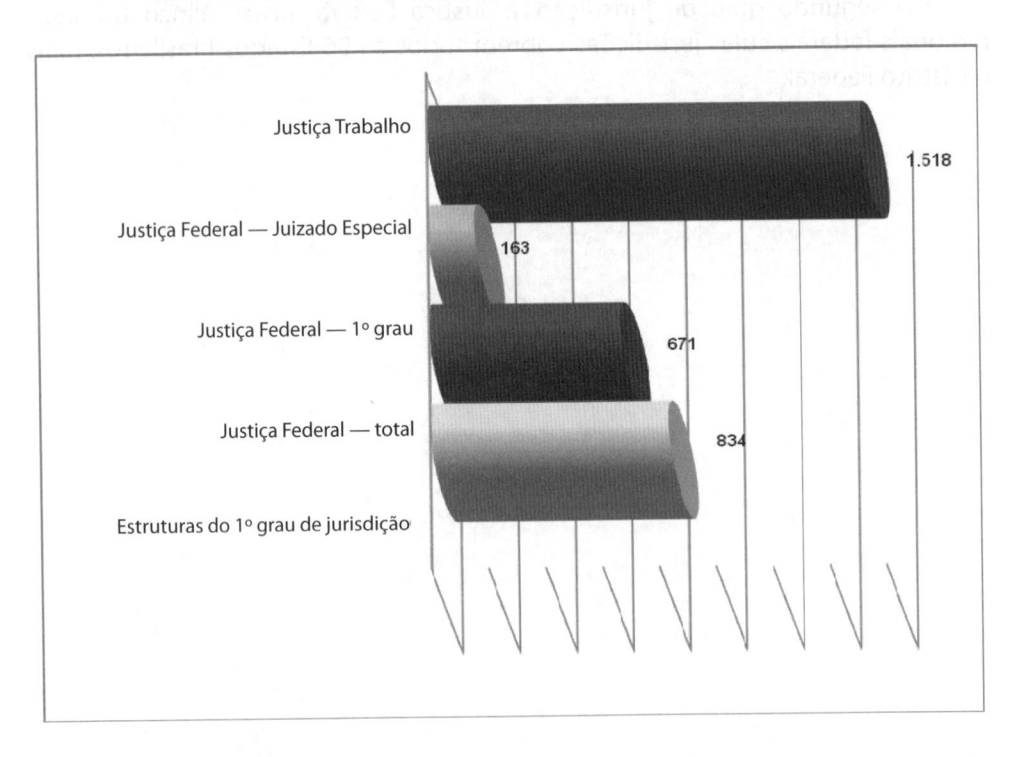

- Justiça Trabalho: 1.518
- Justiça Federal — Juizado Especial: 163
- Justiça Federal — 1º grau: 671
- Justiça Federal — total: 834
- Estruturas do 1º grau de jurisdição

Fonte: Conselho Nacional de Justiça, 2012.

GRÁFICO 3 — NÚMERO DE MUNICÍPIOS/SEDE DE VARAS

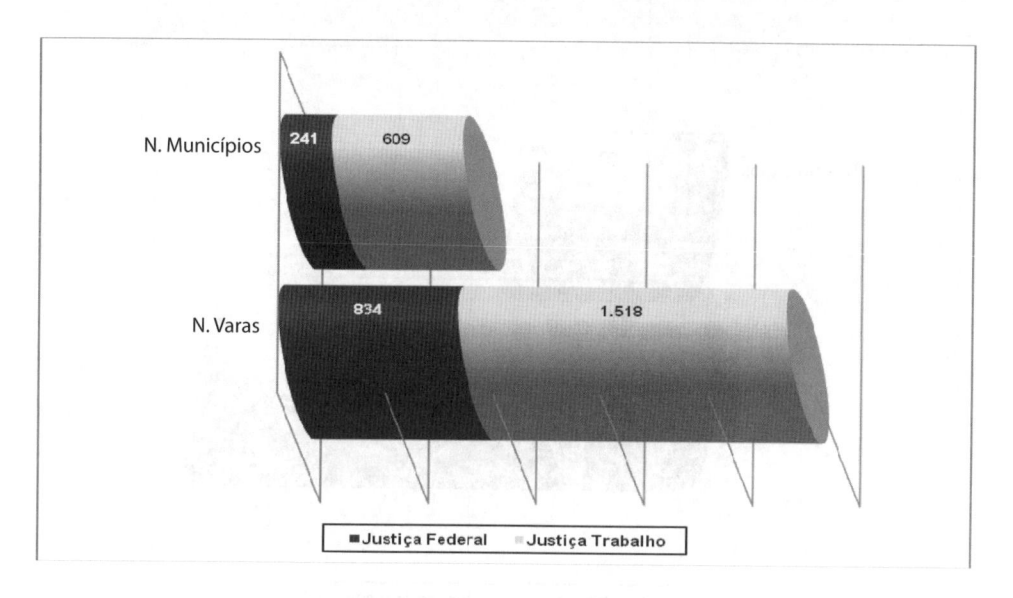

N. Municípios: 241 | 609
N. Varas: 834 | 1.518

■ Justiça Federal   ■ Justiça Trabalho

Fonte: Conselho Nacional de Justiça, 2012.

7.3.2. Dados financeiros das Justiças Federal e do Trabalho

Em 2011, a despesa total da União com a Justiça Federal foi de quase 6,8 bilhões de reais. A despesa por habitante deste segmento do Poder Judiciário foi de R$ 35,34. A arrecadação de custas e emolumentos alcançou a quantia de 66 milhões. Ainda neste ramo, a União arrecadou a cifra de 8,9 bilhões provenientes das ações de execuções fiscais. (CONSELHO NACIONAL DE JUSTIÇA, 2012)

Por outro lado, com a Justiça do Trabalho a despesa total da União foi de 11,2 bilhões de reais. A despesa por habitante deste segmento do Poder Judiciário foi de R$ 58,34. A arrecadação de custas e emolumentos alcançou a quantia de 270,7 milhões. Ainda neste ramo a União arrecadou a cifra de 2,9 bilhões de reais provenientes da cobrança das contribuições previdenciárias, imposto de renda e execução das multas administrativas. (CONSELHO NACIONAL DE JUSTIÇA, 2012)

GRÁFICO 4 — ARRECADAÇÃO DE CUSTAS-EMOLUMENTOS — 2011

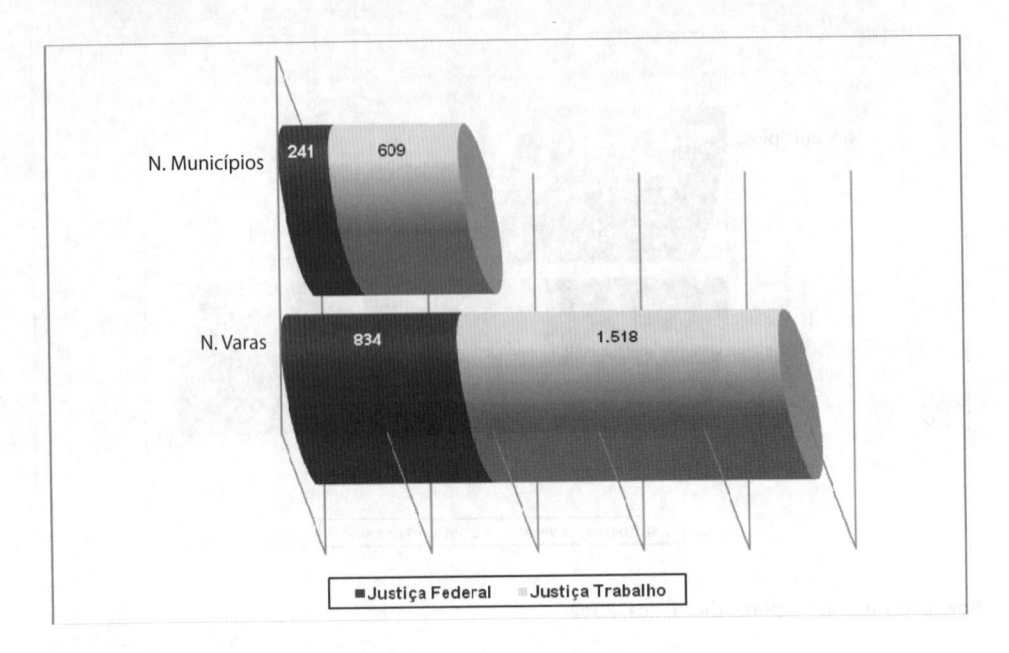

	Justiça Federal	Justiça Trabalho
N. Municípios	241	609
N. Varas	834	1.518

Fonte: Conselho Nacional de Justiça, 2012.

7.3.3. Dos recursos humanos

Comparativamente, a Justiça do Trabalho, por estar mais bem distribuída no extenso território nacional, possui quase o dobro de magistrados do que a Justiça Federal.

Enquanto a Justiça Federal conta 1.933 cargos de juízes, sendo 139 no 2º grau, 1.502 em atuação no primeiro grau e mais 292 ativando-se nos JEFs, a Justiça laboral conta com um total de 3.832 cargos de juízes, sendo 554 no segundo grau e 3.278 no 1º grau de jurisdição.

Quanto ao número de servidores, a Justiça Federal conta com um quadro de 36.468 e a Justiça do Trabalho com um total de 49.397 servidores.

GRÁFICO 5 — RECURSOS HUMANOS — MAGISTRADOS

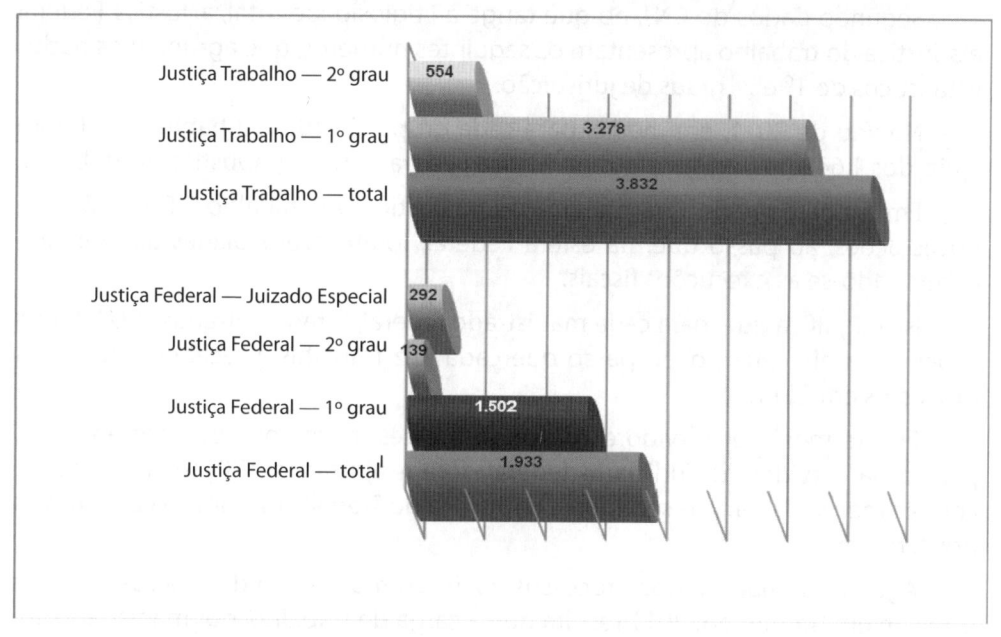

Justiça Trabalho — 2º grau	554
Justiça Trabalho — 1º grau	3.278
Justiça Trabalho — total	3.832
Justiça Federal — Juizado Especial	292
Justiça Federal — 2º grau	139
Justiça Federal — 1º grau	1.502
Justiça Federal — total	1.933

Fonte: Conselho Nacional de Justiça, 2012.

GRÁFICO 6 — RECURSOS HUMANOS — SERVIDORES

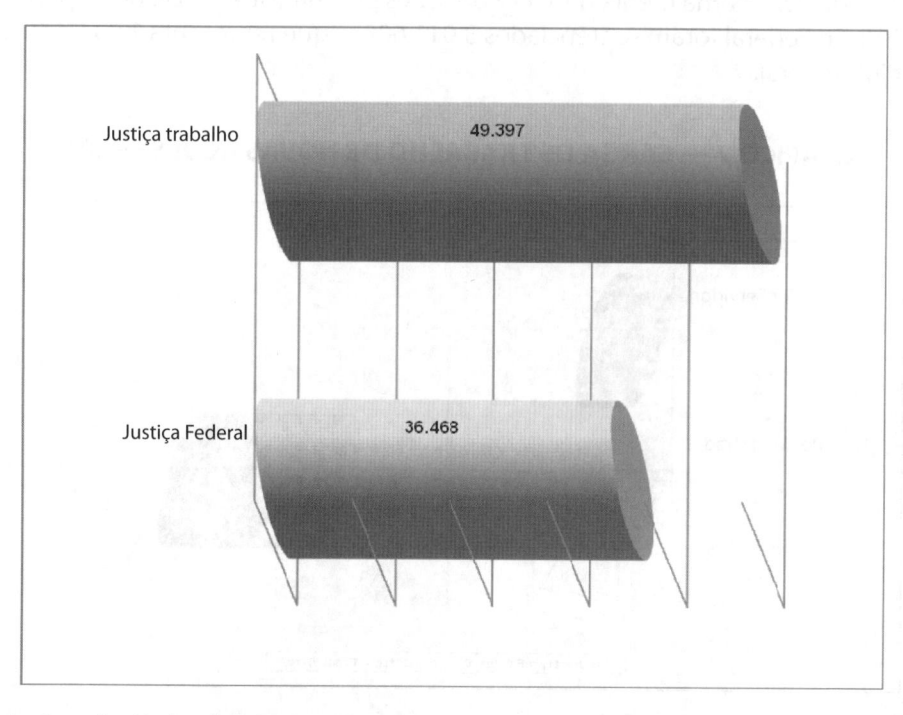

Justiça trabalho	49.397
Justiça Federal	36.468

Fonte: Conselho Nacional de Justiça, 2012.

7.3.4. Da litigiosidade total

Segundo dados do CNJ, no que tange à litigiosidade total, a Justiça Federal e a Justiça do trabalho apresentam os seguintes números, que agrupam os dados estatísticos do 1º e 2º graus de jurisdição.

No ano de 2011, em média, para cada grupo de 100 mil habitantes, foram ajuizados 1.649 novos processos na Justiça Federal e 1.446 na Justiça do Trabalho.

Em números reais, foram ajuizadas na Justiça do Trabalho 2,8 milhões de novas ações, ao passo que, na esfera Federal, foram protocoladas 3,2 milhões, excetuando-se as execuções fiscais.

Isto significa que, para cada magistrado federal, foram ajuizadas 1.827 novas ações de conhecimento, ao passo que cada juiz trabalhista recebeu 872 novos processos em 2011.

Em termos de servidores/processos, estes números representam que, para cada servidor do judiciário federal, foram ajuizados 170 novas ações de conhecimento. Já para os servidores da Justiça do Trabalho, foram 93 casos novos por servidor.

Agora, o somatório dos processos novos com o espólio de processos que já estavam em trâmite em 2011 resulta que a carga de trabalho, por magistrado, foi de 2.393 processos na Justiça laboral e de 6.927 feitos na Federal, incluindo-se nestes números os que estão na fase de execução.

Ainda, ao todo foram publicadas 3.736.185 sentenças na Justiça do Trabalho, o que equivale a uma média de 1.172 decisões por magistrado. De outra parte, na Jurisdição Federal foram sentenciados 3.011.608, o que representa 1.734 decisões por juiz federal.

GRÁFICO 7 — CARGA DE TRABALHO DE NOVAS AÇÕES — 2011

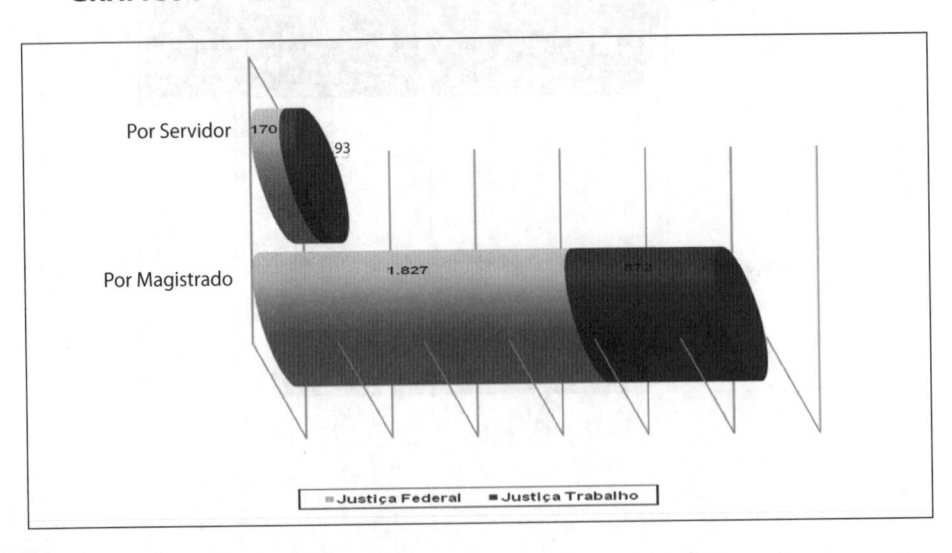

Fonte: Conselho Nacional de Justiça, 2012.

GRÁFICO 8 — COMPARATIVO AÇÕES NOVAS + ESPÓLIO X AÇÕES NOVAS

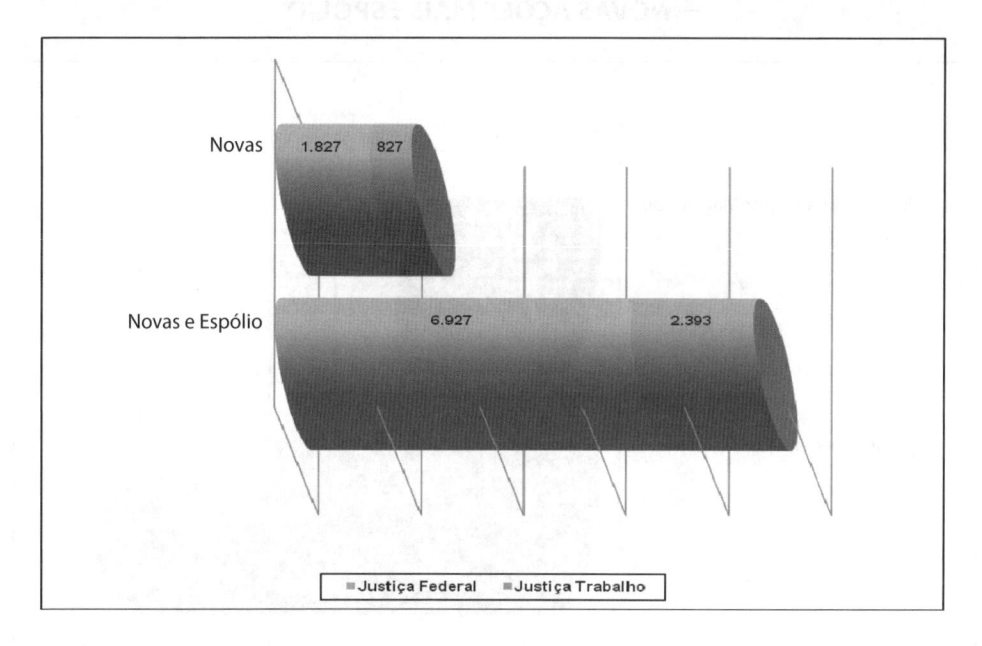

	Justiça Federal	Justiça Trabalho
Novas	1.827	827
Novas e Espólio	6.927	2.393

Fonte: Conselho Nacional de Justiça, 2012.

GRÁFICO 9 — AÇÕES AJUIZADAS PARA CADA 100 HABITANTES

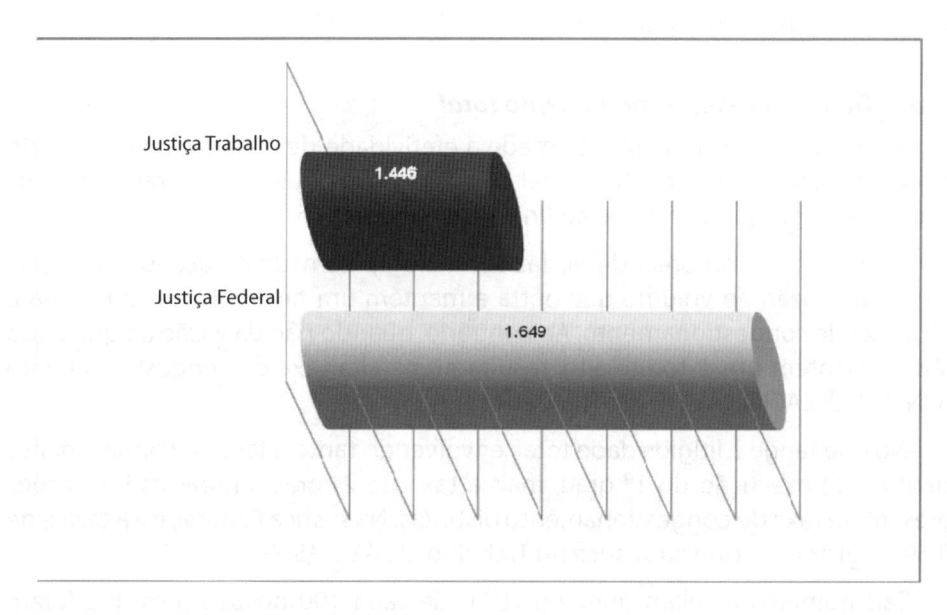

Justiça Trabalho	1.446
Justiça Federal	1.649

Fonte: Conselho Nacional de Justiça, 2012.

GRÁFICO 10 — CARGA DE TRABALHO TOTAL — NOVAS AÇÕES MAIS ESPÓLIO

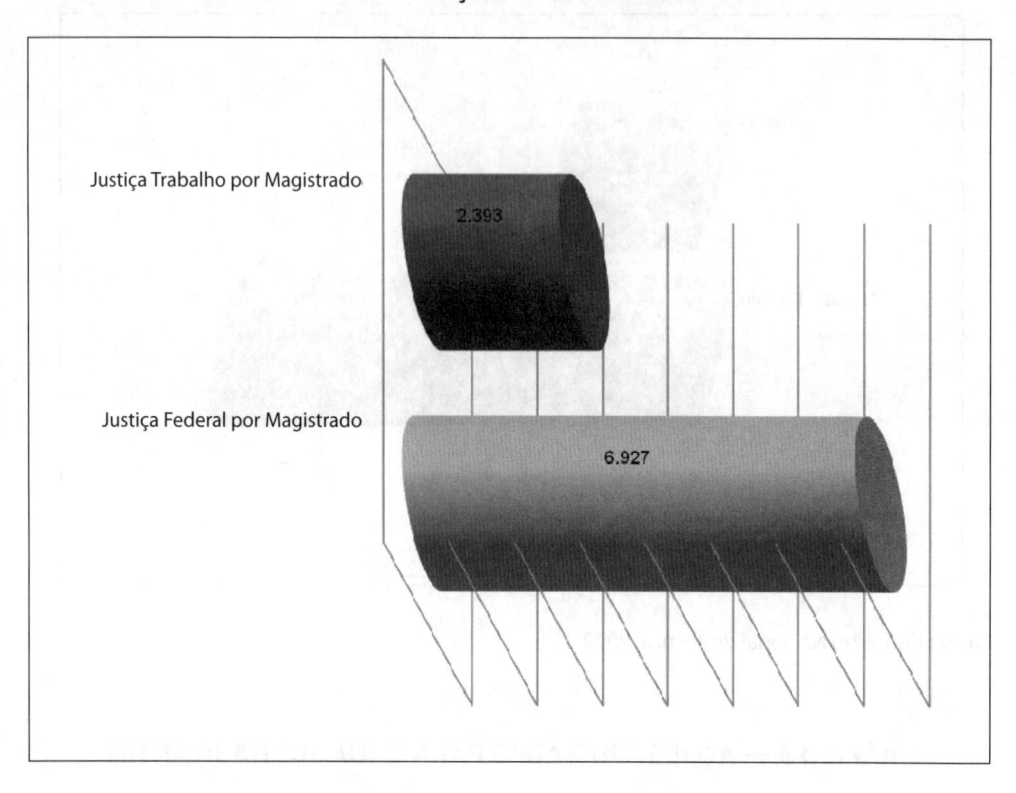

Justiça Trabalho por Magistrado: 2.393

Justiça Federal por Magistrado: 6.927

Fonte: Conselho Nacional de Justiça, 2012.

7.3.5. Da taxa de congestionamento total

A taxa de congestionamento mede a efetividade de cada tribunal em dado período, levando-se em conta o total de casos novos que ingressaram, os casos baixados e o estoque pendente ao final do período.

Para melhor compreendê-la, faz-se analogia com uma caixa-d'água, que, quando dá vazão ao volume que entra e mantém um nível baixo, resulta numa baixa taxa de congestionamento. Ao contrário, quando não dá vazão ao que entra e ainda mantém um estoque alto, resulta numa alta taxa de congestionamento (CONSELHO NACIONAL DE JUSTIÇA, 2011a).

No que tange à litigiosidade total, envolvendo tanto a fase de conhecimento quanto a de execução do 1º grau, mais a taxa do 2º grau, ambas as jurisdições apresentam taxa de congestionamento distintas. Na Justiça Federal, essa taxa é de 70,6%, registrando que na Justiça do Trabalho ela é de 45,7%.

Tais números revelam que, em 2011, de cada 100 novas ações que foram ajuizadas na Justiça Federal, apenas 29,4% alcançaram uma prestação jurisdicional exitosa. Na Jurisdição do Trabalho, de cada 100 novas ações, 54,3 destas resultaram em tutela útil ao jurisdicionado.

GRÁFICO 11 — TAXA DE CONGESTIONAMENTO TOTAL

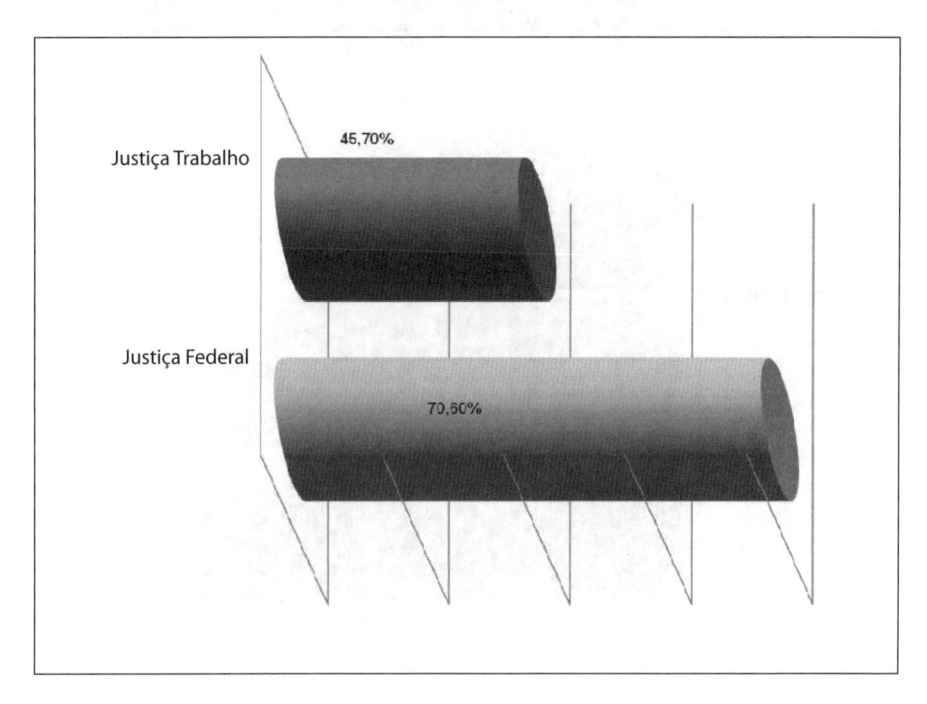

Justiça Trabalho: 45,70%

Justiça Federal: 70,60%

Fonte: Conselho Nacional de Justiça, 2012.

7.3.5.1. Da taxa de congestionamento individualizada por fase

A taxa de congestionamento na fase de conhecimento do primeiro grau de jurisdição da Justiça do Trabalho é de 30,7%. De outro lado, a da Justiça Federal é de 60,9%.

Na fase de execução, a Justiça Federal apresenta taxa de congestionamento de 85,6%, ao passo que, na Justiça do Trabalho, essa taxa atinge 69%.

Nos Juizados Especiais Federais, a taxa de congestionamento na fase de conhecimento é de 58,8%. Já a mesma taxa na execução é de 41,4%.

GRÁFICO 12 — TAXA DE CONGESTIONAMENTO — FASE CONHECIMENTO

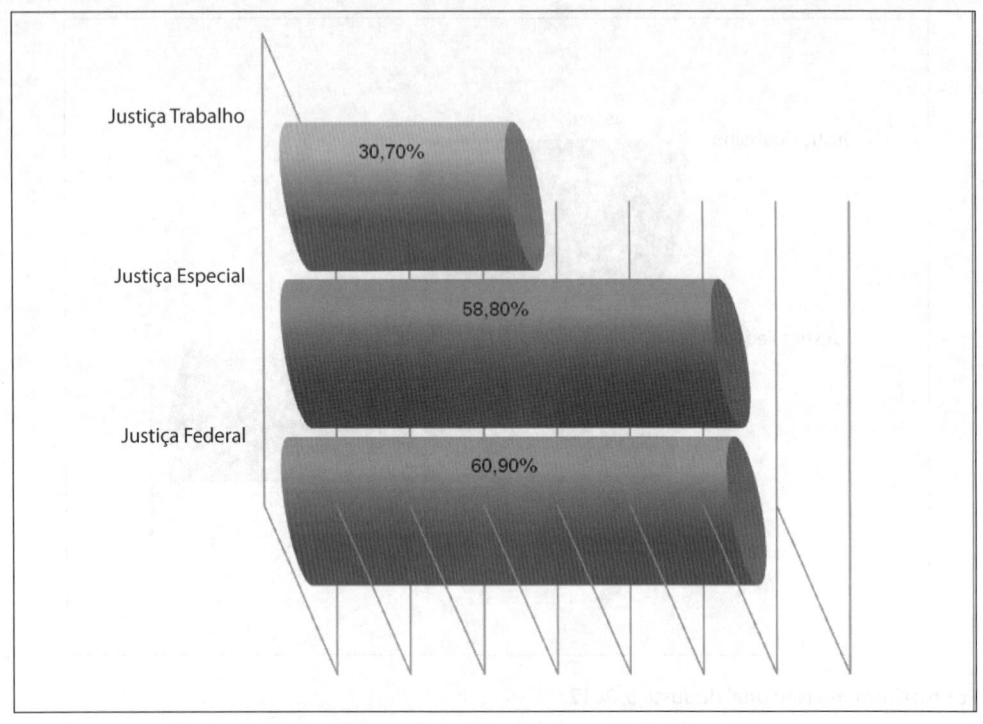

- Justiça Trabalho: 30,70%
- Justiça Especial: 58,80%
- Justiça Federal: 60,90%

Fonte: Conselho Nacional de Justiça, 2012.

GRÁFICO 13 — TAXA DE CONGESTIONAMENTO — FASE DE EXECUÇÃO

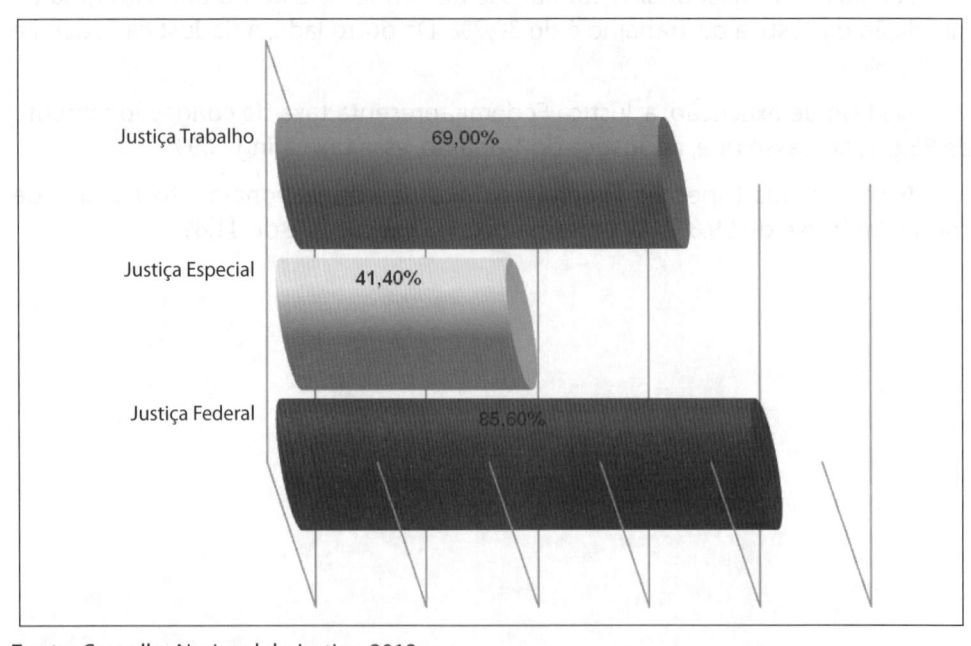

- Justiça Trabalho: 69,00%
- Justiça Especial: 41,40%
- Justiça Federal: 85,60%

Fonte: Conselho Nacional de Justiça, 2012.

7.3.6 Da análise dos dados estatísticos

Da análise destes dados estatísticos se compreende a afirmação do CNJ de que o dimensionamento da Justiça do Trabalho e da Justiça Federal são tão díspares, que o pedido de incorporação daquela nesta configura despropósito.

Com efeito, atualmente a Justiça do Trabalho possui quase o dobro de Varas de 1º grau: 1.518 x 834. Com isso, consegue atender diretamente quase o triplo de municípios que hoje são albergados pela Justiça Federal: 609 x 241.

No segundo grau de jurisdição, a Justiça do Trabalho possui, aproximadamente, o quíntuplo de tribunais do que a Justiça Federal: 24 x 5. Para ter uma noção do que isso representa, basta notar que, no mesmo espaço territorial da jurisdição do Tribunal Regional Federal da 1ª Região, existem 10 Tribunais Regionais do Trabalho[11].

Essa capilaridade da Justiça do Trabalho acaba por demonstrar que, proporcionalmente, seu custeio para os cofres da União é menos dispendioso do que o da Justiça Federal.

Em 2011, para manter os 5 tribunais regionais, os 834 órgãos de primeira instância, bem assim para pagar os subsídios de 1.933 magistrados e de 36.468 servidores, a União despendeu quase 6,8 bilhões.

Já no mesmo ano, para custear a estrutura da Justiça do Trabalho, que disponibiliza 24 tribunais regionais, 1.508 órgãos de primeira instância, 3.832 magistrados e 49.397 servidores, a União arcou com uma despesa bruta de 11,2 bilhões.

Ao analisar apenas os números absolutos, verifica-se que a despesa com a Justiça do Trabalho foi maior que a da Justiça Federal. Todavia, ao dividir estes números pela quantidade de órgãos e de recursos humanos custeados, observa-se que o valor unitário gasto com a Justiça do Trabalho é menor do que o despendido com o segmento federal.

Os números apresentados também demonstram que a carga de trabalho por magistrado e servidor da Justiça Federal é muito maior se comparada à da justiça obreira. Um juiz federal é responsável, em média, pelo triplo de processos que ficam sob o encargo de um juiz trabalhista. Quanto à carga de trabalho dos servidores, os da Justiça Federal possuem o dobro da carga de trabalho dos servidores paradigmas.

Tais dados estão a patentear que é necessário distribuir melhor a carga de trabalho sob responsabilidade dos juízes e servidores federais. A retirada da competência previdenciária nos parece ser um caminho viável para mitigar esse fardo.

---

(11) O Tribunal Regional Federal da 1ª Região, com sede em Brasília-DF, tem sob sua jurisdição o Distrito Federal e os Estados do Acre, Amapá, Amazonas, Bahia, Goiás, Maranhão, Mato Grosso, Minas Gerais, Pará, Piauí, Rondônia, Roraima e Tocantins. A Justiça do Trabalho possui tribunais regionais nas capitais dos seguintes Estados: Amazonas, Bahia, Goiás, Maranhão, Mato Grosso, Minas Gerais, Pará, Piauí, Rondônia, além de um no Distrito Federal.

A despeito destes fundamentos, é da análise da taxa de congestionamento que se extrai um dos argumentos principais favoráveis à unificação das competências trabalhista e previdenciárias.

A rigor, a maior capilaridade da Justiça do Trabalho influenciou no resultado obtido ao se medir a taxa de congestionamento total de cada um destes ramos. Enquanto, na Justiça Federal, 70,6% das causas novas ficaram represadas em 2011, na Justiça do Trabalho apenas 45,7% ficaram retidas. Assim, verifica-se que estes números são diretamente proporcionais ao número de órgãos existentes em cada jurisdição para prestar a tutela. Quanto maior a quantidade de Varas, de juízes e servidores, menor a taxa de congestionamento total.

Ao se verificar a taxa de congestionamento nos juízos de primeiro grau destas duas jurisdições, observa-se que a da fase de conhecimento da Justiça Laboral e a fase de execução dos Juizados Especiais Federais é que descortinam os melhores resultados. Naquela, a taxa é de 30,7%, nesta é de 41,4%.

Em geral, a taxa de congestionamento na execução nesses dois segmentos é alta: 85,6% e 69%, respectivamente na Justiça Federal e do Trabalho. O que explica a baixa taxa de congestionamento da execução dos Juizados Especiais Federais é o fato de a execução, em geral, se processar em face da União, mediante Requisição de Pequeno Valor (RPV), haja vista que, neste juízo, o valor da causa está limitado a sessenta salários mínimos.

Ainda, as ações previdenciárias são predominantes nos JEFs, o que nos faz presumir que estas ações não possuem maior dificuldade na fase de execução. Igual raciocínio pode ser feito nas causas em que o valor seja superior ao limite do juizado e que tramitam em qualquer Vara da Justiça Federal. A execução das ações previdenciárias de maior valor são processadas por meio de precatório, fato que também não demanda nenhum trabalho na fase de execução de sentença.

Com base nesses dados, partindo das premissas de que a taxa de congestionamento na fase de conhecimento do primeiro grau da Justiça do Trabalho é baixa e que a execução promovida em face da autarquia previdenciária, quer seja nos juizados especiais quer nas Varas Federais, em razão da expedição de RPVs ou de precatórios, não é fato gerador de represamento processual. Chega-se à conclusão que a unificação das duas competências será útil e benéfica às respectivas jurisdições e, principalmente, ao jurisdicionado.

Explica-se: Unificando-se as competências trabalhista e previdenciárias em uma só Corte, o processo previdenciário passará a ser célere na fase de conhecimento e continuará, sem mais percalços, na fase de execução.

Isso porque a baixa taxa de congestionamento na fase de conhecimento da Jurisdição laboral irá permitir que ela receba novos processos. De igual maneira, por não congestionar a fase de execução, o processo previdenciário atinente à prestação de benefícios continuará célere nesta fase, haja vista que o represamento nela existente, na esfera da jurisdição laboral, não o afetará.

Destarte, a combinação de duas fases processuais que apresentam baixa taxa de congestionamento em um só processo justifica e demonstra que é plenamente viável a unificação das competências trabalhista e previdenciária em única Jurisdição Social.

7.4. DAS ALTERAÇÕES NA CONSTITUIÇÃO FEDERAL PARA A (RE)CRIAÇÃO DA JURISDIÇÃO SOCIAL

Para a unificação das competências trabalhista e previdenciárias, necessário se faz seja encaminhada ao Congresso Nacional uma PEC, uma vez que as competências da Justiça do Trabalho e Federal são atribuídas pela Constituição Federal.

Não obstante não ser este o objeto desta dissertação, optou-se neste texto por nominar essa jurisdição especial de Justiça Social do Trabalho. A semântica dessa nomenclatura nos intui a entender que esse órgão jurisdicional é competente para processar e julgar as questões de direito social decorrentes do trabalho humano.

Na referida PEC, devem constar alterações nos arts. 114 e 109 da Constituição, os quais tratam, respectivamente, da competência da Justiça do Trabalho e dos juízes federais. Ainda, devem ser revogados os §§ 3º e 4º do art. 109, pondo fim à competência delegada atribuída às justiças estaduais para as causas previdenciárias.

Apresenta-se, a seguir, uma minuta que pode ser utilizada para subsidiar a PEC que promover essas alterações e criar a Jurisdição Social no Brasil:

> Art. 1º O inciso I, do art. 109, e os incisos VII e VIII, do art. 114 da Constituição Federal passam a ter a seguinte redação[12]:
> [...]
> Art. 109. Aos juízes federais compete processar e julgar:
> I — as causas em que a União, entidade autárquica ou empresa pública federal forem interessadas na condição de autoras, rés, assistentes ou oponentes, exceto as de falência, as sujeitas à Justiça Eleitoral e _à Justiça Social do Trabalho;_
> [...]
> Art. 114. Compete à _Justiça Social do Trabalho_[13] processar e julgar:
> [...]
> VII — as ações relativas às penalidades administrativas impostas aos empregadores pelos órgãos de fiscalização das relações de trabalho;
> § único: promover a execução de ofício das penalidades administrativas, previstas na CLT e na legislação esparsa, apuradas durante a instrução processual, desde que constem da sentença condenatória;
> VIII — as ações em que for parte o Instituto Nacional do Seguro Social, desde que decorrente de uma relação de trabalho e envolver direito às prestações previstas na Lei n. 8.213/91.

---

(12) O texto em itálico refere-se ao texto que deve conter a PEC.
(13) O texto sublinhado se refere às alterações necessárias na Constituição Federal para que seja criada a Jurisdição Social.

§ 1º a execução, de ofício, das contribuições sociais previstas no art. 195, I, *a*, e, II, e seus acréscimos decorrentes das sentenças que proferir;

§ 2º a execução das contribuições sociais sonegadas ou apropriadas indevidamente durante a relação de trabalho e seus acréscimos legais;

§ 3º a ação regressiva prevista no art. 120 da Lei n. 8.213/91;

§ 4º os litígios decorrentes das sentenças que proferir.

Art. 2º Lei Federal disporá sobre a incorporação e criação de juizados especiais e turmas recursais no âmbito da Jurisdição Social do Trabalho.

Art. 3º Ficam revogados os parágrafos terceiro e quarto do art. 109 da Constituição Federal.

Com efeito, nota-se que pouca será a mudança legislativa, e muitos serão os frutos propiciados por essas alterações. De igual maneira, o investimento em estrutura/logística será ínfimo se comparado ao ganho exponencial previsto para todos aqueles que direta ou indiretamente necessitam da prestação jurisdicional trabalhista e previdenciária para afirmar seus direitos, os quais já foram exaustivamente listados ao longo deste trabalho.

7.5. ALGUMAS MEDIDAS PRÁTICAS INICIAIS PARA A ESTRUTURAÇÃO DA JURISDIÇÃO SOCIAL

7.5.1. O PJe e a desterritorialização

Conforme já afirmado no item 6.2.2.1, sem o Processo Judicial eletrônico — PJe, essa proposta de instituição da Jurisdição Social seria inviável. Com ele, toda a jurisdição brasileira ganhará novos contornos, sendo necessária, por isso, a criação de outros princípios e de uma teoria processual própria.

Um dos princípios deste novo processo, que já se sedimenta na doutrina, e era incompatível com o processo físico, é o princípio da desterritorialização ou da transcendência da jurisdição.

O princípio da desterritorialização significa que a efetividade dos direitos não pode ser contida pelas limitações territoriais e circunscrições jurisdicionais, devendo ocorrer extensão da longa manus estatal. Exemplos significativos da aplicação desse princípio em nosso país são o Bacenjud, Infojud, Renajud. (CHAVES JUNIOR, 2010, p. 37)

Outros exemplos de aplicação deste princípio se encontram nas ferramentas que permitem a transmissão de qualquer petição para o processo (peticionamento eletrônico), o envio de documentos (e-doc), a confecção e envio de cálculos (e-calc), o malote digital, a carta precatória eletrônica, entre muitos.

Assim, não se torna mais necessária a construção de uma estrutura física para abrigar Varas de qualquer jurisdição. A desterritorialização do processo e da jurisdição propicia que um advogado ajuize uma petição inicial e acompanhe seu trâmite de qualquer local do mundo. Se a matéria versar apenas sobre questão de direito, após o contraditório, será ele intimado eletronicamente da sentença.

Nota-se que, com o PJe, a jurisdição estará presente em todos os lugares do mundo, vinte e quatro horas por dia, sete dias por semana. Apenas no caso de ser necessário realizar audiência para a colheita de prova testemunhal, poderá ser designada uma audiência no domicílio do segurado-trabalhador.

Verifica-se, pois, que com o PJe a Jurisdição Social se fará presente em todos os municípios brasileiros, não havendo mais motivos que justifiquem a delegação da competência previdenciária para a Justiça Comum estadual.

Destarte, essa proposição apenas poderá ser posta em prática quando todo o Judiciário nacional, mormente a Jurisdição Social, estiver interligada virtualmente, a distância, com todos os jurisdicionados, através do PJe.

7.5.2. Da incorporação dos JEFS na Jurisdição Social

Para absorver o incremento de processos derivados da unificação das competências trabalhista e previdenciárias, seria de bom alvitre que os JEFs, que possuem a competência previdenciária, e todo o quadro de servidores e juízes que neles atuam fossem incorporados pela Jurisdição Social.

Conforme apontado antes, atualmente há no país apenas 163 JEFs, nos quais trabalham 292 juízes federais. Todavia, é certo que nem todos os JEFs são competentes para as lides previdenciárias, razão pela qual o número de juizados e juízes passíveis de incorporação é menor do que este total.

Essa incorporação seria implementada formalmente, alterando-se apenas o necessário em termos de estrutura física existente e no quadro de recursos humanos.

Destaca-se que, por serem as justiças do trabalho e a federal integrantes do Poder Judiciário da União, tal incorporação não implica prejuízo na carreira dos juízes e servidores. Eles passarão a integrar a nova jurisdição aproveitando todo o tempo de serviço, conservando as vantagens pessoais adquiridas.

Não é que essa incorporação seja imprescindível para a Jurisdição Social. Apenas se evidencia razoável o compartilhamento de experiência no trato dos processos previdenciários entre os servidores e juízes que os conduziam e os que passarão a ter igual competência.

Ainda, acredita-se que não há necessidade de incorporação das Varas Previdenciárias de 1º grau existentes. Estas continuariam afeitas à Justiça Federal, até mesmo poderiam ser transformadas em Varas especializadas de execuções fiscais previdenciárias.

Com base nesse novo quadro de pessoal, podem ser criadas turmas recursais virtuais locais, regionais e nacionais. Com isso, a partir do próprio gabinete, o juiz designado para compor a turma poderia relatar e votar, sem que para isso tenha que se deslocar ou imprimir sequer uma folha de papel.

7.5.3. Da Jurisdição Social Itinerante

O Juizado ou Vara itinerante ou volante já é uma realidade nacional. Todas as esferas do Poder Judiciário brasileiro possuem experiência nesta área. Tanto a Justiça Federal, bem assim a do Trabalho como ainda as diversas justiças estaduais, cada uma a seu modo, deslocam-se nos limites de suas jurisdições para melhor distribuir justiça e atender o jurisdicionado.

A atuação da Jurisdição Social itinerante, fluvial ou rodoviária, complementará o trabalho executado na plataforma do PJe. Nas ações trabalhistas e/ou previdenciárias em que for necessária a produção de prova mesa[14], a jurisdição se deslocará até o domicílio do segurado-trabalhador para que este possa produzir a prova de sua pretensão resistida.

Reafirma-se com isso a desnecessidade de novas instalações prediais da Jurisdição Social, além das hoje existentes. Com o processo virtual, sobrará espaço físico nas atuais sedes dos tribunais e varas que poderão acomodar mais juízes e servidores. Estes, sempre que a demanda processual exigir, levarão o atuar da jurisdição em carretas[15], barcos[16], veículos adaptados[17] e ônibus[18] devidamente equipados para tanto.

De igual modo, parcerias poderão ser formuladas com o Poder Executivo dos municípios, a fim de que estes cedam a estrutura física/logística para a realização de audiências pré-agendadas[19].

Ressalte-se que, com a proposição de extinção da competência delegada previdenciária, a Jurisdição Social itinerante será o único elo entre os habitantes de regiões mais distantes e o Estado-garantidor-de-direitos-sociais.

A atuação da Jurisdição Social na forma de Juizados/Varas itinerantes democratiza o acesso à justiça, ao mesmo tempo em que propicia a inclusão social. Essa atuação menos formal e mais próxima do cidadão contribui para que barreiras socioeconômicas (humildade, insipiência jurídica, falta de condições financeiras para custear deslocamentos) que tendem a impedi-lo de reivindicar seus direitos sociais fundamentais deixem de existir.

---

(14) O mesmo que prova testemunhal.

(15) O TRF da 1ª Região conta com duas carretas, "sendo uma especialmente projetada para os trabalhos de recebimento das reclamações (atermação) e outra adaptada com salas de audiências". (MINAS GERAIS, 2012)

(16) No Estado do Amazonas, o TRF da 1ª Região conta com um "barco especialmente construído para abrigar salas de audiências, perícias, atermações e camarotes para servidores e tripulação". (MINAS GERAIS, 2012)

(17) O Tribunal de Justiça de Mato Grosso utiliza veículos no Juizado Volante Ambiental — JUVAM. (MATO GROSSO, 2010)

(18) O Tribunal de Justiça do Distrito Federal utiliza ônibus para a atuação do juizado itinerante. (DISTRITO FEDERAL, 2012)

(19) Iniciativas neste sentido estão em prática no TRT da 23ª Região desde 1997. (MATO GROSSO, 2010)

8
CONCLUSÃO

O exame dos dados aqui expostos revela que o Direito Previdenciário e o Direito do Trabalho são interdependentes e sucessórios entre si. A interdependência é materialmente verificável no documento que simboliza e retrata a vida laborativa do trabalhador, a Carteira de Trabalho e Previdência Social (CTPS). A sucessão que se opera entre ambos decorre dos desígnios da vida profissional de cada pessoa. Nos momentos de capacidade laborativa, os frutos do trabalho garantem a manutenção do poder aquisitivo. Nos períodos em que contingências pessoais ou sociais impedem o exercício do trabalho, a renda do seguro social sucede a do trabalho, mantendo a possibilidade de consumo do trabalhador e de sua família.

A doutrina nacional pouco explora essa temática. Ela ainda não divisou em letras graúdas a existência de uma linha cronológica sucessória que ocorre na interseção entre o Direito do Trabalho e o Previdenciário durante o histórico de vida ou a profissiografia de um trabalhador. Sequer explorou a fundo os reflexos desta interseção, mormente no período da inatividade laboral. Esses fatos, aliados à constatação de que há no país uma irracional distribuição da competência previdenciária, motivaram a confecção deste trabalho, o qual propõe como solução a unificação das competências trabalhistas e previdenciárias em uma só Corte.

Não por outro motivo, neste se constatou que, no Brasil, até meados da década de 40 do século precedente, a legislação material e processual do Direito do Trabalho e Previdenciário tinha origem e destino comuns. As normas destes ramos eram elaboradas pelo Ministério do Trabalho. Com base nelas, incumbia ao CNT, posteriormente ao TST, a competência para processar e julgar os litígios trabalhistas e previdenciários. Neste sentido, no capítulo 3, vimos que, originariamente, a CLT disciplinou os procedimentos de solução destes conflitos.

Neste trabalho não se nega que ao longo do tempo o Direito Previdenciário adquiriu autonomia e se afastou de sua origem, o Direito do Trabalho. A bifurcação entre estes segmentos iniciou-se a partir do momento em que o Direito do Trabalho se dedicou em tutelar apenas o trabalhador subordinado, deixando órfãos de regramento tuitivo as demais espécies de trabalhadores.

Por outro lado, o Direito Previdenciário expandiu-se, seguindo uma vertente omnigarantista e inclusiva. Abarcou em seu regramento protecionista todas as espécies de trabalhadores. Incluiu na proteção social não apenas quem trabalhasse, mas todos os incapazes de proverem o próprio sustento, garantindo-lhes, além do seguro social, saúde e assistência social.

Esse distanciamento também foi sentido na esfera processual. No momento em que a Justiça do Trabalho passou a integrar o Poder Judiciário, deixou ela de ter competência para processar e julgar os conflitos previdenciários.

Entretanto, neste livro procurou-se demonstrar que, em realidade, não são apenas as normas que fazem com que o Direito do Trabalho e o Previdenciário se relacionem de forma contígua. É o trabalho humano, por agasalhar um sentido de vitalidade, o núcleo irradiador e convergente de outros direitos sociais, inclusive o de seu sucessor, o Direito Previdenciário.

Destarte, a essência e fonte do Direito do Trabalho consiste em reconhecer sua maior proximidade com a vida. Esse elo entre trabalho/vida e vida/trabalho não se circunscreve à vida do trabalhador. Ele a supera para alcançar outras vidas, potenciais ou finitas. Assim, explicou-se ao longo deste que o trabalho humano não visa apenas o presente. Ele possui força transcendente, irradiando direitos para outras vidas deles dependentes, da concepção à pensão.

O Constituinte originário de 1988 reconheceu este valor fundamental do trabalho. Tanto é que teceu o texto constitucional a partir de um norte antropocêntrico. Elevou à categoria de direitos fundamentais, entre outros, o direito à vida, ao trabalho digno, à saúde e à previdência social.

A opção constitucional que culminou na criação de um Estado democrático de direito humanista reaproximou o Direito do Trabalho e o Direito Previdenciário. Com efeito, a partir de 1988, com a criação da seguridade social, o Direito Previdenciário abandonou a sua vertente omnigarantista, deixando de abraçar as causas da saúde e da assistência social, para dedicar atenção exclusiva à segurança social de quem trabalha.

O pouco difundido art. 167, XI, da Constituição Federal espelha essa reconciliação entre estes dois direitos. Atrelou ele os recursos das contribuições sociais dos trabalhadores e empregadores, dispostas no art. 195, I, "a", e II, ao pagamento de benefícios do regime geral de previdência social. Dessa forma, vedou-se que os recursos vertidos pelos trabalhadores e tomadores de serviços durante a relação contratual sejam utilizados por áreas distintas da seguridade social, tais como prestações da assistência social e do Sistema Único de Saúde (SUS).

Essa aproximação continuou com a Emenda Constitucional n. 45/2004. Com efeito, a Justiça do Trabalho passou a ser competente para apreciar não apenas as lides do trabalho subordinado, mas a processar e a julgar as derivadas da relação de trabalho, base do seguro social. Deste modo, desde a entrada em vigor da referida Emenda, todos os trabalhadores, que também são segurados obrigatórios da previdência social, à exceção do segurado especial, valem-se da justiça laboral para cobrar pretensos direitos decorrentes do trabalho remunerado, quer seja subordinado quer não.

A proposição apresentada neste trabalho contribui para essa reaproximação. A nosso ver falta uma conexão processual para completar a união encetada pela Constituição entre o Direito Previdenciário e o do Trabalho. Para uni-los ainda mais, acredita-se ser necessária a (re)construção da Jurisdição Social em Corte única. Com a inserção no texto constitucional deste elo faltante, apenas um órgão do Poder Judiciário terá competência para processar e julgar as ações previdenciárias e trabalhistas.

Esse texto que se submete à apreciação se justifica na medida em que a prestação da tutela jurisdicional, quando o trabalhador apresenta alguma adversidade que o impeça de trabalhar, deixa a desejar. Da forma em que está estruturada a competência jurisdicional para conhecer e processar os casos de violação dos direitos sociais decorrentes do trabalho, nega-se valor à dignidade humana do inativo, pois, no momento do infortúnio, as normas processuais em vigor exigem autêntica peregrinação por diversos foros distintos a fim de fazer cumprir os direitos sociais fundamentais que a Constituição reuniu de forma tuitiva no art. 6º.

Assim, essa Jurisdição Social apresentada tem uma finalidade social ímpar: garantir a satisfação do direito humano constitucional fundamental, o direito à subsistência tanto na atividade quanto na inatividade.

Destarte, restou pontuado exemplificadamente que a simples ampliação da competência da Justiça do Trabalho, para abarcar a das lides atinentes às prestações previdenciárias, resultará em benefícios para todos os que custeiam o sistema da previdência, e contribuirá, sobremaneira, para afirmar ainda mais o direito material social previdenciário, uma vez que este é sempre oriundo de uma relação de trabalho havida.

Restou ainda patente neste trabalho que a sugestão de instituição de uma Jurisdição Social para a realidade brasileira não é novidade em outros ordenamentos jurídicos externos. Pelo contrário, se provou que se alicerça em diversos países a ampliação da competência da justiça laboral para abarcar questões do seguro social.

Sobreleva destacar que ao longo desta exposição, ao contrário do que pensávamos, restou revelado que a Corte superior da Justiça do Trabalho é, entre todas as outras, a que possui a mais vasta jurisprudência e verbetes sumulares sobre benefícios previdenciários, tanto da previdência social como da privada. Isso comprova que a unificação das competências pretendida já encontrará no segmento laboral julgadores afeitos à temática da segurança social.

Este ponto, aliado ao fato de que a Justiça do Trabalho é a de maior capilaridade, ao de que é a que possui a menor taxa de congestionamento processual na fase de conhecimento, e ao de que o processo previdenciário não gera congestionamento na fase de execução, reforçam a nossa tese de que a unificação das citadas competências em torno da Justiça do Trabalho é o melhor caminho a ser seguido para que se resolva no país o problema da irracional distribuição da competência previdenciária, que hoje se encontra distribuída em três esferas distintas do judiciário.

Em nosso ver, o momento histórico vivido pelo Poder Judiciário atualmente é propício para a implementação desta medida. Vive-se a onda do processo judicial eletrônico. Com ele, os conceitos atinentes a processo, procedimento, jurisdição e competência, entre outros, serão revisitados pela teoria geral do processo eletrônico. O trabalho de juízes e servidores sofrerá mudanças. Princípios hoje caros aos processos serão mitigados. Outros serão criados, como o da desterritorialização. Sugere-se ainda que o princípio da unidade de convicção seja o norte da unificação. Propõe-se também a adoção do processo previdenciário *per formulas* para as causas de menor valor.

Portanto, em nosso ver, para a União, empresas e trabalhador-segurado é benéfico que se crie no país uma Jurisdição Social. Uma jurisdição com organicidade unitária que una as competências de matérias conexas derivadas de um mesmo fato gerador, o trabalho.

REFERÊNCIAS

ADLER, Stephen; AVGAR, Ariel. *National Labour Law Profile*: The State of Israel. 17 jun.2011. Disponível em: <http://www.ilo.org/ifpdial/information-resources/national-labour-law-profiles/WCMS_158902/lang--en/index.htm>. Acesso em: 6 ago. 2012.

ADLER, Stephen. *The Israel labour (and social security) courts:* do they have a future? Disponível em: <http://stephen-adler.com/german.htm>. Acesso em: 26 jul. 2012.

ALBUQUERQUE, Francisca Rita Alencar. *A Justiça do Trabalho na ordem judiciária brasileira*. São Paulo: LTr, 1983, p. 84.

ALLY, Raimundo Cerqueira. *Normas previdenciárias no direito do trabalho*. São Paulo: IOB, 1987, p. 35.

ALMEIDA, Cléber Lúcio. *Direito processual do trabalho*. 3. ed. rev., atual. ampliada. Belo Horizonte: Del Rey Editora, 2009, p. 178.

ALMEIDA FILHO, José Carlos de Araújo. *Processo eletrônico e teoria geral do processo eletrônico*: São Paulo: Forense, 2011.

ALMEIDA, José Maurício Pinto de. *O Poder Judiciário brasileiro e sua organização*. Curitiba: Juruá, 1992, p. 17.

ALVIM, José Manuel de Arruda. O recurso especial na Constituição Federal de 1988 e suas origens. In: WAMBIER, Teresa Arruda Alvim (Coord.). *Aspectos polêmicos e atuais do recurso especial e do recurso extraordinário*. São Paulo: RT, 1998, p. 33.

ALVARES, Jorge Mario Soto. Reforma procesal laboral de Costa Rica. *Revista Pensamiento Actual*, Costa Rica, v. 8, n. 10, nov. 2011. Disponível em: <http://www.latindex.ucr.ac.cr/pnsac004-04.php>. Acesso em: 25 jun. 2011.

ARAÚJO, Francisco Rosal de. O Direito do Trabalho e o ser humano. *Revista Síntese Trabalhista*, n. 114, dez. p. 15, 2008.

BALERA, Wagner; RAEFFRAY, Ana Paula Oriola. *Processo previdenciário*: teoria e prática. Florianópolis: Conceito editorial, 2012.

BARBOSA, Fernanda de Moro. Sistema Processual Trabalhista da Colômbia. In: EÇA, Vitor Salino de Moura (Coord.) *Direito processual do trabalho globalizado* — Homenagem à Professora Alice Monteiro de Barros. São Paulo: LTr, 2012, p. 79.

BEDAQUE, José Roberto dos Santos. *Direito e processo*: influência do direito material sobre o processo. 2. ed. São Paulo: Malheiros, 2001, p. 17.

BIAVASCHI, Magda Barros. *O Direito do trabalho no Brasil 1930 — 1942*: a construção do sujeito de direitos trabalhistas. São Paulo: LTr, 2007, p. 189.

BOBBIO, Norberto. *A era dos direitos*. Tradução Nelson Coutinho. Rio de Janeiro: Campus Editorial, 1992, p. 5.

BOCORNY, Leonardo Raupp. *A valorização do trabalho humano no Estado democrático de direito*. Porto Alegre: Sergio Antonio Fabris Editor, 2003, p. 71.

BOLLMANN, Vilian. Juizados Especiais Federais: comentários à legislação de regência. São Paulo: Juarez de Oliveira, 2004, p. 86.

BOM SUCESSO, Edina de Paula. *Trabalho e qualidade de vida*. Rio de Janeiro: Dunya, 1997, p. 177.

BONAVIDES, Paulo. *Curso de direito constitucional*. 22. ed. São Paulo: Malheiros Editores, 2008, p. 564.

BONAVIDES, Paulo. *Do Estado Liberal ao Estado Social*. 5. ed. Belo Horizonte: Del Rey, 1993, p. 200.

_____. Os direitos humanos e a democracia. In: SILVA, Reinaldo (Org.). *Direitos humanos como educação para a justiça*. São Paulo: LTr, 1998, p. 16.

BORGES, Daniel Nunes Garcez. A competência para as ações oriundas de acidente de trabalho: o enfoque da hermenêutica constitucional. *Jus navigandi*, Teresina, ano 11, n. 961, 19 fev. 2006. Disponível em: <http://jus.com.br/revista/texto/7983>. Acesso em: 10 jul. 2012.

BRASIL. Câmara dos Deputados. Exposição de motivos do Decreto 213/1890. Revoga todas as leis e disposições relativas aos contractos de locação de serviço agricola. *Coleção de Leis do Brasil*, Brasília, 1890. Disponível em: <http://www2.camara.gov.br/legin/fed/decret/1824-1899/decreto-213-22-fevereiro-1890-520791-publicacaooriginal-1-pe.html>. Acesso em: 9 maio 2012.

BRASIL. Câmara dos Deputados. Legislação Informatizada — Decreto n. 24.637, de 10 de Julho de 1934 — Estabelece sob novos moldes as obrigações resultantes dos accidentes do trabalho e dá outras providências. Publicação Original. *Diário Oficial da União*, 12 jul. 1934b. Disponível em: <h http://www2.camara.leg.br/legin/fed/decret/1930-1939/decreto-24637-10-julho-1934-505781-publicacaooriginal-1-pe.html>. Acesso em: 9 maio. 2012.

BRASIL. Câmara dos Deputados. Projetos de Lei e Outras Proposições. 2012d. Disponível em: <http://www.camara.leg.br/sileg/default.asp>. Acesso em: 22 dez. 2012.

BRASIL. Câmara dos Deputados. Legislação Informatizada — Emenda Constitucional de 3 de Setembro de 1926 — Publicação Original. *Diário do Congresso Nacional*, Brasília, 1926a. Disponível em: <http://www2.camara.leg.br/legin/fed/emecon_ sn/1920-1929/emenda-constitucional-35085-3-setembro-1926-532729-publicacaooriginal-15088-pl.html>. Acesso em: 9 maio. 2012.

BRASIL. Câmara dos Deputados. Decreto n. 5.109, de 20 de dezembro de 1926. Estende o regime do Decreto Legislativo n. 4.682, de 24 de janeiro de 1923, a outras empresas. *Diário Oficial da União*, Brasília, 30 de dez. 1926b. Disponível em: <http://www2.camara.gov.br/legin/fed/decret/1920-1929/decreto-5109-20-dezembro-1926-564656-publicacaooriginal-88603-pl.html>. Acesso em: 12 maio 2012.

BRASIL. Câmara dos Deputados. Legislação Informatizada. Decreto n. 18.074, de 19 de janeiro de 1928. Dá novo regulamento ao Conselho Nacional do Trabalho. *Diário Oficial da União*, Brasília, 1928. Disponível em: <http://www2.camara.gov. br/legin/fed/decret/1920-1929/decreto-18074-19-janeiro-1928-526664-publicacaooriginal-1-pe.html>. Acesso em: 12 maio 2012.

BRASIL. Câmara dos Deputados. Império do Brazil. Lei de 13 de setembro de 1830. Regula o contracto por escrito sobre prestação de serviços feitos por Brazileiro ou estrangeiro dentro ou fóra do Império. Disponível em: <http://www.camara.gov.br/Internet/InfDoc/conteudo/colecoes/Legislacao/leisocerizadas /Leis1830vILeg.pdf>. Acesso em: 7 maio 2012.

BRASIL. Câmara dos Deputados. Império do Brazil. Lei n. 108 de 11 de outubro de 1837. Estabelece varias providências sobre os contratos de locação de serviços dos colonos.

Coleção de Leis do Império do Brasil, Brasília, 1837. Disponível em: <http://www6.senado.gov.br/legislacao/ListaPublicacoes.action?id=78042&tipo Documento=LEI&tipoTexto=PUB>. Acesso em: 8 maio 2012.

BRASIL. Câmara dos Deputados. Legislação Informatizada — Decreto n. 20.886, de 30 de Dezembro de 1931 — Publicação Original. Organiza o novo quadro do pessoal, administrativo, técnico e fiscal do Conselho Nacional de Trabalho e dá outras providências. *Diário Oficial da União*, Brasília, 5 jan. 1932. Disponível em: <http://www2.camara.leg.br/legin/fed/decret/1930-1939/decreto-20886-30-dezembro-1931-526738-publicacaooriginal-1-pe.html>. Acesso em: 8 maio 2012.

BRASIL. Câmara dos Deputados. Legislação Informatizada — Legislação Informatizada — Decreto n. 21.396, de 12 de Maio de 1932 — Publicação Original. Institue Comissões Mistas de Conciliação e dá outras providências. *Diário Oficial da União*, Brasília, 16 maio 1932a. Disponível em: <http://www2.camara.leg.br/legin /fed/decret/1930-1939/decreto-21396-12-maio-1932-526753-publicacaooriginal-1-pe.html>. Acesso em: 8 maio 2012.

BRASIL. Câmara dos Deputados. Legislação Informatizada — Decreto n. 22.132, de 25 de Novembro de 1932 — Publicação Original. Institue Juntas de Conciliação e Julgamento e regulamenta as suas funções. *Diário Oficial da União*, Brasília, 6 nov. 1932b. Disponível em: <http://www2.camara.leg.br/legin/fed/decret/1930-1939/decreto-22132-25-novembro-1932-526777-publicacaooriginal-82731-pe.html>. Acesso em: 8 maio 2012.

BRASIL. Câmara dos Deputados. Legislação Informatizada — Decreto n. 6.597, de 13 de dezembro de 1940 — Aprova o novo regulamento do Conselho Nacional do Trabalho. *Diário Oficial da União*, Brasília, 18 dez. 1940b. Disponível em: <http://www2.camara.leg.br/legin/fed/decret/1940-1949/decreto-6597-13-dezembro-1940-330727-publicacaooriginal-1-pe.html>. Acesso em: 8 maio 2012.

BRASIL. Câmara dos Deputados. Legislação Informatizada — Decreto n. 6.596, de 1 de dezembro de 1940 — Aprova o regulamento da Justiça do Trabalho. 1940c. *Diário Oficial da União*, Brasília, 4 jan. 1941. Disponível em: <http://www2.camara.leg.br/legin/fed/decret/1940-1949/decreto-6597-13-dezembro-1940-330727-publicacaooriginal-1-pe.html>. Acesso em: 8 maio 2012.

BRASIL. Câmara dos Deputados. Legislação Informatizada. Decreto-Lei n. 3.710, de 14 de outubro de 1941. *Diário Oficial da União*, Brasília, 16 out. 1941c. Disponível em: <http://www2.camara.leg.br/legin/fed/declei/1940-1949/decreto-lei-3710-14-outubro-1941-413838-norma-pe.html>. Acesso em: 8 maio 2012.

BRASIL. Câmara dos Deputados. Legislação Informatizada — Decreto-Lei n. 72, de 21 de Novembro de 1966 — Publicação Original. Unifica os Institutos de Aposentadoria e Pensões e cria o Instituto Nacional de Previdência Social. *Diário Oficial da União*, Brasília, 22 nov. 1966. Disponível em: <http://www2.camara.leg.br/legin/fed/declei/1960-1969/decreto-lei-72-21-novembro-1966-375919-publicacaooriginal-1-pe.html>. Acesso em: 8 maio 2012.

BRASIL. Câmara dos Deputados. Legislação Informatizada. Decreto-Lei n. 8.738, de 19 de Janeiro de 1946 — Publicação Original. Transforma a Câmara de Previdência Social do Conselho Superior de Previdência Social e dá outras providências. *Diário Oficial da União*, Brasília, 21 jan. 1946a. Disponível em: <http://www2.camara.leg.br/legin/fed/declei/1940-1949/decreto-lei-8738-19-janeiro-1946-416812-publicacaooriginal-1-pe.html>. Acesso em: 8 maio 2012.

BRASIL. Câmara dos Deputados. Legislação Informatizada — Decreto-Lei n. 8.742, de 19 de Janeiro de 1946 — Publicação Original. Transforma o Departamento de Previdência Social do Conselho Nacional do Trabalho em Departamento Nacional da Previdência Social e dá outras providências. *Diário Oficial da União*, Brasília, 21 jan. 1946b. Disponível em: <http://www2.camara.leg.br/legin/fed/declei/1940-1949/decreto-lei-8742-19-janeiro-1946-416816-publicacaooriginal-1-pe.html>. Acesso em: 8 maio 2012.

BRASIL. Câmara dos Deputados. Legislação Informatizada — Decreto-Lei n. 8.737, de 19 de Janeiro de 1946 — Publicação Original. Altera disposições da Consolidação das Leis do Trabalho, referentes à Justiça do Trabalho, e dá outras providências. *Diário Oficial da União*, Brasília, 21 jan. 1946c. Disponível em: <http://www2.camara.leg.br/legin/fed/declei/1940-1949/decreto-lei-8737-19-janeiro-1946-416811-publicacaooriginal-1-pe.html>. Acesso em: 8 maio 2012.

BRASIL. Câmara dos Deputados. Legislação Informatizada — Decreto-Lei n. 9.797, de 9 de Setembro de 1946 — Publicação Original. Altera disposições da Consolidação das Leis do Trabalho referentes à Justiça do Trabalho, e dá outras providências. *Diário Oficial da União*, Brasília, 19 set. 1946d. Disponível em: <http://www2.camara.leg.br/legin/fed/declei/1940-1949/decreto-lei-9797-9-setembro-1946-417552-publicacaooriginal-1-pe.html>. Acesso em: 8 maio 2012.

BRASIL. Câmara dos Deputados. Projeto de Lei do Poder Executivo n. 3.451; 2008b. Disponível em: <http://www.camara.gov.br/proposicoesWeb/fichadetramitacao?idProposicao=396106>. Acesso em: 03 dez. 2012.

BRASIL. Conselho da Justiça Federal. Justiça Federal no Brasil. 2012a. Disponível em: <http://www.jfsc.gov.br/JFSCMV/Noticias/Historia.asp?id=72>. Acesso em: 04 de jul. 2012.

BRASIL. Congresso Nacional. Senado Federal. Comissão Parlamentar de Inquérito sobre o Poder Judiciário. *Síntese do relatório final da CPI sobre o Poder Judiciário*. Brasília: Senado Federal, 2000d. 619 p.

BRASIL. Conselho Nacional do Trabalho. Câmara de Previdência Social. Processo n. 991-42, Rel. Luiz Augusto de França. Seção 1ª, suplemento de jurisprudência. *Diário Oficial da União*, Brasília, 22 de maio de 1942c. p 67.

BRASIL. Conselho Nacional do Trabalho. Câmara de Previdência Social. Processo n. 1.243-42, Rel. Djacir Lima Menezes. Seção 1ª, suplemento de jurisprudência. *Diário Oficial da União*, Brasília, 22 de maio de 1942d. p 67.

BRASIL. Conselho Nacional do Trabalho. Câmara de Previdência Social. Processo n. 1.244-42, Rel. Fernando de Andrade Ramos. Seção 1ª, suplemento de jurisprudência. *Diário Oficial da União*, Brasília, 22 de maio de 1942e. p 67.

BRASIL. Conselho Nacional do Trabalho. Câmara de Previdência Social. Processo n. 1.453-42, Rel. Salustiano de Lemos Lessa. Seção 1ª, suplemento de jurisprudência. *Diário Oficial da União*, Brasília, 29 de maio de 1942f. p. 956.

BRASIL. Conselho Nacional do Trabalho. Câmara de Previdência Social. Processo n. 18.367-41, Rel. Luis Augusto de França. Seção 1ª, suplemento de jurisprudência. *Diário Oficial da União*, Brasília, 13 de fevereiro de 1942g, p. 251.

BRASIL. Conselho Nacional do Trabalho. Câmara de Previdência Social. Processo n. 17.932-1941, Rel. Luis Augusto de França. Seção 1ª, suplemento de jurisprudência. *Diário Oficial da União*, Brasília, 13 de fevereiro de 1942h, p. 251.

BRASIL. Conselho Nacional do Trabalho. Câmara de Previdência Social. Processo n. 23.193-1940, Rel. Djacir Lima Menezes. Seção 1ª, suplemento de jurisprudência. . *Diário Oficial da União*, Brasília, 13 de fevereiro de 1942i, p. 251.

BRASIL. Conselho Nacional do Trabalho. Conselho Pleno. Processo n. 1.001-1941, Rel. Percival Godoy Ilha. *Revista Forense*, Rio de Janeiro, v. 43, p. 748, jun. 1943a.

BRASIL. Conselho Nacional do Trabalho. Conselho Pleno. Processo n. 7.774-1941, Rel. Cupertino de Gusmão. *Revista Forense*, Rio de Janeiro, v. 43, p. 749, jun. 1943b.

BRASIL. Constituição (1988) *Constituição da República Federativa do Brasil*. Redação dada pela Emenda Constitucional n. 45/2004. Disponível em: <http://www.planalto.gov.br/ccivil_03/constituicao/constitui%C3%A7ao.htm>. Acesso em: 11 jul. 2012.

BRASIL. Império do Brazil. Decreto Regulamentar n. 143, de 15 de março de 1842. Regula a execução da parte civil da Lei n. 261, de 3 de dezembro de 1841. Disponível em: <https://www.dropbox.com/s/txwz7qkklpy12sd/1842-03-15.pdf>. Acesso em: 08 maio 2012.

BRASIL. Império do Brazil. Decreto Regulamentar n. 737, de 25 de novembro de 1850. Determina a ordem do Juízo no Processo Comercial. Disponível em: <http://www.planalto.gov.br/ccivil_03/decreto/1800-1850/D737.htm>. Acesso em: 8 maio 2012.

BRASIL. Império do Brazil. Decreto n. 2.827, de 15 de março de 1879. Dispõe o modo como deve ser feito o contrato de locação de serviços. Disponível em: <http://www6.senado.gov.br/legislacao/ListaPublicacoes.action?id=68244&tipoDocumento=DEC&tipoTexto=PUB>. Acesso em: 9 maio 2012.

BRASIL. Mensagem ao Congresso do Presidente da República Washington Luís. 1929. *Arquivos Brasileiros*. Disponível em: Center for Research Libraries — University of Chicago. <http://brazil.crl.edu/bsd/bsd/u1321/000202.html>. Acesso em: 12 maio 2012.

BRASIL. Ministério da Agricultura. Relatório do ministro da agricultura, indústria e comércio. *Arquivos Brasileiros*. 1924. Disponível em: <http://Brasil.crl.edu/bsd/bsd/u2020/000453.html>. Acesso em: 12 maio 2012.

BRASIL. Ministério da Previdência Social. *Anuário Estatístico da Previdência Social — 2011:* capítulo 38.2. Valor total arrecadado pelas procuradorias estaduais em ações judiciais, segundo as Grandes Regiões e Unidades da Federação — 2009/2011. 2011a. Disponível em: <http://www.previdencia.gov.br /conteudoDinamico.php?id=1560>. Acesso em: 26 nov. 2012.

BRASIL. Ministério da Previdência Social. *Anuário Estatístico da Previdência Social — 2011*. Brasília v. 20, p. 1-888. 2011b. Disponível em: <http://www.mpas.gov.br/arquivos/office/1_121023-162858-947.pdf>. Acesso em: 28 nov. 2012.

BRASIL. Presidência da República Subchefia para Assuntos Jurídicos. Casa Civil. Ato institucional n. 2, de 27 de outubro de 1965.
À Nação. Diário Oficial da União, Brasília, 13 dez. 1968. Disponível em: <http://www.planalto.gov.br/ccivil_03/AIT/ait-02-65.htm>. Acesso em: 5 de ago. 2012.

BRASIL. Presidência da República Subchefia para Assuntos Jurídicos. Casa Civil. Decreto n. 4.682, de 24 de janeiro de 1923. Cria, em cada uma das empresas de estradas de ferro existentes no paiz, uma caixa de aposentadoria e pensões para os respectivos ernpregados. *Coleção de Leis de Leis do Brasil,* Brasília, 1923. Disponível em: <http://www.planalto.gov.br/ccivil_03/constituicao/ constituic aoco mpilado.htm>. Acesso em: 21 de dez. 2012.

BRASIL. Presidência da República Subchefia para Assuntos Jurídicos. Casa Civil. Decreto-lei n. 2.852, de 10 de dezembro de 1940. Modifica a redação do Decreto-lei n. 1.346, de 15 de junho de 1939, que reorganiza o Conselho Nacional do Trabalho. *Coleção de Leis de Leis do Brasil,* Brasília, 31 dez. 1940a. Disponível em: <https://www.planalto.gov.br/ccivil_03/decreto-lei/1937-1946/Del2852.htm>. Acesso em: 21 de dez. 2012.

BRASIL. Presidência da República Subchefia para Assuntos Jurídicos. Casa Civil. *Constituição da REPÚBLICA Federativa do Brasil de 1988*. Disponível em: http://www.planalto.gov.br/ccivil_03/constituicao/constituicaocompilado.htm>. Acesso em: 21 de dez. 2012.

BRASIL. Presidência da República Subchefia para Assuntos Jurídicos Casa Civil. Decreto-lei 3.724/1919 decreto do Poder Legislativo 15 de janeiro 1919. Regula as obrigações resultantes dos acidentes no trabalho. *Coleção de Leis do Brasil*, Brasília, 15 jan. 1919. Disponível em: <http://legislacao.planalto.gov.br/ legisla/legislacao.nsf/b2394d7e1ab9a970032569b9004e148d/bb bb397c4501a950032569fa006c8870?OpenDocument>. Acesso em: 9 maio 2012.

BRASIL. Presidência da República Casa Civil Subchefia para Assuntos Jurídicos. *Constituição Política do Império do Brazil (de 25 de março de 1824)*. Em nome da Santissima Trindade. Disponível em: <http://www.planalto.gov.b r/ccivil_03/Constituicao/Constituicao24.htm>. Acesso em: 22 dez. 2012.

BRASIL. Presidência da República. Casa Civil. Subchefia para Assuntos Jurídicos. Constituição da República dos Estados Unidos do Brasil (de 24 de Fevereiro de 1891). *Diário Oficial da União*, Brasília, 24 de fev. de 1891. Disponível em: <http://www.planalto.gov.br/ccivil_03/constituicao/constitui%C3%A7ao91.htm>. Acesso em: 22 dez. 2012.

BRASIL. Presidência da República. Casa Civil. Subchefia para Assuntos Jurídicos. Constituição da República dos Estados Unidos do Brasil (de 16 de julho de 1934). *Diário Oficial da União*, Brasília, 16 jul 1934a. Disponível em: <http://www.planalto.gov.br/ccivil_03/ constituicao/ Constituicao34.htm>. Acesso em: 8 maio 2012.

BRASIL. Presidência da República. Casa Civil. Subchefia para Assuntos Jurídicos. Constituição dos Estados Unidos do Brasil (de 10 de novembro de 1937). *Diário Oficial da União*, Brasília, 10 nov. 1937. Disponível em: <http://www.planalto.gov.br/CCIVIL_03/constituicao/constitui%C3%A7ao37.htm>. Acesso em: 3 jun. 2012.

BRASIL. Presidência da República. Casa Civil. Subchefia para Assuntos Jurídicos. Constituição dos Estados Unidos do Brasil (de 18 de setembro de 1946). *Diário Oficial da União*, Brasília, 19 set. 1946e. Disponível em: <http://www.planalto.gov.br/ccivil_03/constituicao/constitui%C3%A7ao46.htm>. Acesso em: 3 jun. 2012.

BRASIL. Presidência da República. Casa Civil. Subchefia para Assuntos Jurídicos. Constituição da República Federativa do Brasil de 1967. *Diário Oficial da União*, Brasília, 20 out. 1967. Disponível em: <http://www.planalto.gov.br/ccivil_03/ constituicao/constituicao67.htm>. Acesso em: 3 jun. 2012.

BRASIL. Presidência da República. Casa Civil. Subchefia para Assuntos Jurídicos. Decreto 16.027, de 30 de abril de 1923. Cria o Conselho Nacional do Trabalho. *Diário Oficial da União*, Brasília, 10 maio 1923. Disponível em: <http://www2.camara.gov.br/legin/fed/decret/1920-1929/decreto-16027-30-abril-1923-566906-publicacaooriginal-90409-pe.html>. Acesso em: 12 maio 2012.

BRASIL. Presidência da República. Casa Civil. Subchefia para Assuntos Jurídicos. Emenda Constitucional n. 20, de 15 de dezembro de 1998. Modifica o sistema de previdência social, estabelece normas de transição e dá outras providências. Diário Oficial da União, 16 dez. 1998. Disponível em: <http://www.planalto.gov.br/ccivil_ 03/constituicao/emendas/emc/emc20.htm>. Acesso em: 22 dez. 2012.

BRASIL. Presidência da República. Casa Civil. Subchefia para Assuntos Jurídicos. Emenda Constitucional n. 22, de 18 de março de 1999. Acrescenta parágrafo único ao art. 98 e altera as alíneas "i" do inciso I do art. 102 e "c" do inciso I do art. 105 da Constituição Federal. Diário Oficial da União, Brasília, 19 de mar. de 1999a. Disponível em: <http://www.planalto.gov.br/ccivil_03/constituicao/Emendas/Emc/em c 22.htm>. Acesso em: 22 dez. 2012.

BRASIL. Presidência da República. Casa Civil. Subchefia para Assuntos Jurídicos. Emenda Constitucional n. 24, de 9 de dezembro de 1999. Altera dispositivos da Constituição Federal pertinentes à representação classistas na Justiça do Trabalho. Diário Oficial da União, Brasília, 10 de dez. de 1999b. Disponível em: <http://www.planalto.gov.br/ccivil_03/constituicao/Emendas/Emc/emc24.htm>. Acesso em: 22 dez. 2012.

BRASIL. Presidência da República Casa Civil Subchefia para Assuntos Jurídicos. Decreto-lei n. 1.237, de 2 de maio de 1939. Organiza a Justiça do Trabalho. Coleção de Leis do Brasil, Brasília, 31 de dez. de 1939a. Disponível em: <http://www.planalto.gov.br/ccivil_03/decreto-lei/1937-1946/Del1237.htm>. Acesso em: 22 dez. 2012.

BRASIL. Presidência da República Casa Civil Subchefia para Assuntos Jurídicos. Decreto-lei n. 1.346, de 15 de junho de 1939. Reorganiza o Conselho Nacional do Trabalho. Coleção de Leis do Brasil, Brasília, 31 de dez. de 1939b. Disponível em: <<http://www.planalto.gov.br/ccivil_03/decreto-lei/1937-1946/Del1346.htm>. Acesso em: 22 dez. 2012.

BRASIL. Presidência da República Casa Civil Subchefia para Assuntos Jurídicos. Decreto-lei n. 5.452, de 01 de maio de 1943. Aprova a Consolidação das Leis do Trabalho. Diário Oficial da União, Brasília, 9 de ago. de 1943c. Disponível em: <http://www.planalto.gov.br/ccivil_03/decreto-lei/del5452.htm>. Acesso em: 22 dez. 2012.

BRASIL. Presidência da República Casa Civil Subchefia para Assuntos Jurídicos. Decreto n. 848, de 11 de outubro de 1890. Organiza a Justiça Federal. Coleções de Leis do Brasil, Brasília, 1890b. Disponível em: <http://www.planalto.gov.br/ccivil _03/decreto/1851-1899/D848.htm>. Acesso em: 22 dez. 2012.

BRASIL. Presidência da República Casa Civil Subchefia para Assuntos Jurídicos. Decreto n. 3.048, de 6 de maio de 1999. Aprova o Regulamento da Previdência Social, e dá outras providências. Diário Oficial da União, Brasília, 7 maio 1999c. Disponível em: <http://www.planalto.gov.br/ccivil_03/decreto/d3048.htm>. Acesso em: 22 dez. 2012.

BRASIL. Presidência da República Casa Civil Subchefia para Assuntos Jurídicos. Lei n. 9.099, de 26 de setembro de 1995. Dispõe sobre os Juizados Especiais Cíveis e Criminais e dá outras providências. Diário Oficial da União, Brasília, 27 de set. de 1995. Disponível em: <http://www.planalto.gov.br/ccivil_03/leis/L9099.htm>. Acesso em: 22 dez. 2012.

BRASIL. Presidência da República Casa Civil Subchefia para Assuntos Jurídicos. Lei n. 9.957, de 12 de janeiro de 2000. Acrescenta dispositivos à Consolidação das Leis do Trabalho, aprovada pelo Decreto-Lei n. 5.452, de 1º de maio de 1943, instituindo o procedimento sumaríssimo no processo trabalhista. Diário Oficial da União, Brasília, 13 de jan. de 2000a. Disponível em: <http://www.planalto.gov.br /ccivil_03/Leis/L9957.htm>. Acesso em: 22 dez. 2012.

BRASIL. Presidência da República Casa Civil Subchefia para Assuntos Jurídicos. Lei n. 9.958, de 12 de janeiro de 2000. Altera e acrescenta artigos à Consolidação das Leis do Trabalho — CLT, aprovada pelo Decreto-Lei n. 5.452, de 1º de maio de 1943, dispondo sobre as Comissões de Conciliação Prévia e permitindo a execução de título executivo extrajudicial na Justiça do Trabalho. Diário Oficial da União, Brasília, 13 jan. 2000b. Disponível em: <http://www.planalto.gov.br/ccivil_03/leis/ L9958. htm>. Acesso em: 22 dez. 2012.

BRASIL. Presidência da República Casa Civil Subchefia para Assuntos Jurídicos. Lei n. 10.035, de 25 de outubro de 2000. Altera a Consolidação das Leis do Trabalho — CLT, aprovada pelo Decreto-Lei n. 5.452, de 1º de maio de 1943, para estabelecer os procedimentos, no âmbito da Justiça do Trabalho, de execução das contribuições devidas à Previdência Social. Diário Oficial da União, Brasília, 26 out. 2000c. Disponível em: <https://www.planalto.gov.br/ccivil_03/leis/ l10035.htm>. Acesso em: 22 dez. 2012.

BRASIL. Presidência da República. Casa Civil. Subchefia para Assuntos Jurídicos. Lei n. 11.457, de 16 de março de 2007: Dispõe sobre a Administração Tributária Federal; altera as Leis ns. 10.593, de 6 de dezembro de 2002, 10.683, de 28 de maio de 2003, 8.212, de 24 de julho de 1991, 10.910, de 15 de julho de 2004, o Decreto-Lei n. 5.452, de 1º de maio de 1943, e o Decreto n. 70.235, de 6 de março de 1972; revoga dispositivos das Leis ns. 8.212, de 24 de julho de 1991, 10.593, de 6 de dezembro de 2002, 10.910, de 15 de julho de 2004, 11.098, de 13 de janeiro de 2005, e 9.317, de 5 de dezembro de 1996; e dá outras providências. *Diário Oficial da União*, Brasília, 19 mar. 2007a. Disponível em: <http://www.planalto.gov.br/ccivil _03/_ato2007-2010/2007/lei/l11457.htm>. Acesso em: 22 dez. 2012.

BRASIL. Presidência da República. Casa Civil. Subchefia para Assuntos Jurídicos. Lei n. 11.941, de 27 de maio de 2009: Altera a legislação tributária federal relativa ao parcelamento ordinário de débitos tributários; concede remissão nos casos em que especifica; institui regime tributário de transição, e dá outras providências. *Diário Oficial da União*, Brasília, 28 maio. 2009a. Disponível em: <http://www.planalto.gov.br/ccivil_03/_ato2007-2010/2009/lei/l11941.htm>. Acesso em: 18 dez. 2012.

BRASIL. Presidência da República. Casa Civil. Subchefia para Assuntos Jurídicos. Lei n. 8.212, de 24 de jul. de 1991: dispõe sobre a organização da Seguridade Social, institui Plano de Custeio, e dá outras providências. *Diário Oficial da União*, Brasília, 25 jul. 1991a. Disponível em: <http://www.planalto.gov.br/ccivil_03/leis /L8212cons.htm>. Acesso em: 18 dez. 2012.

BRASIL. Presidência da República. Casa Civil. Subchefia para Assuntos Jurídicos. Lei n. 8.213, de 24 de jul. de 1991: Dispõe sobre os Planos de Benefícios da Previdência Social e dá outras providências. *Diário Oficial da União*, Brasília, 25 jul. 1991b. Disponível em: <http://www.planalto.gov.br/ccivil_03/leis/L8213cons.htm>. Acesso em: 28 ago. 2012.

BRASIL. Presidência da República Casa Civil Subchefia para Assuntos Jurídicos. Lei n. 9.756, de 17 de dezembro de 1998. Dispõe sobre o processamento de recursos no âmbito dos tribunais. *Diário Oficial da União*, Brasília, 18 dez. 1998. Disponível em: <http://www.planalto.gov.br/ccivil_03/leis/L9756.htm>. Acesso em: 22 dez. 2012.

BRASIL. Presidência da República. Casa Civil. Subchefia para Assuntos Jurídicos. Lei n. 10.259, de 12 de julho de 2001: Dispõe sobre a instituição dos Juizados Especiais Cíveis e Criminais no âmbito da Justiça Federal. *Diário Oficial da União*, Brasília, 13 jul. 2001. Disponível em: <http://www.planalto.gov.br/ccivil _03/leis/leis_2001/l10259.htm > Acesso em 29 nov. 2012.

BRASIL. Presidência da República. Casa Civil. Subchefia para Assuntos Jurídicos. Emenda Constitucional n. 45, de 30 de dezembro de 2004: Altera dispositivos dos arts. 5º, 36, 52, 92, 93, 95, 98, 99, 102, 103, 104, 105, 107, 109, 111, 112, 114, 115, 125, 126, 127, 128, 129, 134 e 168 da Constituição Federal, e acrescenta os arts. 103-A, 103B, 111-A e 130-A, e dá outras providências. *Diário Oficial da União*, Brasília, 31 dez. 2004. Disponível em: <http://www.planalto.gov.br/ccivil_03/ constituicao/emendas /emc/emc45. htm>. Acesso em: 18 dez. 2012.

BRASIL. Presidência da República. Casa Civil. Subchefia para Assuntos Jurídicos. Lei 9.766, de 18 de dezembro de 1998: Altera a legislação que rege o Salário-Educação, e dá outras providências. *Diário Oficial da União*, Brasília, 19 dez. 1998. Disponível em: <http://www.planalto.gov.br/ccivil_03/leis/L9766.htm>. Acesso em: 18 dez. 2012.

BRASIL. Presidência da República. Casa Civil. Subchefia para Assuntos Jurídicos. Lei n. 9.424, de 24 de dezembro de 1996: Dispõe sobre o Fundo de Manutenção e Desenvolvimento do Ensino Fundamental e de Valorização do Magistério, na forma prevista no art. 60, § 7º, do Ato das Disposições Constitucionais Transitórias, e dá outras providências. *Diário Oficial da União*, Brasília, 26 dez. 1996. Disponível em: <http://www.planalto.gov.br/ccivil_03/leis/L9424.htm>. Acesso em: 28 ago. 2012.

BRASIL. Presidência da República. Casa Civil. Subchefia para Assuntos Jurídicos. Lei n. 7.787, de 30 de junho de 1989. Dispõe sobre alterações na legislação de custeio da Previdência Social e dá outras providências. *Diário Oficial da União*, Brasília, 30 jul.1989. Disponível em:<http://www.planalto.gov.br/ccivil_03/ leis/L7787.htm>. Acesso em 8 de jul. 2012.

BRASIL. Senado. *Portal Atividade legislativa*. 2012e. Disponível em:<http://www.senado.gov.br/atividade/>. Acesso em 8 de jul. 2012.

BRASIL. Senado Subchefia de Informações. Decreto 1.637/1907. Cria Sindicatos profissionais e sociedades cooperativas. *Diário Oficial da União*, Rio de Janeiro, 1907. Disponível em: <http://www6. senado.gov.br/legislacao/Lista Publicacoes. action?id=55323>. Acesso em: 9 maio 2012.

BRASIL. Senado Subchefia de Informações. Decreto n. 24.784 de 14 de julho de 1934. *Diário Oficial da União*, Rio de Janeiro, 14 jul. 1934c. Disponível em: <http://www6.senado.gov.br/legislacao/ListaNormas.action?numero=24784&tipo_norma=DEC&data=19340714&link=s>. Acesso em: 9 maio 2012.

BRASIL. Senado Subchefia de Informações. Emenda Constitucional n. 1, de 17 de outubro de 1969. *Diário Oficial da União*, Brasília, 21 out. 1969. Disponível em: <http://www.planalto.gov.br/ccivil_03/constituicao/emendas/emc_anterior 1988/emc01-69.htm>. Acesso em: 9 maio 2012.

BRASIL. Superior Tribunal de Justiça. Recurso Especial no processo 661.482/PB. 6ª Turma. Rel. Min. Hamilton Carvalhido. *Diário de Justiça Eleitoral*, Brasília, 30 mar. 2009e. Disponível em: <http://www.jusbrasil.com. br/jurisprudencia/6071435/ recurso-especial-resp-661482-pb-2004-0068147-8-stj/inteiro-teor>. Acesso em: 8 jul. 2012.

BRASIL. Superior Tribunal de Justiça. Conflito de Competência — CC 89.282/RS. 3ª Seção. Rel. Jane Silva (Desembargadora convocada do TJ/MG). Julgado em 26 set. 2007. *Diário de Justiça*, Brasília, 18 out. 2007b, p. 261. Disponível em:<https://ww2.stj.jus.br/revistaeletronica/ita.asp?registro=200702053553&dt_publicacao=18/10/2007>. Acesso em: 20 jun. 2012.

BRASIL. Superior Tribunal de Justiça. 2012f. Disponível em: <http://www.stj.jus.br/ CON/>. Acesso em: 23 dez. 2012.

BRASIL. Superior Tribunal de Justiça. *Súmulas*. 2012g. Disponível em: <http:// www.stj.jus.br/docs_internet/SumulasSTJ.pdf>. Acesso em: 13 jul. 2012.

BRASIL. Supremo Tribunal Federal. Agravo de Instrumento n. 9.729-DF. Primeira Turma, Rel. Min. Barros Barreto. Julgamento 28 abr.1941. *Revista Forense*, Rio de Janeiro, v. 42, p. 740, jan. 1941a.

BRASIL. Supremo Tribunal Federal. Apelação Cível n. 7.330-SP. Primeira Turma, Rel. Octávio Kelly. Julgamento 28.04.1941. *Revista Forense*, Rio de Janeiro, v. 41, p. 814, dez. 1941b.

BRASIL. Supremo Tribunal Federal. Recurso Extraordinário n. 17.144-DF. Primeira Turma, Rel. Min. Barros Barreto. Julgamento 15 maio1952. *Diário da Justiça da União*, Brasília, 14 ago. 1952. Disponível em: <http://www.jusbrasil.com.br/ jurisprudencia/651967/recurso-extraordinario-re-17144-df-stf>. Acesso em: 12 jun. 2012.

BRASIL. Supremo Tribunal Federal. Recurso Extraordinário n. 10.659. Rel. Min. Orozimbo Nonato. *Diário da Justiça*, Brasília, 19 mar. 1940a, p. 895.

BRASIL. Supremo Tribunal Federal. Primeira Turma. Agravo Regimental no Recurso Extraordinário — RE-Agr n. 478.472/DF, Rel. min. Carlos Britto. *Diário da Justiça Eleitoral*, Brasília, 01 jun. 2007c.

BRASIL. Supremo Tribunal Federal. Agravo Regimental no Agravo de Instrumento n. 722.821/SC. Rel. Min. Cármem Lúcia — Primeira Turma. Julgamento: 20 out.2009b. *Diário da Justiça Eletrônico* n. 233. Brasília, 27 nov. 2009.

BRASIL. Supremo Tribunal Federal. Primeira Turma. Agravo Regimental no Agravo de Instrumento n. 702.730-3/BA. Publicação: 06 fev. 2009d. Rel. Min. Cármem Lúcia. *Diário da Justiça Eletrônico*, Brasília, 5 fev. 2009. Disponível em: <http://redir.stf.jus.br/paginadorpub/paginador.jsp?docTP=AC&docID=575057>. Acesso em: 6 ago. 2012.

BRASIL. Supremo Tribunal Federal. *Juízes estaduais pedem manutenção de Provimento da Corregedoria de Justiça do PR*. Brasília, 19 jan. 2009c. Disponível em: <http://www.stf.jus.br/portal/cms/verNoticiaDetalhe.asp? idConteudo=101936>. Acesso em: 12 jun. 2012.

BRASIL. Supremo Tribunal Federal. Recurso Extraordinário 5.69056 / PA, Rel.: Min. Menezes Direito. Julgamento: 11 set. 2008. Órgão Julgador: Tribunal Pleno. *Diário da Justiça Eleitoral*, Brasília, 12 dez. 2008a. Disponível em: <http:// www. stf. jus. br/portal/jurisprudencia/listar-Jurisprudencia .asp?s1=% 285690 56%2EN UME%2E +OU+569056%2EACMS%2E%29&base=baseAcordaos>. Acesso em: 12 jun. 2012.

BRASIL. Tribunal Superior do Trabalho. *Recomendação Conjunta GP.CGJT, n.º 2/2011*. Recomenda o encaminhamento de cópia de sentenças e acórdãos que reconheçam conduta culposa do empregador em acidente de trabalho para a respectiva unidade da Procuradoria-Geral Federal — PGF. 2012k. Disponível em: <http://www.tst.jus.br/documents/1199940/1201858/recomenda%C3 %A7%C3%A3o+conjunta+-+a%C3%A7%C3%B5es+regressivas.pdf>. Acesso em: 12 jun. 2012.

BRASIL. Tribunal Superior do Trabalho. Consolidação estatística da Justiça do Trabalho. *Relatório analítico 2011*. Brasília: Tribunal Superior do Trabalho, jun. 2012b.

BRASIL. Tribunal Superior do Trabalho. *Pesquisa livre*. 2012l. Disponível em: <http://aplicacao5.tst.jus.br/consultaunificada2/>. Acesso em: 23 dez.2012.

BRASIL. Tribunal Superior do Trabalho. Súmulas da Jurisprudência Uniforme do Tribunal Superior do Trabalho: índice de súmulas do TST.
2012i. Disponível em: <http://www.tst.gov.br/sumulas>. Acesso em: 13 jul. 2012.

BRASIL. Tribunal Superior do Trabalho. Orientações Jurisprudenciais do Tribunal Superior do Trabalho. 2012h. Disponível em: <http://www.tst. gov.br/ojs>. Acesso em: 13 jul. 2012.

BRASIL. Turma Nacional de Uniformização. 2012j. Disponível em: <https://www2.jf.jus.br/phpdoc/virtus/listaSumulas.php> Acesso em 13 jul. 2012.

CAMARGO, Gregório Rodrigues. *Curso de derecho procesal laboral*. 12. ed. Bogotá: Ediciones Librería del Profissional, 2001, 345 p.

CAPELLETTI Mauro; GARTH, Bryant. *Acesso à justiça*. Trad. Ellen Gracie Northfleet. Porto Alegre: Sérgio Antônio Fabris editor, 1988.

CARDOSO, Maurício. A Justiça do Brasil que trabalha. *Anuário da Justiça do Trabalho 2012*, Brasília, p. 16-20, dez. 2012.

CARVALHO, Vladimir Souza. *Competência da Justiça Federal*. 8. ed. rev. ampl. Curitiba: Juruá Editora, 2010, p. 37.

CASELLA, João Carlos. Organização e competência da Justiça do Trabalho. *Digesto econômico*, São Paulo, ano XLIV, n. 332, set./out., p. 33, 1988.

CASTRO, Augusto Olympio Viveiros de. *A questão social*. Rio de Janeiro: Editora Conselheiro Cândido de Oliveira, 1920, p. 163.

CASTRO FILHO, J. Ribeiro. *O problema da jurisdição no direito do trabalho*. Belo Horizonte: Tipografia Brasil, 1938, p. 60.

CESARINO JÚNIOR, Antônio Ferreira. *Direito social*. São Paulo: LTr, 1980, p. 48-49.

CESARINO JÚNIOR. Antônio Ferreira. *Tratado de direito social brasileiro:* Direito Processual do Trabalho. São Paulo: Editora Freitas Bastos, 1942, p. 49, v. 6.

CHAER, Márcio. O desenvolvimento no espelho. *Anuário da Justiça do Trabalho 2012*, Brasília, p. 3, dez. 2012.

CHAVES JÚNIOR, José Eduardo de Rezende. *Comentários à lei do processo eletrônico*. São Paulo: LTr, 2010.

CINTRA, Antônio Carlos de Araújo; GRINOVER, Ada Pellegrini; DINAMARCO, Cândido R. *Teoria geral do processo*. 10. ed. rev. atual. São Paulo: Malheiros, 1994, p. 137.

COLLOR, Lindolfo. *Lindolfo Collor e as questões sociais*: coletâneas de artigos escritos por Lindolfo Collor no período entre 1917-1941. Rio de Janeiro: Ministério do Trabalho, 1955, p. 32.

COMPARATO. Fábio Konder. *Afirmação histórica dos direitos humanos*. São Paulo: Saraiva, 2001, p. 62.

CONSELHO DA JUSTIÇA FEDERAL. *Portal da Justiça Federal*. Disponível em: <http://www.jf.jus.br/juris/tnu/?>. Acesso em: 23 dez. 2012.

CONSELHO NACIONAL DE JUSTIÇA. *Parceria entre o TRF3 e TJSP irá acelerar o julgamento de processos previdenciários*. 8 jul.2008. Disponível em: <http://www.cnj.jus.br/component/content/article/96-noticias/4877-parceria-entre-o-trf3-e-tjsp-ircelerar-o-julgamento-de-processos-previdencios-->. Acesso em: 26 nov. 2012.

CONSELHO NACIONAL DE JUSTIÇA. Departamento de Pesquisas Judiciárias. *Justiça em números 2012*. Disponível em: <http://www.cnj.jus.br/programas-de-a-a-z/eficiencia-modernizacao-e-transparencia/pj-justica-em-numeros/relatorios>. Acesso em: 04 dez. 2012.

CONSELHO NACIONAL DE JUSTIÇA. Taxa de Congestionamento 2011a. Disponível em: <http://www.cnj.jus.br/programas-de-a-a-z/sistemas/processo-judicial-eletronico-pje/486-rodape/gestao-planejamento-e-pesquisa/indicadores/13659-03-taxa-de-congestionamento>. Acesso em: 04 dez. 2012.

CONSELHO NACIONAL DE JUSTIÇA. Lançamento do Processo Judicial Eletrônico (PJe) em 21 jun. 2011. 2011c. Disponível em: <http://www.cnj.jus.br/programas-de-a-a-z/sistemas/processo-judicial-eletronico-pje>. Acesso em: 21 nov. 2012.

CONSELHO NACIONAL DE JUSTIÇA. Pedido de Providências n. 004245-35.2010.2.00.0000. Rel. Conselheiro Nelson Tomás Braga. Julgado em 30 mar. 2011. *Diário Oficial da União*, Brasília, 25 abr. 2011b. Disponível em: <http://www.cnj.jus.br/Infojuris/DocumentoEvento.seam;jsessionid=2DF0B8DBC08F79E2C203FBEEB8ACFDD6.node2?documentoEventoSeqDocumentoEvento=179839&jurisprudenciaIdJuris=34960&jurisprudenciaFrom=Relator>. Acesso em: 04 dez. 2012.

CONSELHO SUPERIOR DA JUSTIÇA DO TRABALHO. PJe-JT: Processo é decidido em apenas 5 horas. Disponível em: <http://www.csjt.jus.br/pje-jt/-/asset_publisher/B7fk/content/pje-jt-processo-e-decidido-em-apenas-5-horas?redirect=%2Fpje-jt>. Acesso em 21 nov. 2012.

CÓRDOVA, Efrén. La ley orgánica procesal del trabajo a la luz de la legislación comparada. *Revista Gaceta Laboral da Facultad de Ciencias Jurídicas y políticas de la Universidad del Zulia*, Venezuela, v. 10, n. 1, jan./abr., p. 06, 2004.

CORREIA, Marcus Orione Gonçalves. *Teoria e prática do poder de ação na defesa dos direitos sociais*. São Paulo: LTr, 2002, p. 65.

CORREIA, Tomás. Justificativa da proposta de emenda à Constituição — PEC n. 49/2012. Disponível em: <http://www6.senado.gov.br/mate-pdf/114230.pdf>. Acesso em: 03 dez. 2012.

COSTA RICA. Poder judicial. *Formularios Judiciales*. Disponível em: <http://www.poder-judicial.go.cr/guia-usuario/formularios.html>. Acesso em: 12 jun. 2012.

COSTA RICA. ley orgánica del poder judicial ley n. 7333. *En El Alcance 24 a La Gaceta,* 1 de jul. de 1993. Disponível em: <http://www.tse.go.cr/pdf/normativa/ leyorganicapoderjudicial. pdf>. Acesso em: 12 jun. 2012.

CRISTO, Alessandro. Processos federais nas varas estaduais irritam juízes. *Revista Consultor Jurídico,* 7 fev. 2012. Disponível em: <http://www.conjur.com.br/2012-fev-07/quantidade-processos-federais-varas-estaduais-irrita-juizes->. Acesso em: 26 nov. 2012.

CRUZ, Henrique Jorge Dantas da. Da inexistência de competência federal delegada nos Juizados Especiais Estaduais da Fazenda Pública. *Jus Navigandi,* Teresina, ano 16, n. 3022, 10 out. 2011. Disponível em: <http://jus.com. br/revista /texto/20174>. Acesso em: 8 jul. 2012.

DE BUEN, Néstor. A solução dos conflitos trabalhistas no México. In: BUEN, Néstor de (org). *A solução dos conflitos trabalhistas.* Tradução de Wagner D. Giglio. São Paulo: LTr, 1986, p. 118.

DE LA CUEVA, Mário. *Derecho mexicano del trabajo.* 5. ed. México: Editorial Porrua, 1960. p. 266-267.

DAL-RÉ, Fernando Valdés. *Las jurisdicciones sociales en los países de la Unión Europea*: convergencias y divergências. Disponível em:<http://portal.oit.or.cr/ dmdocuments/justicia laboral/jurisdicciones socialesunioneuropea.pdf>. Acesso em: 3 ago. 2012.

DECLARAÇÃO UNIVERSAL DOS DIREITOS HUMANOS. Rio de Janeiro, dez. 2000. Disponível em:<http://unicrio.org.br/img/DeclU_D_HumanosVersoInternet.pdf>. Acesso em: 3 jul. 2012.

DELGADO, Gabriela Neves. *Direito fundamental ao trabalho digno.* São Paulo: LTr, 2006, p. 59.

DELGADO, Maurício Godinho. Apresentação. In: PIMENTA, José Roberto Freire; BARROS, Juliana A. Medeiros de; FERNANDES, Nádia Soraggi. *Tutela metaindividual trabalhista*: a defesa coletiva dos direitos dos trabalhadores em Juízo. São Paulo: LTr, 2009, p. 08.

DERAS, Edith. *Derecho laboral guatemalteco.* Disponível em: <http://www.slideshare.net/INTERNET_KD_EVOLUTION/derecho-laboral-guatemalteco>. Acesso em: 6 ago. 2012.

DISTRITO FEDERAL. Tribunal de Justiça: Juizado itinerante. Disponível em: <http://www.tjdft.jus.br/cidadaos/juizados-especiais/saiba-sobre/juizado-itinerante>. Acesso em: 20 dez. 2012.

EÇA, Vitor Salino de Moura. Jurisdição e competência trabalhistas no direito estrangeiro. *Boletim Jurídico,* Uberaba/MG, n. 159, 04 jan. 2006. Disponível em: <http://www.boletimjuridico.com.br/ doutrina/texto.asp?id=1002>. Acesso em: 24 jul. 2012.

ESPANHA. Exposição de motivos da Lei 36/2011. Lei Reguladora da Jurisdição Social. *Boletim Oficial do Estado,* 11 out. 2011a. Disponível em: <http://www.boe. es/boe/dias/2011/10/11/pdfs/BOE-A-2011-15936.pdf>. Acesso em: 29 nov. 2012.

ESPANHA. Lei 36/2011. Lei Reguladora da Jurisdição Social. *Boletim Oficial do Estado,* 11 out. 2011b. Disponível em: <http://www.boe.es/boe/dias/2011/10/11/pdfs/BOE-A-2011-15936.pdf>. Acesso em: 4 ago. 2012.

ESTADOS UNIDOS. *Rules of the supreme court of the United States.* Adopted Jan. 12, 2010; Effective Feb. 16, 2010. Disponível em: <http://www.law.cornell.edu/rules/supct>. Acesso em: 12 jun. 2012.

FARIA, José Eduardo. *Direito e economia na democratização brasileira.* São Paulo: Malheiros Editores, 1993, p. 79.

FELICIANO, Guilherme Guimarães. Da competência penal na Justiça do Trabalho. *Jus Navigandi,* Teresina, v. 11, n. 1010, abr., 2006. Disponível em: <http://jus.com .br/revista/texto/16676>. Acesso em: 03 dez. 2012.

FERREIRA, Aloysio Nunes. Entrevista ao programa Roda Viva da TV Cultura em 7 de junho de 1999. Disponível em: <http://www.rodaviva.fapesp. br/materia/803/ entre vistados/ aloysio _nunes_ ferreira_ 1999.htm>. Acesso em: 20 jun. 2012.

FERREIRA, Waldemar M. *Princípios de legislação social e direito judiciário do trabalho.* São Paulo: São Paulo Editora, 1938, p. 51, v. 1.

FILIPPO, Thiago Baldani Gomes. A jurisdição como fator de inclusão social. *Jus Navigandi,* Teresina, ano 14, n. 2034, 25 jan. 2009. Disponível em: <http://jus.com .br/revista/texto/12246>. Acesso em: 28 nov. 2012.

FLORES, Luis Alfredo Alarcon. *El derecho procesal laboral*: trabalho acadêmico. Disponível em: <http://www.monografias.com/trabajos35/derecho-procesal-laboral/derecho-procesal-laboral2.shtml>. Acesso em: 31 jul. 2012.

FLORÉS, Lourdes Martín. La nueva ley reguladora de La jurisdicción social. *Revista Actualidad jurídica,* Madrid, n. 31, jan.abr., p. 14-15. 2012

FREITAS, Vladimir Passos de. O perfil do juiz federal. *Revista Ajufe,* São Paulo, n. 50, p. 45-49, jun./jul.1996.

FREITAS, Vladimir Passos de. Unir Justiça Federal e do trabalho pode ser produtivo. *Revista eletrônica Consultor Jurídico*, 18 nov. 2012. Disponível em: <http://www.conjur.com.br/2012-nov-18/segunda-leitura-unir-justica-federal-trabalho-produtivo>. Acesso em: 04 dez. 2012.

GIGLIO, Wagner D. *Direito processual do trabalho.* 12. ed. rev., atual. e ampl. São Paulo: Saraiva, 2002, p. 4.

GIGLIO, Wagner D.; CORRÊA, Claudia Giglio Veltri. *Direito processual do trabalho.* 16. ed. rev., ampl. adap. São Paulo: Saraiva, 2007, p. 43.

GOIÁS. Tribunal Regional do Trabalho — 18ª Região. Processo TRT — RO — 0001646-67.2010.5.18.0002. Relator: Elvécio Moura dos Santos. Diário Eletrônico da Justiça do Trabalho, n. 766, Brasília, 7 jul. 2011, p. 71.

GOMES, Ângela de Castro; PESSANHA, Elina G. da Fonte; MOREL, Regina L. de Moraes (Org.). *Arnaldo SÜSSEKIND:* um construtor do direito do trabalho. Rio de Janeiro: Renovar, 2004, p. 68.

GOMES, Orlando. A Justiça do Trabalho no Brasil. *Revista Brasileira de Estudos Políticos,* Belo Horizonte, n. 34, jul. 1972.

GOTTSCHALK, Elson G. A constituinte e a Justiça do Trabalho. *Revista LTr,* São Paulo, v. 50, n. 1, jan. 1986, p. 6.

GUATEMALA. Decreto 1.441 de 29 de abr. de 1961. *Institui o código do trabajo.* Disponível em: <http://pt.scribd.com/doc/534627/DECRETO-NUMERO-1441-CODIGO-DE-TRABAJO>. Acesso em: 6 ago. 2012.

GUERRA FILHO, Willis Santiago. Direitos fundamentais, processo e princípio da proporcionalidade. In: GUERRA FILHO, Willis Santiago (Coord.). *Dos direitos humanos aos direitos fundamentais.* Porto Alegre: Livraria do Advogado, 1997, p. 12.

HOBSBAWM, Eric. *Sobre História.* São Paulo: Companhia das Letras, 2. ed., 2005.

IGNÁCIO, Adriana Carla Morais. Fundamentos Constitucionais das ações regressivas acidentárias. *Repertório de jurisprudência IOB* — Trabalhista e Previdenciário, v. 2, n. 19, out., p. 570, 2007.

JUNTA FEDERAL DE CONCILIACIÓN Y ARBITRAJE. Secretaria del Trabajo y Previsión Social. *Introducción.* Disponível em: <http://www.stps.gob.mx/bp/secciones/—junta_federal/secciones/introduccion.html>. Acesso em: 6 ago. 2012.

JUSTIÇA do Trabalho, contribuições sociais e a arrecadação da Previdência Social. *Revista Associação Nacional dos Procuradores Federais da Previdência Social,* Brasília, v. 1, n. 7, p. 1-4, dez. 2008. Disponível em: <http://www.Advocaciapublica.com.br/forum/images/stories/pdfs/anpprev/note7.pdf>. Acesso em: 26 nov. 2012.

KAMISKI, Emerson Jardim. A insuficiência da "regra" da competência delegada nas ações previdenciárias para atender aos princípios constitucionais do acesso à justiça e da razoável duração do processo. *Revista Síntese Trabalhista,* Porto Alegre, n. 231, set., p. 73-82, 2008.

KRAVCHYCHYN, Jefferson Luis et al. *Prática processual previdenciária:* administrativa e judicial. 3.ed. Florianópolis: Conceito editorial, 2012.

LEDUR, José Felipe. *A realização do direito do trabalho.* Porto Alegre: Sérgio Antônio Fabris Editor, 1998. p. 83.

LOPES, José Sergio Leite. Entre o direito e as ciências sociais: uma experiência central na história dos estudos sobre trabalho e trabalhadores no Brasil — Entrevista com Evaristo de Moraes Filho, realizada em 08/12/1992. Disponível em: <http://www.bvemf.ifcs.ufrj.br/Arquivos/Entrevistas/ENTREVISTA%20Jos%C3%A9%20S%C3%A9rgio.pdf>. Acesso em: 31 maio 2012.

LUÑO, Perez Antonio-Enrique. *Derechos humanos, estado de derecho y constitución*. 5. ed. Madrid: Tecnos, 1995, p. 217.
MACIEL JÚNIOR, Vicente de Paula. Proteção jurídica à saúde do trabalhador. *Revista da Faculdade Mineira de Direito*, Belo Horizonte, v. 4, n. 7/8, p. 222-252, jan./dez. 2001.
MALHADAS Júlio Assumpção. *Justiça do Trabalho:* sua história, sua composição, seu funcionamento. São Paulo: LTr. 1997, p. 106, v. 1.
MARMELSTEIN, George. *Curso de direitos fundamentais*. São Paulo: Atlas, 2008.
MARTINEZ, Wladimir Novaes. Ação regressiva do INSS contra empresas que causaram acidentes do trabalho. São Paulo, *Revista de Previdência Social*, v. 35, n. 363, fev., p. 118, 2011.
MARTINEZ, Wladimir Novaes. *Curso de direito previdenciário*. 4. ed. São Paulo: LTr, 2011, p. 76.
MARTINS FILHO, Ives Gandra da S; NASCIMENTO Amauri Mascaro; FERRARI Irani. *História do trabalho, do direito do trabalho e da Justiça do Trabalho:* homenagem a Armando Casimiro Costa. 2. ed. São Paulo: LTr, 2002, p. 197.
MARTINS, Sérgio Pinto. *Direito processual do trabalho*. 10. ed. São Paulo: Editora Atlas, 1999, p. 80.
MARANHÃO, Délio. *Direito do trabalho*. 2. ed. Rio de Janeiro: Fundação Getúlio Vargas, 1972, p. 479.
MARTÍNEZ, Hector Armando J.; ALVAREZ, Oscar Hernández. Informe sobre el proceso laboral em Venezuela. *Revista Gaceta Laboral de la Facultad de Ciencias Jurídicas y políticas de la Universidad del Zulia*, Venezuela, v. 6, n. 2, maio/ago., 2000.
MATO GROSSO. Tribunal de Justiça. *Departamento de Apoio aos Juizados Especiais*. 2010. Disponível em: <http://www.tjmt.jus.br/cgj/DAJE/Default.aspx>. Acesso em: 20 dez. 2012.
MAURETTE, Fernand. Alguns aspectos sociais do desenvolvimento atual e futuro da economia brasileira: problemas econômicos e sociais. Genebra: Bureau Internacional do Trabalho — OIT. In: FERREIRA, Waldemar M. *Princípios de legislação social e direito judiciário do trabalho*. São Paulo: São Paulo Editora, 1938, p. 44. v. 1.
MEDA, Dominique. *El trabajo:* um valor en peligro de extinción. Barcelona: Gedisa Editorial, 1995, p. 97 e 98.
MEDINA, David Montoya. Espanha. In: TOLEDO FILHO, Manoel Carlos; Eça, Vitor Salino de Moura. (Coord.). *Direito Processual do Trabalho comparado*. Belo Horizonte: Del Rey, 2009, p. 160.
MELLO FILHO, Luiz Philippe Vieira. Apresentação da obra. In: SENA, Adriana Goulart de; DELGADO, Gabriela Neves; PORTUGAL, Raquel Nunes (Coord.). *Dignidade humana e inclusão social:* caminhos para a efetividade do direito do trabalho no Brasil. São Paulo: LTr, 2010, p. 11.
MELO, Geraldo Magela. *Os benefícios acidentários e a competência da Justiça do Trabalho*. Belo Horizonte: Editora RTM, 2011.
MENDES, Aluisio Gonçalves de C. *Competência cível da Justiça Federal*. 2. ed. rev., ampl. atual. São Paulo: RT, 2006, p. 138.
MENDES, Gilmar F.; COELHO, Inocêncio M.; BRANCO, Paulo Gustavo G. *Curso de direito constitucional*. 4. ed. São Paulo: Saraiva, 2009, p. 185.
MENEZES, Geraldo M. Bezerra de. *O Direito do trabalho e a seguridade social na Constituição*. Rio de Janeiro: Ed. Pallas, 1976, p. 363.
MINAS GERAIS. *Juizados Especiais Federais*: história dos Juizados Especiais Federais em Minas Gerais. Disponível em: <http://www.jfmg.jus.br/JEF/itinerante/ historia.htm>. Acesso em: 06 dez. 2012.
Minas Gerais. Tribunal Regional do Trabalho da 3ª Região. 3ª Turma. Processo AP n. 01016.2007.131.03.00-4. Rel. Juiz convocado Vitor Salino de Moura Eça. *Diário Eletrônico da Justiça do Trabalho*, Brasília, 11 jul. 2011, p. 24.
MIRANDA, Francisco Cavalcanti. *Comentários à Constituição de 1946*. 3. ed., rev. e atual. Rio de Janeiro: Borsoi Editor, 1960, p. 422, t. 3.
MOLINA, André Araújo. Competência material trabalhista: critério científico para interpretação do inciso I do art. 114 da CF/88. *Revista LTr*, São Paulo, v. 72, n. 8, p. 945-961, ago. 2008.

MOLINA, Fernando Salinas. Principios inspiradores de la ley reguladora de la jurisdicción social: distribución competencial. *Jurisdicción Social, Revista on-line de La comisión deló social de jueces para La democracia*, n. esp., Oct., p. 336. 2011. Disponível em: <http://www.juecesdemocracia.es /revistas/revista jurisdiccionsocial.asp>. Acesso em: 30 nov. 2012.

MOREL, Regina Lúcia de Moraes; GOMES, Angela Maria de Castro; PESSANHA, Elina G. da. *Sem medo da utopia*: Evaristo de Moraes Filho: arquiteto da sociologia e do direito do trabalho no Brasil. São Paulo: LTr, 2007.

MOREIRA, José Carlos Barbosa. A ação civil pública e a língua portuguesa. In: MILARÉ, Édis (Coord.). *Ação civil pública*: Lei 7.347/85 — 15 anos. 2. ed. São Paulo: Revista dos Tribunais. 2002, p. 345.

NASCIMENTO, Amauri Mascaro. Conceito e modelos de jurisdição trabalhista. *Revista LTr*, São Paulo, v. 61, n. 8, p. 1018, ago. 1997.

NEQUETE, Lenine. *O Poder Judiciário no Brasil a partir da Independência*: 1º Império. Brasília: Supremo Tribunal Federal, 2000.

NORONHA, João Otávio. *JF quer acelerar julgamento de ações previdenciárias nos juizados*. Disponível em: <http://www.jf.jus.br/cjf/noticias-do-cjf/2011/outubro/ justica-federal-quer-acelerar-julgamento-de-acoes-previdenciarias-nos-juizados>. Acesso em: 26 nov. 2012.

NOVAK, Janez. *Não precisamos de tribunais do trabalho?*: relatório nacional da Eslovênia. Budapeste, Set. 2004. Texto original em inglês. Disponível em: <http://www.ilo.org/wcmsp5/groups/public/@ed_dialogue/@dialogue/documents/meetingdocument/wcms_160017.pdf>. Acesso em: 3 de ago. 2012.

OLEA, Manuel Alonso; PLAZA, José Luis Tortuero. *Instituciones de seguridad social*. 18. ed. Madrid: Civitas Ediciones, 2002, p. 284.

OLIVEIRA, Alexandre N. *Reforma do Judiciário (VI)*: Justiça Federal Comum e especializada de primeiro e segundo graus. Disponível em:<http://uj. novaprolink. com.br/doutrina/469/reforma_do_judiciario_vi _justica _ fed eral_comum_ e_ especializada_de_primeiro_e_ segundo_graus>. Acesso em: 20 jun.2012.

OLIVEIRA, Alexandre Vidigal de. Justiça Federal: evolução histórico-legislativa. *Revista Ajufe*, São Paulo, n. 50, p. 9-14, jun./jul. 1996.

OLIVEIRA, Francisco Antônio. *Manual de processo do trabalho*. 3. ed. revista, atualizada e ampliada. São Paulo. RT, 2005. p. 80.

OLIVEIRA, Sebastião Geraldo. Competência da Justiça do Trabalho para julgar ações de reparação de danos decorrentes de acidente do trabalho e a emenda n. 45/2004. *Revista do Tribunal Regional do Trabalho da 3ªRegião*, Belo Horizonte, v. 40, n. 70 (supl. esp.), p. 113-120, jul./dez.2004

OLIVEIRA, Sebastião Geraldo. *Indenizações por acidente do trabalho ou doença ocupacional*. 5. ed. rev., ampl. e atual. São Paulo: LTr, 2009, p. 397-398.

OLIVEIRA, Sebastião Geraldo. *Proteção jurídica à saúde do trabalhador*. 5. ed. rev. ampl. e atual. São Paulo: LTr, 2010, p. 64.

ORGANIZAÇÃO INTERNACIONAL DO TRABALHO. *Saúde e vida no trabalho*: um direito humano fundamental. Portugal: Palmigráfica Artes gráficas, 2009, p. 4-5.

ORTIZ, Marcelo. *Justificativa da Proposta de Emenda à Constituição — PEC n. 278/2008*. Disponível em: <http://www.camara.gov.br/proposicoesWeb/prop_ mostrarintegra? codteor= 584199&filename=PEC+278/2008>. Acesso em: 03 dez. 2012.

PAIM, Paulo. *Projeto de Lei do Senado Federal, PLS n. 308/2012*. Disponível em: <http://www.senado.gov.br/atividade/materia/getPDF.asp?t=113338&tp=1%3e>. Acesso em: 03 dez. 2012.

PAULINO Daniel. Acidente do trabalho: ação regressiva contra empresas negligentes quanto à segurança e à higiene do trabalho. *Revista de Previdência Social*, São Paulo, v. 20, n. 182, jan. 1996.

PAULA, Carlos Alberto Reis de. O papel da Justiça do Trabalho no Brasil. *Revista do Tribunal Regional do Trabalho da 3ªRegião*, Belo Horizonte, v. 29, n. 59, p. 53-62, jan./jun.99. Disponível em:<http://www.trt3.jus.br/escola/download/revista/rev_59/Carlos_Paula.pdf>. Acesso em: 22 dez. 2012.

PAULA, Paulo Afonso Garrido de. *Justiça e educação como instrumento de inclusão social*. Salvador, 24 out. 2003. Disponível em: <http://www.mp.sp.gov.br/portal/page/portal/Educacao/Doutrina>. Acesso em: 29 nov. 2012.

PAULA, Jônatas Luiz Moreira de. *A jurisdição como elemento de inclusão social*. São Paulo: Editora Manole, 2002, p. 91.

PELUSO, Cesar. Conflito de competência 7.204-1 Minas Gerais: voto do Min. Cezar Peluso. In: BRASIL. Supremo Tribunal Federal. Tribunal Pleno. Coordenação de análise de Jurisprudência. *Diário de Justiça*, Brasília, 26 jun. 2005. Disponível em: <http://redir.stf.jus.br/paginadorpub/paginador.jsp?docTP=AC&docID=25686>. Acesso em: 12 jun. 2012.

PEREIRA, Valtenir et al. Proposta de Emenda à Constituição — PEC n. 327/2009. Disponível em: <http://www.camara.gov.br/proposicoesWeb/prop_mostrarintegra?codteor=633460&filename=PEC+327/2009>. Acesso em: 03 dez. 2012.

PIMENTA, José Roberto Freire. A tutela metaindividual dos direitos trabalhistas: uma exigência constitucional. In: PIMENTA, José Roberto Freire; BARROS, Juliana A. Medeiros de; FERNANDES, Nádia Soraggi. *Tutela meta individual trabalhista*: a defesa coletiva dos direitos dos trabalhadores em Juízo. São Paulo: LTr, 2009, p. 39-43.

PIMENTA, José Roberto Freire. Tutela de urgência no processo do trabalho: o potencial transformador das relações trabalhistas das reformas do CPC brasileiro. In: PIMENTA, José Roberto Freire; RENAULT, Luiz Otávio Linhares; VIANA, Márcio Túlio et al. (Coord.) *Direito do Trabalho*: evolução, crise e perspectivas. São Paulo: LTr, 2003, p. 342.

PIOVESAN, Flávia. Direito ao trabalho e a proteção dos direitos sociais nos planos internacional e constitucional. In: PIOVEZAN, Flávia e CARVALHO, Luciana Paula Vaz (Coord.) *Direitos humanos e Direito do Trabalho*. São Paulo: Ed. Atlas, 2010, p. 26.

PIOVESAN, Flávia. *Direitos humanos e o direito constitucional internacional*, 3. ed. rev., São Paulo: Max Limonad, 1996. p. 155-156.

PONCIANO, Vera Lúcia F. *Justiça Federal*: organização, competência, administração e funcionamento. Curitiba: Juruá Editora, 2008. p. 90-91.

PONTIFÍCIA UNIVERSIDADE CATÓLICA DE MINAS GERAIS. Pró-Reitoria de Graduação. Sistema de Bibliotecas. Padrão PUC Minas de normalização: normas da ABNT para apresentação de teses, dissertações, monografias e trabalhos acadêmicos. 9. ed. rev. ampl. atual. Belo Horizonte: PUC Minas, 2011. Disponível em: <http://www.pucminas.br/biblioteca>. Acesso em: 2 jan. 2012

REDE JUDICIÁRIA EUROPEIA. *Organização da justiça*: Eslovênia, 10, set. 2007. Disponível em <http://ec.europa.eu/civiljustice/org_justice/org_justice_sln_pt.htm>. Acesso em: 3 ago. 2012.

RAMOS, Brasilino Santos. Sistema Processual do Trabalho da Venezuela. In: EÇA, Vitor Salino de Moura (Coord.). *Direito processual do trabalho globalizado*: homenagem à professora Alice Monteiro de Barros. São Paulo: LTr, 2012, p. 243.

RIO GRANDE DO SUL. Tribunal Regional Federal — 4ª Região. Agravo n. 2004.04.01.012246-6, 5ª Turma, Rel. Otávio Roberto Pamplona. *Diário da Justiça*, Brasília, 24 ago. 2004, p. 779.

RITA, Ana. *Justificativa da proposta de emenda à Constituição — PEC n. 66/2011*. 2011a. Disponível em: <http://www.senado.gov.br/atividade/materia/get PDF.asp?t= 93305&tp=1>. Acesso em: 03 dez. 2012.

RITA, Ana. *Proposta de emenda à Constituição — PEC n.66/2011*. 2011b. Disponível em: <http://www6.senado.gov.br/mate-pdf/93223.pdf>. Acesso em: 03 dez. 2012.

ROCHA, Gerson Luiz. *Juizados Especiais Federais Cíveis*: competência e execução por quantia certa. Curitiba: Juruá Editora, 2012, p. 101.

RODYCZ. Wilson Carlos. O juiz de paz imperial: uma experiência de magistratura leiga e eletiva no Brasil. *Revista Justiça & História,* Rio Grande do Sul, v. 3, n. 5, jan./dez. 2003.

ROMITA, Arion Sayão. Competência da justiça do trabalho: comentários à expressão "outras controvérsias oriundas da relação de trabalho" contidas no art. 142, *caput*, da Emenda Constitucional n. 1 de 17/11/1969. *Revista da Procuradoria Geral do Estado da Guanabara*, Rio de Janeiro, n. 25, p. 166-181, 1971.

ROMITA, Arion Sayão. *Direitos fundamentais nas relações de trabalho*. 2. ed. rev. e aum. São Paulo: LTr, 2007. p. 102-103.

RUSSOMANO, Mozart Victor. *Código de processo do trabalho*: anteprojeto anotado. Rio de Janeiro: Ed. Pallas, 1963. p. 29-31.

RUSSOMANO, Mozart Victor. Entrevista com o ministro Mozart Russomano sobre a Justiça do Trabalho em face da reforma do poder judiciário. *Revista de Direito do Trabalho*, São Paulo, v. 2, n. 2, jan./fev. p. 12-16, 1977.

RUSSOMANO, Mozart Victor. Lindolfo Collor e a revolução de 30. In: Semana de Lindolfo Collor, Belém, out. 1988.

SADEK, Maria Teresa. A organização do Poder Judiciário no Brasil. In: SADEK, Maria Teresa (Org.). *Uma introdução ao estudo da justiça*. Rio de Janeiro: Centro Edelstein de Pesquisas Sociais, 2010. p. 7.

SALLES, M. Ferraz de Campos. *Exposição de motivos do Decreto n. 848*, de 11 de outubro de 1890. Disponível em: <www2.cjf.jus.br/ojs2/index.php/cej/article/viewFile/951/1124>. Acesso em: 02 de jul. 2012.

SANDIM, Emerson Odilon. Princípio da unidade de convicção e ação acidentária, carga eficacial da sentença trabalhista que reconhece o vínculo e reflexos previdenciários. Duas angustiantes questões para o trabalhador brasileiro. *Jus Navigandi*, Teresina, ano 12, n. 1560, 9 out. 2007. Disponível em: <http://jus.com.br/revista/texto/10511>. Acesso em: 26 nov. 2012.

SANTOS, Moacyr Amaral. *Primeiras linhas de direito processual civil*, vol. I, 18. ed. rev., atual. e ampl. por Aricê Moacyr Amaral dos SANTOS. São Paulo: Saraiva, 1995, p. 198.

SARLET, Ingo Wolfgang. *A eficácia dos direitos fundamentais*. 6. ed. Porto Alegre: Livraria do advogado, 2006, p. 35-36.

SARLET, Ingo Wolfgang. *Dignidade da pessoa humana e direitos fundamentais na Constituição Federal de 1988*. Porto Alegre: Livraria do Advogado, 2001, p. 60.

SARLET, Ingo Volfgang. Entrevista concedida a Maria Cecília Alves Pinto e Márcio Roberto Tostes Franco. *Jornal da Associação dos Magistrados da Justiça do Trabalho da 3ª Região*. Belo Horizonte, n. 59, p. 5, jul/set. 2008.

SAVARIS, José Antônio. *Direito processual previdenciário*. 3. ed. ampl., ver. e atual. Curitiba; Juruá, 2011, p. 60.

SEVERO, Valdete Souto. O mundo do trabalho e a flexibilização. In: MONTESSO Cláudio J.; FREITAS, Marco Antônio, STERN, Maria de Fátima B. (Coord.). *Direitos sociais na Constituição de 1988*: uma análise crítica vinte anos depois. São Paulo: LTr, 2008, p. 440-441.

SHAVTCHENKO, P. *O que é trabalho?*: o ABC dos conhecimentos sociais e políticos. Moscou: Edições Progresso, 1987, p. 85.

SILVA, Antônio Álvares. Juizados especiais trabalhistas. *Revista Síntese*, São Paulo, n. 111, set. p. 126-147, 1998.

SILVA, Antônio Álvares. *Pequeno tratado da nova competência trabalhista*. São Paulo: LTr, 2005, p. 289.

SILVA, Antônio Álvares da. *Reforma do Judiciário*: uma justiça para o século XXI. Belo Horizonte: Del Rey, 2004, p. 21/22.

SILVA, José Afonso da. *Curso de direito constitucional positivo*. 7. ed. rev e ampl. de acordo com a nova Constituição. São Paulo: Editora Revista dos Tribunais, 1994, p. 466.

SILVA, José Márcio da Silveira e. A Unificação das Justiças Federal e do Trabalho. *Revista Eletrônica da Seção Judiciária do Distrito Federal*, Brasília, v.3, n. 18, jun. 2011. Disponível em: <http://www.jfdf.jus.br/revista_eletronica_justica/Junho11/ artigo_JoseMarcio1.html>. Acesso em: 05 dez. 2012.

SILVA, Luiz de Pinho Pedreira. A Justiça do Trabalho em outros países. Porto Alegre: *Revista Síntese Trabalhista*, n. 129, jan. 2000, p. 14.

SIMÕES, José Ivanildo. *Processo virtual trabalhista*. São Paulo: LTr, 2010, p. 74.

SIMON, Alain. The Belgian legal system for labour conflicts. Disponível em: http://www.ealcj.org/pdf/Belgianlaboucourtsystem.pdf. Acesso em: 27 de jul. 2012.

SOUZA NETTO, Francisco de Andrade. *Da Justiça do Trabalho*: da sua organização e competência. São Paulo: Saraiva & Cia. Editores, 1938, p. 43-44.

SOUZA, Samuel Fernando. A questão social é, principalmente e antes de tudo, uma questão jurídica: O CNT e a judicialização das relações de trabalho no Brasil (1923-1932). *Cadernos AEL*, Campinas, v. 14, n. 26, jan/jun. 2009, p. 229.

SOUZA, Sully Alves de. *Direito Previdenciário*. São Paulo: LTr, 1976, p. 32.

SPIZZIRRI, José Francisco Andreotti. Debate sobre competência delegada é bem-vindo. *Revista eletrônica Consultor Jurídico*, 22 fev. 2012. Disponível em: <http://www.conjur.com.br/2012-fev-22/debate-competencia-delegada-bem-vindo-continuar>. Acesso em 04 dez. 2012.

STEINMETZ, Wilson; SCHUCH, Leila Beatriz Z. O trabalho na Constituição de 1988. *Revista de Direito do Trabalho*. São Paulo, ano 32, n. 122, p. 191-197, abr/jun. 2006.

SÜSSEKIND, Arnaldo. *Instituições de direito do trabalho*. 16. ed. São Paulo: LTr, 1996, p. 151.

SÜSSEKIND, Arnaldo. *Manual da Justiça do Trabalho*. 2. ed., com redação inteiramente nova, de acordo com a Consolidação. Rio de Janeiro: Ed. Freitas Bastos, 1944, p. 17.

SÜSSEKIND, Arnaldo. Tribunais do Trabalho no direito comparado e no Brasil. *Revista LTr,* São Paulo, n. 63, nov. p. 1.450, 1999.

TAKAHASHI, Bruno. O § 3º do artigo 109 da Constituição Federal e os desafios da conciliação em matéria previdenciária na Justiça Estadual. *Revista de Doutrina da 4ª Região*, Porto Alegre, n. 45, dez. 2011. Disponível em: <http://www.revistadoutrina.trf4.jus.br/artigos/edicao045/bruno takahashi.html>. Acesso em: 27 nov. 2012

TEJADA, Sérgio. A verdadeira reforma do Judiciário. Disponível em: <http://www.cnj.jus.br/imprensa/artigos/—13315-a-verdadeira-reforma-do-judicio>. Acesso em 21 nov. 2012.

TINOCO, Brigídio. *Fundamentos históricos do direito social*. Rio de Janeiro: Ed. A Noite, 1955, p. 164.

TREVISO, Marco Aurélio Marsiglia. A competência da Justiça do Trabalho para determinar o restabelecimento de benefícios previdenciários em caso de incapacidade laborativa. *Revista Trabalhista: direito e processo*, Belo Horizonte, v. 9, n. 34, p. 60-73, abr. 2010.

UGUINA, Jesus R. Mercader. Comentario ao artículo 8 de la Ley de Procedimiento Laboral. GIL, Luiz Enrique de la Villa (Org.). *Ley de Procedimiento Laboral: comentada y con jurisprudência*. Madrid: Editora La Ley, 2006, p. 176.

VARGAS, Getúlio. Mensagem apresentada ao Congresso em 1933. In: *Mensagens presidenciais*: 1933-1937. Brasília: Câmara dos Deputados, 1978, p. 173.

VARGAS, Getúlio. Discurso-manifesto de Getúlio Vargas à nação, em 10 de novembro de 1937. In: D'ARAÚJO, Maria Celina (Org.). *Getúlio Vargas*. Brasília: Câmara dos Deputados, Edições Câmara, 2011, p. 362. (Série Perfis Parlamentares n. 62).

VARGAS, João Tristan. *O trabalho na ordem liberal:* o movimento operário e a construção do Estado na Primeira República. Campinas: UNICAMP/CMU, 2004, p. 282.

VENTURI, Elton. *Processo Civil coletivo*. São Paulo: Malheiros, 2007, p. 23.

VELLOSO, Carlos. *Discurso de posse como presidente do Supremo Tribunal Federal, em 27.5.1999*. Brasília, 1999. Disponível em: <www.stf.jus.br/arquivo/biblioteca/PastasMinistros /Carlos-Velloso /Dados Datas/008.pdf>. Acesso em: 20 jun. 2012.

VIANA, Oliveira. *Problemas de direito corporativo*. Rio de Janeiro: Ed José Olympio, 1938, p. 275.

VIANA, Márcio Túlio. Trabalhando sem medo: novas possibilidades para a proteção do emprego. In: SENA, Adriana Goulart de; DELGADO, Gabriela Neves; PORTUGAL, Raquel Nunes

(Coord.). *Dignidade humana e inclusão social*: caminhos para a efetividade do direito do trabalho no Brasil. São Paulo: LTr, 2010, p. 484.

VIANNA, Cláudia Salles Vilela. *A relação de emprego e os impactos econômicos e sociais advindos dos benefícios concedidos pelo regime geral de previdência social*. 195f. 2006. Dissertação (Mestrado) — Pontifícia Universidade Católica do Paraná. Programa de Pós-Graduação em Direito.

VIEIRA FERREIRA. *Juízes e tribunais do Primeiro Império e da Regência*. Rio de Janeiro: Imprensa Nacional, 1937, 86 p.

VIVOT, Júlio Martinez. *Anais do congresso internacional sobre a Justiça do Trabalho:* 40º ano da Justiça do Trabalho no Brasil. Brasília: Tribunal Superior do Trabalho, 1981, 188 p.

ZANELLA, Cristina Koelher. O processo formulário e a estrutura da fórmula no processo civil romano. *Revista Sociais e Humanas,* Santa Maria, v. 17, n. 01, p. 139-147, jan./dez., 2004.